财务与会计类应用型创新系列规划教材

Financial Management Course

财务管理教程

端木青　关宏超　主　编

ZHEJIANG UNIVERSITY PRESS
浙江大学出版社

前　言

　　财务管理是教育部规定的高等院校经济类、工商管理类各专业的核心课程。随着市场经济的不断发展和现代企业制度的不断完善,企业的经营方式和理念也正在发生转变,货币时间价值、风险管理和资本运营等理论已成为现代企业财务管理的基本理念。本教材在2006 年 9 月、2012 年 9 月出版了第一版和第二版,根据我国财务管理理论和实践发展对教学的新要求,针对在前两版教材使用中出现的一些问题,我们进行了修订:第一,为了方便教学,对原教材内容进行了适当增删调整;第二,根据宏观经济政策变化和现实情况更新了部分内容。

　　本书注重理论联系实际,结合各章节的内容精选了多个典型案例,有利于培养学生分析问题、解决问题的能力。作者力图采用最简洁明了和易读的表述方式,将许多晦涩难懂的专业术语转换为平实易懂的语言,精练流畅。思考题、计算分析题、案例分析题使教材的形式更加新颖活泼。本书由端木青和关宏超担任主编,侯和宏担任副主编。第 1、4、7 章由端木青编写,第 3、5、8 章由关宏超编写,第 2、6、9 章由侯和宏编写。

　　在本书编写过程中,我们参考了不少专著和教材,并得到了有关专家学者、院校领导的大力支持,在此一并表示感谢! 由于编者经验不足,虽然在本书的编写上做出了很多努力,但仍有很多不尽如人意之处,恳请广大师生和其他读者朋友不吝赐教,并将意见或建议反馈给我们,以便进一步修订。

编者

2019 年 12 月于杭州

目　录

第一章　财务管理总论

企业管理的重心在于财务管理,企业财务管理是企业管理的重要组成部分,这已成为大家的共识。为了系统地理解和掌握企业财务管理的基本理论和方法,必须首先明确财务管理的一些基本概念及其相关的问题。本章主要阐述财务管理的基本概念、目标、环节、内容和环境以及财务管理工作组织等,以使读者对财务管理工作有一个比较全面的认识和理解。

第一节　财务管理概述

财务管理(financial management),简称理财,是企业管理工作中不可或缺的环节。财务管理与经济价值或财富的保值增值有关,是关于财富创造的决策。简言之,财务管理就是组织做出的以创造财富为目标的各种投资和筹资决策。任何经济组织都需要财务管理,但不同经济组织的财务管理有较大区别,本教材讨论的是营利性组织的财务管理,即企业财务管理。

一、企业的组织形式

企业一般是指以营利为目的,运用土地、劳动力、资本和技术等各种生产要素,向市场提供商品或服务,实行自主经营、自负盈亏、独立核算的具有法人资格的社会经济组织。从本质上来看,企业可以配置资源,其能够实现整个社会经济资源的优化配置,降低整个社会的交易成本。

典型的企业组织形式有三类:个人独资企业、合伙制企业和公司制企业。

（一）个人独资企业

个人独资企业是由一个自然人投资,财产为投资人个人所有,投资人以其个人财产对企业债务承担无限责任的经营实体。

个人独资企业具有创立容易、经营管理灵活自由、不需要交纳企业所得税等优点。但对于个人独资企业而言:①需要业主对企业债务承担无限责任,当企业的损失超过业主最初对企业的投资时,需要用业主个人的其他财产偿债;②难以从外部获得大量资金用于经营;③个人独资企业所有权的转移比较困难;④企业的生命有限,将随着业主的死亡而自动消亡。

（二）合伙制企业

合伙制企业通常是由两个或两个以上的自然人(有时也包括法人或其他组织)合伙经营

的企业，是由各合伙人遵循自愿、平等、公平、诚实信用原则订立合伙协议，共同出资，合伙经营，共享收益，共担风险的营利性组织。

合伙制企业的优点和缺点与个人独资企业类似，只是程度有些区别。

《中华人民共和国合伙企业法》规定每个合伙人对企业债务须承担无限、连带责任。每个合伙人都可能因偿还企业债务而失去其原始投资以外的个人财产。如果一个合伙人没有能力偿还其应分担的债务，其他合伙人须承担连带责任，即有责任替其偿还债务。法律还规定合伙人转让其所有权时需要取得其他合伙人的同意，有时甚至还需要修改合伙协议。因此，其所有权的转让比较困难。

此外，还有特殊普通合伙企业。它是指以专门知识和技能为客户提供有偿服务的专业机构，这些专业机构可以设立为特殊普通合伙企业，如律师事务所、会计师事务所、设计师事务所等。特殊普通合伙企业必须在其企业名称中标明"特殊普通合伙"字样，以区别于普通合伙企业。在特殊普通合伙企业中，一个合伙人或数个合伙人在执业活动中因故意或者重大过失造成合伙企业债务的，应当承担无限责任或者无限连带责任，其他合伙人则仅以其在合伙企业中的财产份额为限承担责任。

（三）公司制企业

公司制企业是企业组织发展到一定阶段的高层次组织形式。公司制企业依法设立并享有民事权利，承担民事责任。股东作为出资者，依其投资额的大小享有收益权、重大决策表决权，并以其出资为限对公司承担有限责任。我国的公司制企业主要有两种组织形式：股份有限责任公司和有限责任公司。

公司制企业的优点是：①容易转让所有权。公司的所有者权益被划分为若干股权份额，每个份额可以单独转让。②有限债务责任。公司债务是法人的债务，不是所有者的债务。所有者对公司承担的责任以其出资额为限。当公司资产不足以偿还其所欠债务时，股东无须承担连带清偿责任。③公司制企业可以无限存续，在最初的所有者和经营者退出后仍然可以继续存在。④公司制企业融资渠道较多，更容易筹集所需资金。

公司制企业的缺点是：①双重课税。公司作为独立的法人，获取利润需交纳企业所得税，企业利润分配给股东后，股东还需交纳个人所得税。②组建成本高。《中华人民共和国公司法》（以下简称《公司法》）对于公司建立的要求比独资或合伙企业建立的要求高，并且需要提交一系列法律文件，通常花费的时间较长。公司成立后，政府对其监管比较严格，需要定期公开各种报告。③存在代理问题。经营者和所有者分开以后，经营者成为代理人，所有者成为委托人，代理人可能为了自身利益而伤害委托人利益。

上述三类企业组织形式中，虽然个人独资企业、合伙制企业的总数较多，但公司制企业的注册资本和经营规模较大。因此，财务管理通常把公司财务管理作为讨论的重点。除非特别指明，本教材所讨论的财务管理均指公司财务管理。

二、企业财务活动与财务关系

（一）企业财务活动

企业财务活动，又称资金运动。随着企业再生产过程的不断进行，企业资金处于不断的运动之中。在企业的生产过程中，企业资金从货币资金形态开始，依次通过供应、生产和销售三个阶段,分别表现为固定资金、生产储备资金、未完工产品资金(生产资金)、成品资金等各种不同形态,然后又回到货币资金形态。这种从货币资金形态开始,经过若干阶段,又回到货币资金形态的运动过程叫作资金的循环。企业资金周而复始、不断重复的循环,叫作资金的周转。资金的循环、周转体现着资金运动中资金形态的变化。

所谓财务活动,是指资金的筹集、投放、使用、收回及分配等一系列行为。从生产经营企业整体上看,财务活动包括如下四个方面的内容:

(1)筹资活动

筹资活动是指企业为了满足投资和用资的需要,筹措和集中所需资金的过程。企业组织商品生产,从事经营活动,首先必须从各种渠道筹集到一定数量的资金,这是资金运动的起点,是投资的必要前提。在筹资过程中,企业一方面要确定合理的筹资总规模;另一方面,要通过对筹资渠道、筹资方式或筹资工具的选择,合理确定资金结构,以降低筹资成本和风险。

企业通过筹资可以形成两种不同形态的资金来源:一是企业自有资金,是企业通过向投资者吸收直接投资、发行股票、企业内部留存收益等方式取得的资金,投资者包括国家、其他企业单位、个人、外商等。二是企业债务资金,企业可以通过从银行借款、发行债券、利用商业信用等方式取得。企业从投资者、债权人那里筹集来的资金,可以是货币资金,也可以是实物资产、无形资产等形态。企业筹集资金,表现为企业资金的流入;企业偿还借款、支付利息和股利以及付出各种筹资费用等,则表现为企业资金的流出。这种由于资金筹集而产生的资金流入与流出,便是企业筹资活动所引起的财务活动。

(2)投资活动

企业取得资金后,只有将筹集的资金投入使用,才能取得一定的收益。在进行投资管理活动时,企业必须考虑投资规模,同时还必须通过投资方向和投资方式的选择来确定合适的投资结构,提高投资效益,降低投资风险。不同的投资项目,对企业价值和财务风险的影响程度不同。企业投资可以分为两类:广义的投资和狭义的投资。前者包括企业内部使用资金的过程(如购置固定资产、无形资产等)和对外投放资金的过程(如购买其他企业的股票、债券或与其他企业联营等);后者仅指对外投资。无论是对内投资,还是对外投资,都会有资金的流出;当企业收回投资时,则会产生资金的流入。这种由投资活动而产生的资金流入与流出,便是企业投资活动所引起的财务活动。

(3)营运活动

企业在日常的生产经营活动中,会发生一系列流动资产和流动负债资金的收付。企业的营运资金在全部资金中占有较大的比重,是企业财务管理工作的一项重要内容,主要涉及现金持有计划的确定,应收账款的信用标准、信用条件和收款政策的确定,存货周期、存货数量、订货计划的确定,短期借款计划、商业信用筹资计划的确定,等等。如何节约资金成本,提高资金使用效率,进行流动资产的投融资,以及如何管理流动负债都需要企业提前做好规划。这种由生产经营活动而产生的资金流入与流出,便是企业资金营运活动所引起的财务活动。

(4)分配活动

企业通过对内、对外投资取得收益,获得一定的盈余。企业取得盈余后,必须按照现行法规的规定进行有序的分配。广义的分配是指企业对各项收入进行分割和分派的过程;狭义的分配仅指对净利润的分配。

企业所取得的产品销售收入,要用以弥补生产耗费,按规定交纳流转税,其余部分为企业的营业利润。营业利润和投资收益、营业外收支净额构成企业的利润总额,这必然会引起资金的流入。确定利润总额后,首先要按国家规定交纳所得税,税后利润要提取公积金和公益金,分别用于扩大积累、弥补亏损和职工集体福利设施,其余利润作为投资收益分配给投资者。这些分配活动会产生资金的流出。这种由于分配活动而产生的资金流入与流出,便是企业分配活动所引起的财务活动。

上述财务活动的四个方面是相互联系、相互依存的,它们共同构成了完整的企业财务活动体系,是财务管理活动的主要内容之一。

（二）财务关系

企业资金的筹集、投放、耗费、收入和分配,与企业各方面有着广泛的联系。企业的财务关系是指企业在组织财务活动过程中与有关各方发生的经济利益关系。

（1）企业与投资者之间的财务关系

企业与投资者之间的财务关系是指企业的投资者向企业投入资金,以及企业向投资者支付投资报酬所形成的经济关系。这是与企业的生存和发展最为密切的关系。企业的投资者就是企业的所有者,主要包括国家、企业法人和公民个人。企业的投资者要按照合同、协议、章程的约定,履行出资义务,以便及时形成企业的资本金;同时,企业利用资本金进行生产经营,实现利润后,也必须按照出资比例或合同、协议、章程的规定,向投资者分配投资报酬。企业同其投资者之间的财务关系,体现着所有权的性质,反映着经营权和所有权的关系。通常情况下,投资者与企业的财务关系主要包括下列内容:

①投资者对企业有一定的控制作用。
②投资者参与企业利润的分配。
③投资者参与企业净资产的分配。
④投资者要承担一定的经济法律责任。

（2）企业与债权人之间的财务关系

企业与债权人之间的关系是指企业向债权人借入资金,并按借款合同的规定按时支付利息和归还本金所形成的经济关系。企业除利用资本金进行经营活动外,还要借入一定数量的资金,才能满足日常经营的需要以及实现长远财务目标,同时也可以降低企业的资金成本,扩大企业的经营规模。企业的债权人主要有企业债券持有人、贷款机构、商业信用提供者、其他出借资金给企业的单位或个人。企业利用债权人的资金后,要按照约定的利息率,及时向债权人支付利息,债务到期时,要合理调度资金,按时向债权人归还本金。企业同其债权人的关系体现的是债务与债权关系。

（3）企业与其被投资者之间的财务关系

企业与其被投资者之间的财务关系是指企业以购买股票或直接投资的形式向其他企业投资所形成的经济关系。企业在经营过程中,可能会出现部分闲置资金,企业根据自己短期或长期目标,会用这些闲置资金以购买股票或直接投资的形式向其他企业投资。企业向其他单位投资,应按约定履行出资义务,参与被投资单位的利润分配。企业与被投资单位的关系是体现所有权性质的投资和收资关系。

（4）企业与债务人之间的财务关系

企业与债务人之间的财务关系主要是指企业将其资金以购买债券、提供借款或商业信用等形式出借给其他单位所形成的经济利益关系。企业将资金借出后，有权要求其债务人按约定的条件支付利息和本金。企业同其债务人的关系体现的是债权与债务关系。

（5）企业内部各部门、各单位之间的财务关系

一般说来，企业内部各部门、各单位与企业财务部门都要发生领款、报销、代收、代付的收支结算关系。在实行内部经济核算制和经营责任制的条件下，企业内部各单位都有相对独立的资金定额或独立支配的费用限额，各部门、各单位之间提供产品和劳务要进行计价结算。这样，企业财务部门同各部门、各单位之间，各部门、各单位相互之间就会发生资金结算关系，它体现着企业内部各单位之间的经济利益关系。处理这种财务关系，要严格分清有关各方的经济责任，以便有效地发挥激励机制和约束机制的作用。

（6）企业与职工之间的财务关系

企业与职工之间的财务关系是指企业在向职工支付劳动报酬的过程中形成的经济关系。企业要按照职工提供的劳动数量和质量，将自身的产品销售收入进行分配，向职工支付工资、津贴、奖金等。这种企业与职工之间的结算关系，体现着职工个人与集体在劳动成果上的分配关系。处理这种财务关系，要正确地执行有关的分配政策。

（7）企业与税务机关之间的财务关系

企业应按照国家税法的规定交纳各种税款，包括所得税、流转税和计入成本的税金。税务机关以社会管理者的身份向一切企业征收的有关税金，是国家财政收入的主要来源。及时、足额地纳税，是生产者对国家应尽的义务，企业必须认真履行。企业与税务机关之间的财务关系反映的是依法纳税和依法征税的税收权利义务关系（在税法上称税收法律关系）。

三、财务管理的特征

企业生产经营活动的复杂性，决定了企业管理必须包括多方面的内容，如生产管理、技术管理、物流管理、人力资源管理、战略管理、财务管理等。各项工作是相互联系、紧密配合的，同时又有科学分工，具有各自的特征。财务管理有如下几个方面的特征：

（一）财务管理是一项专业管理与综合管理相结合的理财活动

现代企业的管理活动，通过有效的分工和分权的方式，形成了一种系统的专业化管理模式。在该模式中，有的侧重于实物、技术或人员管理，有的侧重于价值形式的管理。财务管理是以价值形式为主的专业化管理。具体地讲，企业财务管理是以企业的市场、经营、技术和物流管理为基础，最终以货币形式表现的一种特殊管理活动。正因为如此，公司财务具有高度的系统性、联系性和完整性，这是任何其他管理形式所无法替代的。

现代企业的财务管理又是一项综合性的管理活动。它并不排斥价值形式的管理活动，而是以企业经营活动中的各项物质条件、人力资源、经营特点和过程、管理要求和目的等作为管理的基础，并通过价值形式的管理，运用财务预测、预算、控制、决策和分析及考核等方法，将相关活动有效地协调起来，形成一种专业性很强的综合管理方式。企业一定时期的各项经营和财务管理效果的好坏，最终都会在企业财务指标和财务状况中得到充分的体现。如果一个公司的财务指标长期恶化，没有人会相信它是一个好公司。同样，如果一个公司的

财务指标长期表现良好并且稳定,至少可以说明该公司到目前为止是一个运营正常的公司。

(二)财务管理与企业经营管理有着广泛的联系

虽然企业的财务管理是相对独立的管理活动,但它并不是孤立的,而是以企业各项经营管理活动为基础的,并与其有着非常紧密的联系。企业中所有的资金运作和各项收支活动都是由企业经营管理活动引起的,即公司为了实现长短期经营管理目的所导致的资金流都是由企业物流运动所引起的。即便是纯粹的财务运作,如股利分配等,也是为企业一定时期的管理战略和具体管理目标服务的。

高水平的企业财务管理应当涉及和覆盖企业长短期经营管理的每个方面和每个环节。而企业管理的每个部门都会在资金运用过程中与企业的财务部门发生联系,因此企业财务管理部门应该建立有效的财务预测、预算和考核制度,促使各部门在企业财务制度和财务控制的制约下,高效合理地使用资金,提高资金的利用水平。

(三)财务管理在反映企业生产经营状况方面具有高灵敏度

财务管理能迅速提供反映生产经营状况的财务信息。企业的财务状况是经常变化的,具有很高的灵敏度。各种经济业务的发生,特别是经营决策的得失、经营行为的成败,都会及时地在财务状况中表现出来。成品资金居高不下,往往反映产品不适销对路;资金周转不灵,往往反映销售货款未及时收取,并会带来不能按期支付材料价款、不能偿还到期债务的后果。财务管理部门通过向企业经理人员提供财务状况信息,协助企业领导适时控制和调整各项生产经营活动。

综上所述,财务管理在企业生产经营决策中起了比较关键的作用,搞好企业财务管理对于改善企业经营管理、提高企业经济效益具有独特的作用。

第二节　财务管理的目标

企业是在国家宏观调控下,按照市场需要自主组织生产经营,以提高经济效益、劳动生产率和实现保值、增值为目的的经济组织。企业财务管理的目标取决于企业的总目标,并受财务管理自身特点的制约。

一、企业的目标及其对财务管理的要求

企业是自主经营、自负盈亏的经济组织。它的生存和发展必须以获取利润为基础。所以,企业生产经营的出发点和归宿就是盈利。企业一旦成立,就会面临竞争,并始终处于生存和倒闭、发展和萎缩的矛盾之中。企业必须生存下去才能盈利,只有不断发展才能求得生存。因此,企业的目标可以细分为生存、发展和盈利。

(一)生存

企业生存的"土壤"是市场。一方面,企业必须在市场中利用自己拥有和控制的货币资金,从市场上获取所需的资源;另一方面,企业必须提供市场所需要的商品和服务,从市场换回货币。只有企业从市场换回的货币大于或等于付出的货币,才能维持经营。由此可见,企业生存的第一个基本条件是收支相抵。企业一时的亏损还无关紧要,但如果长期亏损,扭亏

无望,就失去了存在的意义,最终会被市场所淘汰。企业生存的另一个基本条件是到期偿债。企业为了扩大业务规模或满足经营周转的临时需要,可以向其他个人和法人借债。国家为了维持市场经济的秩序,从法律上保证债权人的利益,要求企业到期必须偿还本金、支付利息,否则,就可能被债权人接管或被法院判定破产。

因此,企业的生存威胁来自两方面:一是长期亏损,它是企业终止的根本原因;二是不能到期偿还债务,它是企业终止的直接原因。亏损企业为了维持营运被迫进行偿债性融资,借新债还旧债,如仍不能扭亏为盈,迟早会因借不到钱而无法周转,从而不能偿还到期债务。盈利企业也可能出现"无力支付"的情况,主要是借款扩大业务规模,冒险失败,为了偿债必须出售不可缺少的厂房和设备,使生产经营无法继续下去。

力求保持以收抵支和偿还到期债务的能力,减少企业破产风险,使企业长期、稳定地生存下去,是对财务管理的第一个要求。

（二）发展

企业在发展中求得生存。企业的生产经营如"逆水行舟",不进则退。在科技不断进步的现代经济中,企业只有不断更新换代其产品,推出适合市场的及受顾客欢迎的产品,才能在市场经济中立足。在竞争激烈的市场上,各个企业此消彼长、优胜劣汰,一个企业如不能发展,不能提高产品和服务质量,不能扩大自己的市场份额,就会被其他企业排挤出去。企业的停滞不前是其死亡的前奏。

企业的发展集中表现为扩大收入。扩大收入的根本途径是提高产品质量,扩大销售数量,这就要不断更新设备、技术和工艺,并不断提高各种人员的素质,也就是不断投入更好的物资、技术和人力资源,并改进技术和管理。在市场经济中,各种资源的取得都需要付出货币。企业的发展离不开资金。

因此,筹集企业发展所需资金,是对财务管理的第二个要求。

（三）盈利

企业必须能够盈利,才有存在的价值。建立企业的目的是盈利。已经建立起来的企业,虽然有改善职工收入、改善劳动条件、扩大市场份额、提高产品质量、减少环境污染等多种目标,但是,盈利是最具综合能力的目标。盈利不但体现了企业的出发点和归宿,而且可以反映其他目标的实现程度,并有助于其他目标的实现。

从财务上看,盈利就是使资产获得超过其投资的回报。在市场经济中,资金的使用是要付出代价的,也就是说资金都有其成本,不是无偿使用的。每项资产都是投资,都应当是生产性的,要从中获得回报。例如,各项固定资产要充分地用于生产、避免存货积压、尽快收回应收账款、利用暂时闲置资金等。财务主管人员务必使企业正常生产经营产生的和从外部获得的资金能以产出最大的形式加以利用。

因此,通过合理、有效地使用资金使企业获利,是对财务管理的第三个要求。

综上所述,企业的目标是生存、发展和盈利。企业的财务管理目标必须服从企业的目标,不但要受其制约,而且要有效地为其服务。简单地讲,它们之间的关系是相辅相成的,完成财务管理目标是实现企业目标的基础,而企业目标的正确制定是实现企业财务管理目标的保障。因此,制定企业财务管理目标不可以脱离企业总目标。

二、企业财务管理的目标

企业财务管理的目标,又称理财目标,是指企业进行财务活动所要达到的根本目标。企业财务管理的目标应该和企业的目标相一致。企业的目标是通过企业的生产经营活动创造出更多的财富并使企业价值不断增大。因而,企业财务管理的目标应符合企业不同时期的发展要求,并为实现企业的目标服务。我国在不同历史时期的经济政策不同,导致企业具有不同的总体目标,所以财务管理目标在各个时期也不一样,基本有如下几种:

(一)总产值最大化

在计划经济时期,企业的财产所有权与经营权高度集中,企业的主要任务就是执行国家下达的总产值目标,企业领导职位的升迁,职工个人利益的多少,均由完成产值计划指标的程度来决定。因此,人们不自觉地把总产值最大化作为当时财务管理的最优目标。随着时间的推移,人们意识到该目标只适应当时特定的历史条件,在市场经济的今天,这一目标存在诸多缺点。产值最大化只会导致企业只讲产值,不讲效益,只求数量,不求质量,只抓生产,不抓销售,只重投入,不重挖潜,最终无法达到企业生存、发展和盈利的目的。因此,把总产值最大化当作企业财务管理的最优目标,是不符合财务运行规律的,这是在特定历史背景下形成的扭曲的财务管理目标。

(二)利润最大化

利润最大化理财目标在我国和西方都曾经是流传甚广的一种观点,它是指通过对企业财务活动的管理,不断增加企业利润,使利润达到最大。一般所讲的利润最大化,就是反映在企业"利润表"中的税后利润总额的最大化。这种观点认为:利润代表企业新创造的财富,利润越多则说明企业的财富增加得越多,越接近企业的目标。

但是以利润最大化作为企业财务管理的目标也有一些缺点:

(1)利润最大化没有考虑利润发生的时间,没有考虑资金的时间价值。

(2)利润最大化忽视了风险的因素。一般说来,报酬越高,风险越高。单纯追求利润最大化往往会忽视对风险的考虑,容易对企业安全造成威胁。

(3)利润最大化中的利润是个绝对数,它没有反映出所得利润额同投入资本额的关系,因而不能科学地说明企业经济效益水平的高低,不便于在不同时期、不同企业之间进行比较。

(4)片面追求利润最大化容易造成企业的短期行为。例如,费用少摊、损失不计、冷背商品长期积压等,这样一来,企业利润虚增,资产虚估,把许多潜亏留在账上。一旦进行清产核资,这些潜亏就会变成明亏,使企业和国家背上沉重的包袱。

(三)每股盈余最大化

每股盈余最大化即每股收益最大化,每股收益是净利与发行在外普通股股数的比率。这种观点认为:应该把企业的利润和股东投入的资本额联系起来考察,用每股盈余(或权益资本净利率)来概括企业财务目标,以避免"利润最大化"的缺点。但它仍然没有考虑资金的时间价值和风险因素,也没能克服追求短期效益的行为。

(四)股东财富最大化

股东财富最大化是指通过财务上的合理经营,为股东带来最多的财富。在股份制经济条件下,股东的财富由其所拥有的股票数量和股票市场价格两方面决定,在股票数量一定时,当股票价格达到最高时,股东财富也达到最大。所以,股东财富最大化,又演变为股票价格的最大化。与利润最大化目标相比,股东财富最大化目标有其积极的方面:一方面,股东财富最大化的目标科学地考虑了风险因素,因为风险的高低,会对股票价格产生重要影响;另一方面,股东财富最大化一定程度上能够克服企业在追求利润上的短期行为,因为不仅目前的利润会影响股票价格,预期未来的利润对企业股票价格也会产生影响。再者,股东财富最大化目标比较容易量化,便于考核和奖惩。但股东财富最大化也不是财务管理的最优目标,因为股东财富最大化也存在如下一些缺点:

(1)它只适合上市公司,对非上市公司则很难适用。

(2)它只强调股东利益,而对企业其他关系人的利益重视不够。

(3)股票价格受多种因素影响,并非都是公司所能控制的,把不可控因素引入理财目标是不合理的。

(五)企业价值最大化

企业财务管理的目标应与企业的多个利益集团有关,是这些利益集团共同作用和相互妥协的结果。而股东财富最大化只强调股东利益的最大化,置其他集团利益于不顾,这样会导致公司不能很好地处理财务关系,最终不利于企业总目标的实现。从这一意义上说,股东财富最大化不是财务管理的最优目标。从理论上讲,各个利益集团的目标都可以折中为企业长期稳定发展和企业总价值的不断增长,各个利益集团都可以借此来实现他们的最终目标。为此,以企业价值最大化作为企业财务管理的目标,更具科学性。它是现代财务管理的最优目标。

企业价值最大化是指通过财务上的合理经营,采用最优的财务政策,充分考虑资金的时间价值和风险与报酬的关系,在保证企业长期稳定发展的基础上使企业总价值达到最大。这一目标包括了丰富的内涵,其基本思想是将企业的长期稳定发展摆在首位,强调风险与报酬的均衡,将企业的风险限制在企业可以承担的范围之内;积极创造与股东之间的利益协调关系,努力培养安定性股东;关心本企业职工利益,创造优美、和谐的工作环境;不断加强与债权人的联系,重大财务决策请债权人参与讨论,培养可靠的资金提供者;关心客户利益,加大新产品开发和研制的投入,不断推出新产品来满足顾客需求;讲究信誉,注重企业形象;严格执行政府制定的政策法规,注重自身的社会价值。

企业价值最大化这一目标最大的问题可能就是计量问题。

从实践上看,可以通过资产评估来确定企业价值的大小。从理论上说,企业的价值在于它未来能给所有者带来多大的报酬,包括股利和出售其股权取得的现金。如果用收益现值法来计量,可以将企业的价值写成下面的形式:

$$V = \sum P_t/(1+K)^t$$

式中,V 表示企业的价值;P_t 表示企业在时期 t 产生的收益(或现金流量);K 表示对收益折算成现值的贴现率,它与企业的风险同方向变化,可以用与企业具有相同风险水平的资产报酬率确定。

从上面公式可以看出,企业的价值 V 主要受到两个因素的影响:一是企业未来能够实现的收益;二是企业所承担的风险的大小。在相同的风险水平下,企业未来能够产生的收益越高,其价值就越大;反之亦然。同样,在相同的收益水平下,企业承担的风险越小,贴现率 K 的取值就越小,企业价值就越大;反之亦然。

如同从利润最大化向股东财富最大化转变一样,从股东财富最大化向企业价值最大化的转变是财务管理目标理论的又一次飞跃。

三、财务管理目标的协调

所有者和债权人都为企业提供了财务资源,但他们处在企业之外,只有经营者即管理当局在企业里直接从事财务管理工作。所有者、债权人和经营者之间构成了企业最重要的财务关系。通常情况下,三者的目标并不完全一致,他们是为实现各自的目标而努力的,因而他们之间可能会发生这样那样的利害冲突,不利于企业价值最大化财务管理目标的实现,因此企业必须协调这三方面的关系。

(一)所有者和经营者的协调

在所有权和经营权分离后,企业所有者总是希望股东财富最大化,千方百计要求经营者以最大的努力去实现权益资本满意值这一目标。而经营者也是经济理性人,也是最大合理效用的追求者,其具体行为目标与委托人不一致。实际上,企业所有者和企业经营者对企业所得利益进行瓜分。从某种意义上说,所有者所放弃的利益也就是经营者所得到的利益,这种被放弃的利益也称为所有者支付给经营者的享受成本。经营者期望在提高权益资本利润率、增加股东财富的同时,更多地增加享受成本;而所有者则期望支付较少的享受成本,实现较高的权益资本利润率。这就是双方在追求各自目标方面存在的矛盾。如果所有者不对此采取措施,可能会造成经营者对股东目标的背离,这种背离表现在如下两方面:

(1)道德风险。经营者为了自己的目标,不尽最大努力去实现企业财务管理的目标。例如,他们没有必要为提高股价而冒险,因为股价上涨的利益将归于股东,如若失败,他们的"身价"将下跌。他们不做什么错事,只是不十分卖力,以增加自己的闲暇时间。消极怠工,不构成法律和行政责任,所有者很难追究他们的责任。

(2)逆向选择。经营者为了自己的利益,不惜以损害所有者的利益为代价。例如,装修豪华的办公室、会议室,购置高档汽车,以工作需要为借口请客、送礼,甚至蓄意压低股票价格并以自己的名义买回,导致股东财富受损,自己从中渔利。

为了防止经营者背离股东的目标,股东可以同时采取监督和激励两种方法来协调自己和经营者的目标。股东的监督就是通过聘请注册会计师对企业进行财务报表审计、委派财务监事等手段,尽可能多地获取经营者的信息,对经营者进行监督,在经营者背离股东的目标时,减少其各种形式的报酬,甚至解雇他们。股东对情况的了解和对经营者的监督是必要的,但全面监督在实际上是行不通的,要受到合理成本的限制,不可能事事监督。监督可以减少经营者违背股东意愿的行为,但不能解决全部问题。股东的激励就是使经营者分享企业增加的财富,鼓励他们采取符合企业最大利益的行为,但股东的激励也不能解决全部问题。监督成本、激励成本和偏离股东目标的损失此消彼长,相互制约。股东要权衡轻重,力求找出能使三项之和最小的解决办法,它就是最佳的解决办法。

(二)股东和债权人的协调

公司向债权人举债后,两者之间形成一种委托代理关系。债权人把资金交给企业,其目标是到时收回本金,并获得约定的利息收入;公司借款的目的是用它扩大经营,投入有风险的生产经营项目。两者的目标并不一致。借款合同一旦成为事实,资金到了企业,债权人就失去了控制权,股东可以通过经营者为了自身的利益而伤害债权人的利益。例如,不经债权人的同意,投资于比债权人预期风险要高的新项目,如果高风险的计划不幸失败,公司无力偿债,债权人与股东将共同承担由此造成的风险。对于债权人来说,超额利润肯定拿不到,发生损失却可能要分担。再如,股东为了提高公司的利润,不经原债权人同意,发行新债,致使旧债券的价格下降,使债权人蒙受损失。当然,债权人为了防止其利益被伤害,除了寻求立法保护,还通过在借款合同中加入保护性条款,以及在发现公司有剥夺其财产意图时,拒绝进一步合作,不再提供新的借款或提前收回借款等办法来保护自己。所以双方只有相互让步,才能创造和谐的财务关系。

四、企业的社会责任

企业的社会责任是指企业在谋求所有者或股东权益最大化之外所负有的维护和增进社会利益的义务。具体来说,企业的社会责任主要包括以下内容:

(一)对员工的责任

企业除了负有向员工支付报酬的法律责任外,还负有为员工提供安全的工作环境、职业教育等保障员工利益的责任。按我国《公司法》的规定,企业对员工承担的社会责任有:①按时足额发放劳动报酬,并根据社会发展逐步提高工资水平。②提供安全健康的工作环境,加强劳动保护,实现安全生产,积极预防职业病。③建立职工的职业教育和岗位培训制度,不断提高职工的素质和能力。④完善工会、职工董事和职工监事制度,培育良好的企业文化。

(二)对债权人的责任

债权人是企业的重要利益相关者,企业应依据合同的约定以及法律的规定对债权人承担相应的义务,保障债权人合法权益。这种义务既是公司的民事义务,也可视为公司应承担的社会责任。公司对债权人承担的社会责任主要有:①按照法律、法规和公司章程的规定,真实、准确、完整、及时地披露公司信息。②诚实守信,不滥用公司人格。③主动偿债,不无故拖欠。④确保交易安全,切实履行合法订立的合同。

(三)对消费者的责任

公司的价值实现,很大程度上取决于消费者的选择,企业理应重视对消费者承担的社会责任。企业对消费者承担的社会责任主要有:①确保产品质量,保障消费安全。②诚实守信,确保消费者的知情权。③提供完善的售后服务,及时为消费者排忧解难。

(四)对社会公益的责任

企业对社会公益的责任主要涉及慈善、社区等。企业对慈善事业的社会责任是指承担扶贫济困和发展慈善事业的责任,表现为企业对不确定的社会群体(尤指弱势群体)进行帮助。捐赠是其最主要的表现形式,受捐赠的对象主要有社会福利院、医疗服务机构、教育事业、贫困地区、特殊困难人群等。此外,还包括招聘残疾人、生活困难的人、缺乏就业竞争力的人到企业工作,以及举办与企业营业范围有关的各种公益性的社会教育、宣传活动等。

(五)对环境和资源的责任

企业对环境和资源的社会责任可以概括为两大方面:一是承担可持续发展和节约资源

的责任;二是承担保护环境和维护自然和谐的责任。

此外,企业还有义务和责任遵从政府的管理,接受政府的监督。企业要在政府的指引下合法经营,自觉履行法律规定的义务,同时尽可能地为政府献计献策,分担社会压力,支持政府的各项事业。

总之,为了能够长久生存发展下去,企业在谋求自身利益的同时,不仅要注意搞好与其他利益关系人的关系,而且还要注意承担自己的社会责任,即保持企业目标与社会目标的一致,从而实现企业可持续发展。

第三节　财务管理的环节

财务管理环节是企业财务管理的工作步骤与一般工作程序。一般而言,企业财务管理包括以下几个环节。

一、计划与预算

(一)财务预测

财务预测(financial forecasting)是指根据财务活动的历史资料,考虑现实的要求和条件,对企业未来的财务活动和财务成果做出科学的预计和测算。进行财务预测,是提高财务管理的预见性、避免盲目性、争取最优财务成果的重要措施。

财务预测的主要内容包括筹资预测、投资预测、收入预测、费用预测、股利分配预测、现金流量预测等。财务预测的方法主要有定性预测和定量预测两类。定性预测法,主要是利用直观材料,依靠个人的主观判断和综合分析能力,对事物未来的状况和趋势做出预测的一种方法;定量预测法,主要是根据变量之间存在的数量关系建立数学模型来进行预测的方法。

(二)财务计划

财务计划(financial planning)是根据企业整体战略目标和规划,结合财务预测的结果,对财务活动进行规划,并以指标形式落实到每一计划期间的过程。财务计划主要通过指标和表格,以货币形式反映在一定的计划期内企业生产经营活动所需要的资金及其来源、财务收入和支出、财务成果及其分配的情况。

确定财务计划指标的方法一般有平衡法、因素法、比例法和定额法等。

(三)财务预算

财务预算(financial budget)是指运用科学的技术手段和数量方法,对未来财务活动的内容及指标所进行的具体规划。财务预算一般由企业财务管理职能部门负责组织,会同有关部门,充分调动职工的积极性,协同编制。

财务预算的主要内容有筹资计划、投资计划、利润分配计划。

财务计划的典型形式是财务预算。财务预算的编制方法通常包括固定预算法与弹性预算法、增量预算法与零基预算法、定期预算法与滚动预算法等。

二、决策与控制

(一)财务决策

财务决策(financial decision)是指财务人员按照财务目标的总体要求,利用专门方法对各种备选方案进行比较分析,并从中选出最佳方案的过程。财务管理效果的优劣,很大程度上取决于财务决策的成败。财务决策除了根据各种客观资料做出客观判断外,还需要决策者做出主观判断。

财务决策的方法主要有两类:一类是经验判断法,即根据决策者的经验来判断选择,常用的方法有淘汰法、排队法、归类法等;另一类是定量分析方法,常用的方法有优选对比法、数学微分法、线性规划法、概率决策法等。

(二)财务控制

财务控制(financial control)是指企业在执行财务计划过程中,利用财务信息,运用特定方法,对财务活动施加影响,进行检查、监督、调节和引导,以保证财务活动按既定的计划运行。

财务控制的具体内容包括对筹资过程的控制、对投资过程的控制、对利润分配过程的控制三个方面。财务控制的方法通常有前馈控制、过程控制、反馈控制几种。财务控制措施一般包括预算控制、运营分析控制和绩效考评控制等。

三、分析与考核

(一)财务分析

财务分析(financial analysis)是指以企业财务会计报告反映的财务指标为主要依据,采用一系列专门的分析技术与方法,用以揭示各项财务指标之间的内在联系及其所体现的经济含义,对企业的财务状况和经营成果进行分析、评价的一项管理活动。

财务分析的方法通常有比较分析法、比率分析法和因素分析法等。

(二)财务考核

财务考核(financial examination)是指将报告期实际完成数与规定的考核指标进行对比,确定有关责任单位和个人完成任务的过程。财务考核与奖惩紧密联系,是贯彻责任制原则的要求,也是构建激励与约束机制的关键环节。

财务考核的形式多种多样,可以用绝对指标、相对指标、完成百分比考核,也可采用多种财务指标进行综合考核。

综上所述,财务计划与预测是财务决策的依据,财务决策是财务管理的核心,财务预算是财务预测和财务决策的具体化,财务控制是实施财务预算的保证,财务分析与考核可以改善财务预测、决策、预算和控制,完善企业财务管理水平,提高企业经济效益。以上工作环节相互联系,相互配合,形成周而复始的财务管理循环过程,构成完整的财务管理工作体系。

第四节　财务管理的环境

财务管理的环境,简称理财环境,是指影响企业财务管理的各种因素,分内部环境和外部环境两个方面。内部环境是企业可以改变的,但改变内部环境必然受到外部环境的影响;外部环境是企业无法改变的,企业只能去顺应它。如果财务人员善于研究理财环境,充分预测理财环境的变化,并采取相应的应变措施,也会对理财环境产生一定的影响。因此,企业进行财务管理离不开对经济环境、法律环境和金融市场环境的研究。

一、经济环境

财务管理的经济环境是指对财务管理产生影响的一系列经济因素,如经济周期、经济政策、通货膨胀等。经济环境的好坏对企业的筹资、投资和分配均会产生重大影响。当外部经济条件较差时,很多企业都会出现困难。

（一）经济周期

经济周期是指经济发展所表现的由扩张到失调,再到调整和收缩的循环变化,这种循环一般经历复苏、繁荣、萧条和衰落四个阶段。经济周期在经济发展中作为一种不平衡的波动是客观存在的。经济周期对财务管理的影响表现为:在经济发展的萧条到衰退阶段,由于整个宏观经济的不景气,紧缩成为企业明智的选择,产销量下跌,资金周转困难,投资机会明显减少,即使有投资机会也会因资金的短缺而搁浅。而在经济发展的复苏到繁荣阶段,市场需求加大,预期销量上升,前景乐观,给企业以扩张的动力,扩大的生产需要加倍的投资,这往往会使企业投资急剧膨胀。综上,经济周期会影响企业的投资规模。在经济的繁荣阶段,企业以压低库存、加大赊销比例、加速资金周转、增加股票的现金股利为重点。在经济的衰退阶段,企业以加速应收账款的回收、削减存货、调剂现金收支、应付债务危机、合理安排股利形式、减少现金股利的支付为重点,即经济周期影响企业的营运资金策略和股利政策。

（二）经济政策

经济政策是指政府行使其管理职能而制定的影响经济运行的一系列方针和策略。企业作为社会经济的基层组织,必然受经济政策的影响和调控,进而使企业内部的筹资、投资和分配政策也受到影响。经济政策对财务管理的影响表现为:政府鼓励发展的行业将有较优惠的融资政策,如财政的补贴、优惠的政府担保和低息贷款等;反之,政府限制发展的行业将会失去融资政策的优惠。政府产业政策的导向,也会影响企业投资的现金流量,政府扶持的行业,税收减免政策会减少企业的现金流出,促使其投资规模的扩张;反之,政府不扶持的行业,税收调节政策会增加企业的现金流出,从而限制其投资规模。另外,国家制定的一系列政策法规,如财务通则、行业财务制度等都会对企业的日常活动产生规范性或指导性的影响。

（三）通货膨胀

通货膨胀是指持续的物价上涨,引起货币的购买力下降。通货膨胀给企业财务管理带来很大的困难,而企业对通货膨胀本身是无能为力的。为了实现期望的收益,企业在通货膨胀期间,应及时调整其筹资、投资和分配政策。通货膨胀对企业财务管理的影响表现为:通货膨胀本身是由货币供应量增多造成的,但持续的通货膨胀使整个经济形势变得很不稳定。对企业而言,由于通货膨胀,一方面,原材料价格上涨,资金占用大量增加,固定资产重置缺口加大,进一步增加了企业的资金需求;另一方面,通货膨胀使企业生产的产品也需提价,引起利润虚增,税收多交,资金流失较多,资金的供应反而小于需求。资金供应的紧张增加了企业筹资的困难,为弥补通货膨胀引起的货币购买力损失,政府会提高利率水平,利率的变化与有价证券价格反向变动,利率上升引起有价证券价格下降,妨碍了投资者的资金流入,进一步增加了企业筹资的困难。由于利率的上升,企业筹资的资金成本增加,利润减少,直接影响了企业的股利政策。另外,通货膨胀引起货币购买力下降,也降低了企业投资的实际报酬率——名义报酬率减去通货膨胀贴水以后的余额。总之,持续的通货膨胀会对企业的财务管理产生一系列不利的连锁反应,企业应对此环境所产生的影响进行充分预测,以防患于未然。

(四)利息率波动

银行贷款利率的波动,以及与此相关的股票和债券价格的波动,对于企业来说既是机会,也是挑战。

在为闲置资金选择投资方案时,利用这种机会可以获得营业以外的额外收益。例如,在购入长期债券后,由于市场利率下降,按固定利率计息的债券价格上涨,企业可以出售债券获得较预期更多的现金流入。当然,如果出现相反的情况,企业则会蒙受损失。

在选择筹资来源时,情况与此类似。在预期利率将持续上升时,以当前较低的利率发行长期债券,可以节省资本成本。当然,如果后来事实上利率下降了,企业要承担比市场利率更高的资本成本。

(五)竞争

竞争广泛存在于市场经济之中,任何企业都不能回避。

竞争是"商业战争",竞争综合了企业的全部实力和智慧,经济增长、通货膨胀、利率波动带来的财务问题,以及企业的对策,都在竞争中体现出来。

二、法律环境

(一)法律环境的范畴

法律环境是指企业与外部发生经济关系时应遵守的有关法律、法规和规章(简称"法规"),主要包括公司法、证券法、金融法、证券交易法、经济合同法、税法、企业财务通则、内部控制基本规范等。市场经济是法治经济,企业的一些经济活动总是在一定法律规范内进行的。法律既约束企业的非法经济行为,也为企业从事各种合法经济活动提供保护。

按照对财务管理内容的影响情况,国家相关法规可以分如下几类:

(1)影响企业筹资的各种法规主要有公司法、证券法、金融法、证券交易法、合同法等。这些法规可以从不同方面规范或制约企业的筹资活动。

(2)影响企业投资的各种法规主要有证券交易法、公司法、企业财务通则等。这些法规从不同角度规范企业的投资活动。

(3)影响企业收益分配的各种法规主要有税法、公司法、企业财务通则等。这些法规从不同方面对企业收益分配进行了规范。

（二）法律环境对企业财务管理的影响

法律环境对企业的影响是多方面的,影响范围包括企业组织形式、公司治理结构、投融资活动、日常经营、收益分配等。比如《公司法》规定,企业可以采用独资、合伙、公司制等企业组织形式。企业组织形式不同,业主（股东）权利责任、企业投融资、收益分配、纳税、信息披露等不同,公司治理结构也不同。上述不同种类的法律、法规、规章,分别从不同方面约束企业的经济行为,对企业财务管理产生影响。

三、金融市场环境

（一）金融市场的概念

它包括广义的和狭义的金融市场。

广义的金融市场是指市场资金流动的场所,包括实物资金和货币资金的流动。广义金融市场交易的对象包括货币借贷、票据承兑和贴现、有价证券的买卖、黄金和外汇买卖、办理国内外保险、生产资料的交换等。

狭义的金融市场一般是指有价证券市场,即股票和债券的发行与买卖市场,金融市场也是金融商品通过各种交易方式使供求双方达成交易的场所。它是由金融市场的参加者、金融市场交易对象、金融市场组织方式构成的一个有机统一体。

（二）金融市场的分类

（1）按交易的期限分为短期资金市场和长期资金市场。

（2）按交割的时间分为现货市场和期货市场。

（3）按交易的性质分为发行市场和流通市场。

（4）按交易的直接对象分为票据承兑市场、票据贴现市场、有价证券市场、黄金市场、外汇市场等。

（三）金融市场上利率的决定因素

我国的利率分为官方利率和市场利率。官方利率是政府通过中央银行确定、公布,并且各银行都必须执行的利率。市场利率是金融市场上资金供求双方竞争而形成的利率,随资金供求状况而变化。

官方利率与市场利率的关系是:市场利率受官方利率的影响;官方确定利率时也要考虑市场供求状况。一般来说两者并无显著脱节现象。

在金融市场上,利率是资金使用权的价格。一般来说,金融市场上资金的购买价格,可用公式表示:

$$利率＝纯粹利率＋通货膨胀附加率＋风险附加率$$

（1）纯粹利率。纯粹利率是指无通货膨胀、无风险情况下的平均利率。例如,在没有通货膨胀时国库券的利率可以被视为纯粹利率。纯粹利率的高低,受平均利润率、资金供求关系和国家调节的影响。

（2）通货膨胀附加率。由于通货膨胀使货币贬值,投资者的真实报酬下降,他们在把资金交给借款人时,会在纯粹利息率的水平上再加上通货膨胀附加率,以弥补通货膨胀造成的购买力损失。因此,每次发行国库券的利息率随预期的通货膨胀率变化,它等于纯粹利率加预期通货膨胀率。

(3)风险附加率。投资者除了关心通货膨胀率外,还关心资金使用者能否保证他们收回本金并取得一定的收益。这种风险越大,投资人要求的收益率越高。实证研究表明,公司长期债券的风险大于国库券,要求的收益率也高于国库券;普通股票的风险大于公司债券,要求的收益率也高于公司债券;小公司普通股票的风险也高于大公司普通股票,要求的收益率也高于大公司普通股票。风险越大,要求的收益率也越高,风险与收益之间存在对应关系。风险附加率是投资者要求的除纯粹利率和通货膨胀之外的风险补偿。它包括变现力附加率、到期风险附加率、违约风险附加率。

将上述各种影响利率的因素综合起来,得到反映市场利率结构的一般表达式如下:

$$市场利率＝纯粹利率＋通货膨胀附加率＋变现力附加率＋到期风险附加率$$
$$＋违约风险附加率$$

第五节　财务管理的组织机构

企业的财务管理机构是指组织企业财务活动、处理财务关系的一种工作机构。从理论上讲,财务管理必须有组织保证,为了完成企业财务管理目标,必须通过一定的组织机构,科学合理地把财务活动的各要素、各环节和各方面组成一个整体,以充分发挥它们的作用。因此,财务管理的组织机构是企业实现财务管理的一个重要的前提条件。

一、传统的财务管理组织机构

新中国成立以来,特别在我国的国有企业中,都是将财务与会计机构合在一起的,即企业财务管理和会计核算合二为一的一元化结构。在大中型企业中,由总会计师来领导财会部门即财务科(处),在不设总会计师的小型企业,由主管财会工作的副厂长(副经理)来领导财会部门。这种一元化财务管理组织结构可用图1-1来表示。

这种结构是与高度统一的计划管理模式相适应的。在传统体制下,国有企业的自主经营、自负盈亏流于形式,企业的财务管理主要从属于财政,财务管理的主要职能如筹

图 1-1　一元化财务管理组织结构

集资金、投资管理、利润分配等都集中于财政部门和企业主管部门。在这种体制下,企业没有财权,资金由上级拨入,投资要逐级审批,分配要由主管部门决定。这样一来,对企业财务活动进行组织的意义就不十分明显了,会计人员只是在进行核算工作中顺利完成组织财务活动的任务,因此,没有必要单独设立专门的财务管理机构。至今,我国企业仍不同程度地受计划经济体制的影响,企业重视会计、轻视财务管理工作的现象比较突出。政府对企业会计工作监管严格,尤其是上市公司,财务报表审计和信息披露的规范迫使企业花较大的人力、财力在会计工作上。而对于财务管理工作,许多企业领导将其视为可做可不做的事务。

二、现代企业的财务管理组织机构

在西方国家的企业中，一般设置财务副总经理来主管企业的财务会计工作，在其下面设置两位主要管理人员：一位是 treasurer，可译为财务长或财务主任；一位是 controller，可译为主计长或总会计师。我国现代企业的财务管理组织机构，应结合我国国情，吸收西方企业二元化结构，实行财会机构分设。这种结构的基本框架可用图 1-2 来表示。

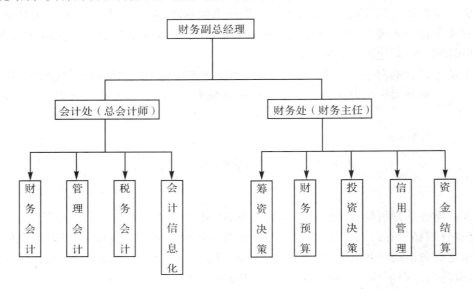

图 1-2　我国现代企业的财务管理组织结构

目前，我国部分企业已经开始借鉴西方企业的做法，将原来的财务处分解为财务处和会计处两个机构。应当说，这种机构设置对于理顺职能部门的工作职责、强化企业的财务管理工作起到了一定的积极作用。但实际运行中也会出现一些新的问题，如有时会出现财务部门和会计部门的相互扯皮现象，还有两者如何衔接的问题。因此，必须在实践中不断加以完善。

【案例】

从雷曼兄弟公司破产看财务管理目标的选择

2008 年 9 月 15 日，拥有 156 年悠久历史的美国第四大投资银行雷曼兄弟（Lehman Brothers）公司正式申请破产保护。雷曼兄弟公司，作为美国金融界中叱咤风云的巨人，在金融危机中无奈破产，这不仅与过度的金融创新和乏力的金融监管等外部环境有关，也与雷曼兄弟公司本身的财务管理目标有着某种内在联系。

（一）股东财富最大化：雷曼兄弟公司财务管理目标的现实选择

雷曼兄弟公司正式成立于 1850 年，在成立初期，其公司性质为家族企业，规模比较小，主要从事棉花等商品的贸易。雷曼兄弟公司从经营干洗、小件寄存等业务的小公司，逐步发展成长为主要从事金融投资的知名上市公司,其财务管理目标也从最初的利润最大化转为股东财富最大化。这是因为:①美国是一个市场经济比较成熟的国家,建立了完善的市场经济制度和资本市场体系,以股东财富最大化为财务管理目标能够获得更好的企业外部环境支持;②与利润最大化财务管理目标相比,股东财富最大化考虑了时间价值、资金成本等因素,更具科学性;③与企业价值最大化相比,股东财富可以直接通过资本市场股价来确定,容易量化,易于操作。因此,股东财富最大化是雷曼兄弟公司财务管理目标的现实选择。

(二)雷曼兄弟公司破产的内在原因:股东财富最大化

股东财富最大化财务管理目标的确立,使雷曼兄弟公司迅速发展的同时,也成为导致该公司在百年一遇的金融危机中失败的重要原因。

1.股东财富最大化过度追求利润而忽视经营风险控制,是雷曼兄弟公司破产的直接原因

在利润的驱动下,雷曼兄弟公司开始经营当时美国最有利可图的大宗商品期货交易,其后又涉足股票承销、证券交易、金融投资等业务,其每一次业务转型都是资本追逐利润的结果。公司在过度追求利润的同时,却忽视了对经营风险的控制。雷曼兄弟公司破产的原因表面上看是美国过度的金融创新和乏力的金融监管所导致的全球性金融危机,从实质上看,则是公司一味追求股东财富最大化,而忽视了对经营风险进行有效的控制。对合成CDO(担保债券凭证)和CDS(信用违约互换)市场深度参与,而忽视了CDS市场相当于4倍美国GDP的巨大风险,这是雷曼兄弟公司轰然倒塌的直接原因。

2.股东财富最大化过多关注股价而偏离了经营重心,是雷曼兄弟公司破产的推进剂

为了使本公司的股价在比较高的价位上运行,雷曼兄弟公司自2000年始,连续7年将公司税后利润的92%用于购买自己的股票,此举虽然对抬高公司的股价有所帮助,但同时也减少了公司的现金持有量,降低了应对风险的能力。另外,此举无疑是选择了"把鸡蛋放在同一个篮子里"的投资决策,不利于分散投资风险。过多地关注公司股票价格短期的涨和跌,也必将使公司在实务经营上的精力投入不足,重心发生偏移,反而会使股价失去高位运行的经济基础。

3.股东财富最大化仅强调股东利益而忽视其他利益相关者的利益,是雷曼兄弟公司破产的内在原因

现代企业是多种契约关系的集合体,不仅包括股东,还包括债权人、经理层、职工、顾客、政府等利益相关者。雷曼兄弟公司上市后实现了连续14年盈利的显著业绩和10年间高达1103%的股东回报率。但是,该公司股东财富最大化的财务管理目标片面地强调了股东利益至上,忽视了其他利益相关者的利益,导致雷曼兄弟公司内部各利益主体的矛盾冲突频繁爆发,公司员工积极性不高。另外,雷曼兄弟公司选择股东财富最大化,过多关注股东利益,忽视了公司应该承担的社会责任,加剧了公司与社会之间的矛盾,这也是导致雷曼兄弟公司破产的原因之一。

4.股东财富最大化仅适用于上市公司,是雷曼兄弟公司破产的又一原因

为了提高整个公司的整体竞争力,1993年,雷曼兄弟公司进行了战略重组。为了支持上市,雷曼兄弟公司将有盈利能力的优质资产剥离后注入上市公司,而将大量不良资产留在了集团公司,将业务分为核心业务和非核心业务,上市公司与非上市公司分立运行,这种上

市方式决定了上市之后无论是内部公司治理,还是外部市场运作,都无法与集团公司分开而保持独立。由于上市公司才有股价,股东财富最大化目标只适用于上市公司,因而集团公司与其他非上市子公司缺乏明确的财务管理目标,财务管理活动混乱。这也是雷曼兄弟公司破产的一个原因。

（三）启示

1.关于财务管理目标的重要性

财务管理目标决定了企业建立什么样的财务管理组织、遵循什么样的财务管理原则、运用什么样的财务管理方法和建立什么样的财务管理指标体系。财务管理目标是财务决策的基本准则。每一项财务管理活动都是为了实现财务管理目标。因此,制定合适的财务管理目标是十分重要的。

2.关于财务管理目标的制定原则

雷曼兄弟公司破产给我们的第二个启示是,企业在制定财务管理目标时,需要遵循以下原则:①价值导向和风险控制原则;②兼顾更多利益相关者的利益而不偏袒少数人利益的原则;③兼顾适宜性和普遍性的原则;④绝对稳定和相对变化的原则。

3.关于财务管理目标的选择

财务管理目标除了有股东财富最大化之外,还有企业价值最大化、利润最大化、产值最大化等,每一种目标都有其优点,也有其不可克服的缺点。在选择财务管理目标时,可以同时选择两个以上财务目标,以便克服单个目标的不足。

【思考题】

1.你认为,雷曼兄弟公司的破产悲剧能够避免吗? 如何才能避免?

2.雷曼兄弟公司应该怎样选择它的财务管理目标? 为什么?

本章自测

第二章 资金的时间价值与风险报酬

资金的时间价值与风险报酬,是现代财务管理的两个基础观念,是财务管理中不可忽视的基本因素。任何企业的财务活动,离开了资金的时间价值因素,就无法正确计算不同时期的财务收支,也无法正确评价企业盈亏。时间价值原理,正确地揭示了不同时点上资金之间的换算关系,是财务决策的基本依据。企业的财务管理工作,几乎都是在有风险和不确定的情况下进行的,离开了风险因素,就无法正确评价企业报酬的高低。准确理解风险和报酬的关系,对于科学地进行财务决策具有十分重要的意义。本章的内容主要包括资金时间价值的概念、计算、在实际中的应用以及风险的概念和计量等。

第一节 资金的时间价值

一、资金时间价值的概念

企业的财务活动都是在特定的时间进行的,离开了时间就无法正常地计算资金的流入和流出数量,资金的时间价值正是研究不同时点上的资金收入与支出的关系。所谓资金的时间价值,是指一定量的资金在生产流通过程中随着时间推移而产生的增值,即一定量的资金在不同时点上的价值量的差额。

资金是有时间价值的,也就是说今天收到一定金额的资金要比 1 年后收到同等金额的资金更有价值,因为今天早收到的资金可以投资获利。对于任何人来说,在不考虑风险和通货膨胀的情况下,年初的 1 元钱和年末的 1 元钱不等值,前者比后者的价值大。因为如果将年初的 1 元钱存入银行,年利率为 5%,则年末可获得 1.05 元钱,产生了 0.05 元的增值,即年初的 1 元钱和年末的 1.05 元等值。人们将资金在使用过程中随时间的推移而发生增值的现象,称为资金具有时间价值的属性。这 0.05 元的增值,就是资金的时间价值。

根据上述,资金之所以在一定时期内发生了增值,是因为将其进行了投资。如果没有投资,资金永远也不会产生增值。资金使用者把资金投入生产经营以后,劳动者借以生产新的产品,创造新价值,带来利润,实现增值。资金周转使用的时间越长,所获得的利润越多,实现的增值额就越大。从本质上说,资金的时间价值不是由时间创造的,它的真正来源是劳动者创造的剩余价值。因此,资金的时间价值是资金在周转使用中产生的,是资金所有者让渡资金使用权而参与社会财富分配的一种形式。

通常情况下,资金的时间价值被认为是没有风险和没有通货膨胀条件下的社会平均资金利润率。这是市场经济中各部门投资的利润率趋于平均化的结果。因为每个企业在投资某项目时,至少要取得社会平均利润率,否则不如投资另外的项目或另外的行业。因此,资金的时间价值成为评价投资方案的基本标准。财务管理对时间价值的研究,主要是对资金的筹集、投放、使用和收回等进行分析,以便找出适用于分析方案的数学模型,提高财务决策质量。例如,现有一个投资项目,目前立即投资开发可获得100万元收益,若1年后投资开发,可获得110万元收益。如果不考虑资金的时间价值,因为110万元大于100万元,可以认为1年后开发更有利。如果考虑资金的时间价值,现在获得100万元,可用于其他投资,假如平均年利率为15%,则1年后可获得115万元,其大于1年后投资所获得的收益110万元,因此可以认为目前投资开发更有利。后一种思考问题的方法,更符合现实的经济生活。

二、资金时间价值的计算

由于资金时间价值的存在,不同时点上的收入和支出换算到相同的时点基础上,才能进行大小的比较。既然资金有时间价值,那么资金的时间价值就是可以计算的。资金的时间价值通常采取利息的形式,按计算利息的方式计算。利息有单利和复利两种。

(一)单利的计算

所谓单利,是指只对本金计算利息,所生利息不再加入本金重复计算利息,即无论时间多长,只有本金生息,利息不再生息。

1.单利利息的计算

其计算公式为

$$I = P \times i \times n$$

式中,I 为利息;P 为现值;i 为利率;n 为计息期。

【例 2-1】 现有一笔1000元的款项,利率为6%,5年期,按单利计算,5年后可获得多少利息?

解 根据单利利息计算公式可得

$$I = P \times i \times n = 1000 \times 6\% \times 5 = 300(元)$$

在计算利息时,除非特别指明,给出的利率一般是年利率。对于不足1年的利息,以1年等于360天来折算。

2.单利终值的计算

单利终值是指现在一定量的资金按单利计算的未来价值。其计算公式为

$$F = P + I = P + P \times i \times n = P(1 + i \times n)$$

式中,F 为终值。

【例 2-2】 接例2-1,5年后获得的本利和为多少?

解 5年后所获本利和为

$$F = P(1 + i \times n) = 1000 \times (1 + 6\% \times 5) = 1300(元)$$

3.单利现值的计算

单利现值是指若干期后一定量的资金按单利计算的现在价值。单利现值可以利用终值求出。单利现值的计算公式为

$$P = F/(1 + i \times n)$$

【例 2-3】 某人打算 5 年后从银行获得本利和 1300 元,利率为 6%,按单利计算,则他现在应向银行存入多少钱?

解 根据单利现值计算公式可得

$$P=F/(1+i\times n)=1300/(1+6\%\times 5)=1000(元)$$

(二)复利的计算

所谓复利,是指在计算利息时,每经过一个计息期,要将所生利息加入本金再计利息,逐期滚算,俗称"利滚利"。这里所说的计息期,是指相邻两次计息的时间间隔,如年、月、日等。同样地,在计算利息时,除非特别指明,给出的利率一般是年利率。对于不足 1 年的利息,以 1 年等于 360 天来折算。复利法是国际上目前普遍采用的利息计算方法。

1.复利终值的计算

复利终值是指一定量的本金按复利计算若干期后的本利和。

假设现有本金 100 元,年复利率为 10%,则

第 1 年年末的终值$(F)=100\times(1+10\%)=110(元)$

第 2 年年末的终值$(F)=110\times(1+10\%)=100\times(1+10\%)^2=121(元)$

第 3 年年末的终值$(F)=121\times(1+10\%)=100\times(1+10\%)^3=133.1(元)$

以此类推,第 n 年年末的复利终值为

$$F=100\times(1+i)^n$$

因此,复利终值的计算公式是

$$F=P(1+i)^n$$

式中,F 为复利终值;P 为本金或现值;n 为计息期。

$(1+i)^n$ 被称为复利终值系数,记作$(F/P,i,n)$。在实际工作中,为了便于计算,可编制"复利终值系数表"(见本书附录一),以备查阅。该表的第一行是利率,第一列是计息期数,相应的$(1+i)^n$ 值在其行列相交处。例如$(F/P,5\%,10)$表示利率为 5%,期数为 10 的复利终值系数,通过附录一可查出,$(F/P,5\%,10)=1.629$。也就是说,按照 5% 的利率计息,现在的 1 元钱和 10 年后的 1.629 元钱是等值的。根据复利终值系数,可以将现值换算成终值。

【例 2-4】 某人将 100 元存入银行,年利率为 5%,复利计息,10 年后复利终值为多少?

解 由题可知,$P=100,i=5\%,n=10$,查"复利终值系数表"得$(F/P,5\%,10)=1.629$,则 10 年后可获得的复利终值为

$$F=P(1+i)^n=100\times 1.629=162.9(元)$$

"复利终值系数表"的作用不仅在于已知 i 和 n 时可以查找复利终值系数,而且可在已知复利终值系数和 n 时查找 i,或已知复利终值系数和 i 时查找 n。

【例 2-5】 现有 1000 元,欲在 19 年后使其达到原来的 3 倍,选择投资机会时最低可接受的报酬率为多少?

解 由题可知,$F=1000\times 3=3000$,则

$$F=P(1+i)^n=1000\times(1+i)^{19}=3000$$

$$(1+i)^{19}=3,即(F/P,i,19)=3$$

查"复利终值系数表",在 $n=19$ 的行中找 3,对应的 i 值 6%,得

$$(F/P,6\%,19)=3.026$$

所以 $i=6\%$，即投资机会的最低报酬率为 6%，才可使现有资金在 19 年后达到原来的 3 倍（计算结果为 3.026 倍，接近于 3 倍）。

2. 复利现值的计算

复利现值是指未来一定时期的收入或支出资金按复利计算现在的价值，或者说为取得将来一定的本利，计算现在所需要的本金。

复利现值计算，是指已知 F、i、n 时求 P。

由复利终值计算，已知 $F=P(1+i)^n$，则

$$P=\frac{F}{(1+i)^n}=F(1+i)^{-n}$$

式中，$(1+i)^{-n}$ 是复利终值系数的倒数，被称为复利现值系数，记作 $(P/F,i,n)$，可直接通过"复利现值系数表"（见本书附录二）查出，该表的使用方法与"复利终值系数表"相同。根据这个系数可以将终值换算成现值。

【例 2-6】 某公司拟在 5 年后获得 100000 元，投资报酬率为 10%，该公司现在应投入多少元？

解 由题可知，$F=100000$，$i=10\%$，$n=5$，则

$$P=F(1+i)^{-n}=F(P/F,i,n)=100000\times(P/F,10\%,5)$$
$$=100000\times0.621=62100（元）$$

所以公司现在应投入 62100 元。

（三）年金的计算

年金是指在相等间隔期内收到或付出的等额系列款项。折旧、利息、租金、保险费等通常表现为年金形式。按照收付的次数和支付的时间划分，年金可分为普通年金、预付年金、递延年金和永续年金等。但不论是哪种年金，都采用复利计息方式。

1. 普通年金

普通年金又称后付年金，是指各期期末收付的年金。普通年金的收付形式如图 2-1 所示。

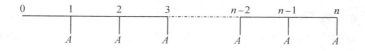

图 2-1 普通年金示意

在图 2-1 中，横线代表时间的延续，用数字标出各期的顺序号，0 表示第 1 年年初，1，2，3，…，n 分别表示各年年末；竖线的位置表示支付的时刻，A 表示年金额。

（1）普通年金终值的计算

普通年金终值是指一定时期内每期期末等额收付款项的复利终值之和。在图 2-1 中，按复利终值的计算公式，把每一年的年金折算为终值，年金终值用 F_A 表示，如图 2-2 所示。

由图 2-2 可知，普通年金终值的计算公式为

$$F_A=A+A(1+i)^1+A(1+i)^2+\cdots+A(1+i)^{n-3}+A(1+i)^{n-2}+A(1+i)^{n-1}$$

根据等比数列求和公式可得

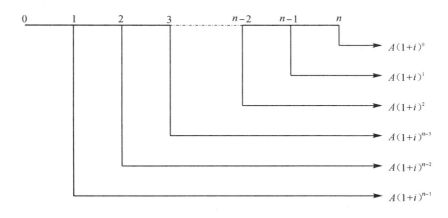

图 2-2　普通年金终值示意

$$F_A = A \cdot \frac{(1+i)^n - 1}{i}$$

式中，F_A 为年金终值。$\frac{(1+i)^n - 1}{i}$ 称为普通年金终值系数，记作 $(F/A, i, n)$，可直接通过"年金终值系数表"（见本书附录三）查出。根据普通年金终值系数可以将年金现值换算成终值。

【例 2-7】　人们常常为退休以后的生活提前准备一些钱。假如每年年末存 100 元，年利率为 8%，则 40 年后这笔钱是多少？

解　由题可知，$A = 100$，$i = 8\%$，$n = 40$，则 40 年后这笔钱为

$$F_A = A \cdot (F/A, i, n) = 100 \times (F/A, 8\%, 40)$$
$$= 100 \times 259.06 = 25906（元）$$

（2）偿债基金的计算

偿债基金是指为使年金终值达到既定金额每年年末应支付的年金数额。

根据普通年金终值计算公式

$$F_A = A \cdot \frac{(1+i)^n - 1}{i}$$

可得　　　　　　$$A = F_A \cdot \frac{i}{(1+i)^n - 1}$$

式中，$\frac{i}{(1+i)^n - 1}$ 是普通年金终值系数的倒数，称为偿债基金系数，记作 $(A/F, i, n)$。根据偿债基金系数可以将年金终值折算为每年需要支付的金额。偿债基金系数可根据年金终值系数求倒数确定。

【例 2-8】　某人计划在 10 年后还清 100000 元债务，他准备从现在起每年等额在银行存入一笔款项。若银行存款利率为 6%，每年需存入多少元？

解　由题可知，$F_A = 100000$，$i = 6\%$，$n = 10$，根据偿债基金计算公式可知

$$A = F_A(A/F, i, n) = F_A \cdot \frac{1}{(F/A, i, n)}$$

查"年金终值系数表"得 $(F/A, 6\%, 10) = 13.181$，则

$$A = 100000 \times \frac{1}{13.181} \approx 100000 \times 0.07587 = 7587（元）$$

即每年需要存入银行 7587 元。

偿债基金还可以用于折旧基金的计算，即以每期的折旧额和折旧额的利息之和作为将来设备更新的资金来源。

【例 2-9】 某企业有一设备，预计使用 10 年。10 年后更新该设备需 50 万元，若企业从现在起每年年末将该设备的折旧款存入银行，每年至少应提折旧额多少元，才能使企业在 10 年后有足够的资金更新该设备？（银行存款年利率为 10%）

解 由题可知，$F=50$，$i=10\%$，$n=10$，则

$$A=F_A(A/F,i,n)=F_A \cdot \frac{1}{(F/A,i,n)}=50\times \frac{1}{(F/A,10\%,10)}$$

查"年金终值系数表"得 $(F/A,10\%,10)=15.937$，则

$$A=50\times \frac{1}{15.937}\approx 3.14（万元）$$

即每年应提取折旧 3.14 万元。

（3）普通年金现值的计算

普通年金现值是指一定时期内每期期末等额收付款的复利现值之和，或者说为在一定时期内每期期末取得相等金额的款项，现在需要投入的金额。

普通年金现值的原理如图 2-3 所示，假设每年的支付金额为 A，利率为 i，期数为 n，按复利现值的计算公式，把每一年的年金折算为现值，年金现值用 P_A 表示。

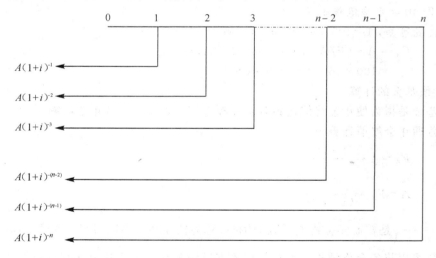

图 2-3　普通年金现值示意

由图 2-3 可知，普通年金现值的计算公式为

$$P_A=A(1+i)^{-1}+A(1+i)^{-2}+A(1+i)^{-3}+\cdots+A(1+i)^{-(n-2)}+A(1+i)^{-(n-1)}+A(1+i)^{-n}$$

根据等比数列求和公式可得

$$P_A=A \cdot \frac{1-(1+i)^{-n}}{i}$$

式中，P_A 为年金现值。$\frac{1-(1+i)^{-n}}{i}$ 称为普通年金现值系数，记作 $(P/A,i,n)$，可直接通过

"年金现值系数表"(见本书附录四)查出。根据年金现值系数可以将年金换算成现值。

【例 2-10】　某企业计划现在存入一笔款项,以便在将来的 5 年内每年年末向退休人员发放 5000 元慰问金。如果银行年利率为 10%,现在应存入多少钱?

　　解　$P_A = A(P/A,i,n) = 5000 \times (P/A,10\%,5)$

　　　　　　$= 5000 \times 3.791 = 18955(元)$

即现在应存入 18955 元。

(4)年投资回收额的计算

利用普通年金现值系数还可以计算现在一笔投资在以后一定时期内每年可以收回的等额款项,即年投资回收额。年投资回收额是普通年金现值的逆运算。

根据普通年金现值的计算公式

$$P_A = A \cdot \frac{1-(1+i)^{-n}}{i}$$

可得　　　　　$$A = P_A \cdot \frac{i}{1-(1+i)^{-n}}$$

式中,$\dfrac{i}{1-(1+i)^{-n}}$是普通年金现值系数的倒数,称为投资回收系数,记作 $(A/P,i,n)$,它可以把现值折算为年金。

【例 2-11】　某企业投资某项目 100 万元,该项目寿命为 10 年。假设年利率为 5%,每年至少要收回多少现金,10 年内才能收回全部投资?

　　解　由题可知:$P_A = 100, i = 5\%, n = 10$,根据年投资回收额的计算公式可得

$$A = P_A(A/P,i,n) = P_A \cdot \frac{1}{(P/A,i,n)} = 100 \times \frac{1}{(P/A,5\%,10)}$$

查"年金现值系数表"得:$(P/A,5\%,10) = 7.722$,则

$$A = 100 \times \frac{1}{7.722} \approx 12.95(万元)$$

即每年至少要收回 12.95 万元,10 年内才能收回全部投资。

2.预付年金

预付年金是指在一定时期内每期期初等额支付的系列款项,又称即付年金或先付年金。预付年金与普通年金的区别在于付款的时点不同,普通年金付款时点是各期期末,而预付年金付款时点是各期期初。

预付年金的支付形式如图 2-4 所示。

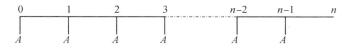

图 2-4　预付年金示意

(1)预付年金终值的计算

预付年金终值,是指一定时期内每期期初等额收付款项的复利终值之和,是每期期初支付相等金额按复利计算方法计算的最后一期期末时的本利和。

按复利终值的计算公式,把每一年的预付年金折算为终值。

设每年的预付年金金额为 A,利率为 i,期数为 n,其终值之和为

$$F_A = A(1+i) + A(1+i)^2 + A(1+i)^3 + \cdots + A(1+i)^n$$
$$= A \cdot \frac{(1+i)^n - 1}{i}(1+i)$$

从图 2-4 可以看出，n 期预付年金与 n 期普通年金的付款次数相同，只是付款时间不同，n 期预付年金终值比 n 期普通年金终值多计算一期利息，所以，在 n 期普通年金终值上再加上一期的利息，即在 n 期普通年金终值的基础上再乘以 $(1+i)$，就是 n 期预付年金终值。

对上式进行整理得

$$F_A = A \cdot \left[\frac{(1+i)^{n+1} - 1}{i} - 1 \right]$$

式中，$\frac{(1+i)^{n+1} - 1}{i} - 1$ 称为预付年金终值系数，它和普通年金终值系数 $\frac{(1+i)^n - 1}{i}$ 相比，期数加 1，而系数减 1，可记作 $[(F/A, i, n+1) - 1]$，因此可通过"年金终值系数表"查得 $n+1$ 期的值，然后再减 1，得出预付年金终值系数。利用预付年金终值系数可以将预付年金折算为终值，也可以将终值折算为预付年金。

【例 2-12】 某人每年年初存入银行 1000 元，存款利率为 10%，第 5 年年末的本利和为多少？

解　根据预付年金终值计算公式可得

$$F_A = A \cdot [(F/A, i, n+1) - 1] = 1000 \times [(F/A, 10\%, 6) - 1]$$
$$= 1000 \times (7.716 - 1) = 6716(元)$$

即第 5 年年末的本利和为 6716 元。

【例 2-13】 某人拟在 5 年后偿还一笔 50000 元的债务，从现在起，每年年初存入银行多少钱，到期才能够偿还债务？（年利率为 10%）

解　根据预付年金终值计算公式可得

$$F_A = A \cdot [(F/A, i, n+1) - 1]$$

则

$$A = F_A \cdot \frac{1}{(F/A, i, n+1) - 1} = 50000 \times \frac{1}{(F/A, 10\%, 6) - 1}$$
$$= 50000 \times \frac{1}{7.716 - 1} \approx 7445(元)$$

即每年年初必须存入银行 7445 元，到期才能够偿还完债务。

(2) 预付年金现值的计算

预付年金现值是指一定时期内每期期初等额收付款的复利现值之和。按复利现值的计算公式，把每一年的预付年金折算为现值，其现值之和为

$$P_A = A + A(1+i)^{-1} + A(1+i)^{-2} + \cdots + A(1+i)^{n-1}$$
$$= A \cdot \frac{1 - (1+i)^{-n}}{i}(1+i)$$

从图 2-4 可以看出，n 期预付年金现值与 n 期普通年金现值的期数相同，由于付款时间不同，在折算现值时 n 期预付年金现值比 n 期普通年金现值少折算一期，所以，在 n 期普通年金现值的基础上乘以 $(1+i)$，便可求出 n 期预付年金现值。

对上式进行整理可得

$$P_A = A \cdot \left[\frac{1 - (1+i)^{-(n-1)}}{i} + 1 \right]$$

式中，$\frac{1-(1+i)^{-(n-1)}}{i}+1$ 称为预付年金现值系数，它和普通年金现值系数 $\frac{1-(1+i)^{-n}}{i}$ 相比，期数减 1，而系数加 1，可记作 $[(P/A,i,n-1)+1]$。因此可通过"年金现值系数表"查得 $n-1$ 期的值，然后加 1，得出预付年金现值系数。同样利用预付年金现值系数可以将预付年金折算为现值，也可以将现值折算为预付年金。

【例 2-14】 某人采用分期付款方式购物，每年年初支付 10000 元，利息率为 10%，分 5 年付清，该项分期付款相当于一次性现金支付的购价是多少？

解 根据预付年金现值计算公式可得

$$P_A = A \cdot [(P/A,i,n-1)+1] = 10000 \times [(P/A,10\%,4)+1]$$
$$= 10000 \times [3.170+1] = 41700(元)$$

即该项分期付款相当于一次性现金支付 41700 元。

3.递延年金

递延年金也称延期年金，是指第一次收付发生在第二期或第二期以后的年金。凡收入或支出在第一期期末以后的某一时间的年金，都属于递延年金。

递延年金收付形式中，年金为 A，最初若干期没有发生收付，一般用 m 表示递延期数，后面若干期连续收付的期数用 n 表示，如图 2-5 所示。

图 2-5 递延年金示意

(1)递延年金终值的计算

由图 2-5 可知，递延年金终值的大小，与递延期无关，其计算方法与普通年金终值计算相同。

(2)递延年金现值的计算

递延年金现值的计算有两种方法。

第一种方法：先计算出从第 $m+1$ 年年末到第 $m+n$ 年的普通年金现值，再将结果贴现至第 1 年年初。

在图 2-5 中，先求出递延年金在 n 期期初（m 期期末）的现值，再将它作为终值贴现到 m 期的第 1 期期初，便可求出递延年金的现值。其计算公式为

$$P_A = A \times (P/A,i,n) \times (P/F,i,m)$$

【例 2-15】 某企业向银行借入一笔款项，银行贷款的年利息率为 8%，银行规定前 8 年不用还本付息，但从第 9 年到第 20 年每年年末偿还本息 1000 元，这笔款项的现值应为多少？

解一 根据递延年金现值公式可得

$$P_A = A \times (P/A,i,n) \times (P/F,i,m) = 1000 \times (P/A,8\%,12) \times (P/F,8\%,8)$$
$$= 1000 \times 7.536 \times 0.540 \approx 4069(元)$$

第二种方法：先计算出从第 1 年到第 $m+n$ 年的普通年金现值（相当于多计算了从第 1 年到第 m 年的普通年金现值），然后减去 m 期的普通年金现值。根据普通年金现值公式，递延年金计算公式为

$$P_A = A(P/A,i,m+n) - A(P/A,i,m)$$

解二　由例 2-15 中的已知条件可得

$$\begin{aligned}
P_A &= A(P/A,i,m+n) - A(P/A,i,m)\\
&= 1000 \times (P/A,8\%,20) - 1000 \times (P/A,8\%,8)\\
&= 1000 \times (9.818 - 5.747) = 4071(\text{元})
\end{aligned}$$

4. 永续年金

前面我们所介绍的年金都是在有限时期内发生的,但有些年金则是无限期的,即永续年金。永续年金是指无限期的等额定期收付系列款项。例如:永久性奖学金、存本取息等均可被视为永续年金。永续年金由于没有终止时间,因此没有终值,只有现值。

永续年金现值的计算是已知年金 A,利率 i,求现值 P。其计算公式可以通过普通年金现值的计算公式推导得出:

$$P_A = A \cdot \frac{1-(1+i)^{-n}}{i}$$

当 $n \to \infty$ 时,$(1+i)^{-n}$ 的极限为 0,故上式可写成:

$$P_A = \frac{A}{i}$$

【例 2-16】 某学校拟建立一项永久性的奖学金,每年计划颁发 10000 元奖金。若利率为 5%,现在应存入多少钱?

解　由题可得

$$P_A = \frac{A}{i} = \frac{10000}{5\%} = 200000(\text{元})$$

即现在应存入 20 万元作为永久性的奖学金。

以上我们介绍的属于一次性现金收付或等额现金收付问题,但在实际生活中,经常会遇到各期不等额现金收付的问题,即各年收付不相等,称为混合现金流。在现值或终值的计算中,则利用前面介绍的计算公式,然后再进行求和。

【例 2-17】 某人准备第 1 年年末存 1 万元,第 2 年年末存 3 万元,第 3 年至第 5 年每年年末存 4 万元,存款利率为 10%,问 5 年存款的现值为多少?

解　首先利用复利现值公式将第 1 年和第 2 年的存款折算为现值:

第 1 年的现值:$P_1 = F(P/F,i,n) = 1 \times (P/F,10\%,1) = 0.909(\text{万元})$

第 2 年的现值:$P_2 = F(P/F,i,n) = 3 \times (P/F,10\%,2)$
$= 3 \times 0.826 = 2.478(\text{万元})$

第 3 年至第 5 年发生的收支为递延年金,其中 $m=2$,$n=3$,则首先将其折算到第 3 年年初(第 2 年年末),在利用复利现值公式将其折算为现值:

$$\begin{aligned}
P_A &= A \times (P/A,i,n) \times (P/F,i,m) = 4 \times (P/A,10\%,3) \times (P/F,10\%,2)\\
&= 4 \times 2.487 \times 0.826 \approx 8.217(\text{万元})
\end{aligned}$$

然后将所有现值求和得 $P = 0.909 + 2.478 + 8.217 = 11.604(\text{万元})$

即 5 年存款折算现值为 11.604 万元。

上述关于资金时间价值计算的方法,在财务管理中有广泛用途,如存货管理、养老金决策、租赁决策、资产和负债估价、长期投资决策等。随着财务问题日益复杂化,时间价值观念的应用也日益增加。

5. 递增年金

有时我们遇到的现金流可能是按照某个恒定的速度持续增长的,我们称之为递增年金。比如,第 1 期期末的现金为 A,以后每期按照速度 g 增长,第 2 期期末的现金流是 $A \times (1+g)$,第 3 期期末的现金流是 $A \times (1+g)^2$,……,第 n 期期末的现金流是 $A \times (1+g)^{n-1}$。可以看出,递增年金从数量上看是一个等比数列。给定贴现率 i,递增年金的现值之和为

$$P = \frac{A}{1+i} + \frac{A \times (1+g)}{(1+i)^2} + \frac{A \times (1+g)^2}{(1+i)^3} + \cdots + \frac{A \times (1+g)^{n-1}}{(1+i)^n}$$

根据等比数列求和公式可得

$$P = \frac{A\left[1 - \left(\frac{1+g}{1+i}\right)^n\right]}{i-g}$$

如果时间无穷远,即 $n \to \infty$,且满足 $i > g$ 时,上式可以化简为

$$P = \frac{A}{i-g}$$

即递增年金的现值之和等于第一期现金流除以贴现率与增长速度的差。

递增年金公式在计算股票价值评估和企业价值评估中有着广泛的应用,极大简化了计算现金流的现值之和的过程。

三、有效利率与名义利率

以上讲的都是以 1 年为计息期,每年复利 1 次,但在实际生活中,常有 1 年不止复利 1 次的情况。例如在企业筹资和借贷活动中,经常遇到这种情况:给定年利率,但计息周期不是 1 年,而是半年、季、月或日,即按半年、季、月、日计算复利,这时给出的年利率就是名义利率。例如利息在 1 年内复利 4 次,计息期为每季度,在一个季度结束,都会将上一季度的本利和投入下一季度作为本金再计利息。那么在年利率和本金相同的值况下,每年计 4 次利息的终值,会大于每年计 1 次利息的终值。因此,当利息在 1 年内要复利几次时给出的年利率小于投资者获得的有效利率。当每年只复利 1 次时,给出的利率才是有效利率。

假设有一笔存款本金 P,年名义利率为 r,1 年复利 m 次,则每次复利利息为 $\frac{r}{m}$,根据复利终值公式可知

$$F = P\left(1 + \frac{r}{m}\right)^m$$

如果每年复利 1 次,利率为 i,则 1 年后该笔存款的本利和为

$$F = P(1+i)$$

假设两种计息方式下的终值相等,则可得

$$\left(1 + \frac{r}{m}\right)^m = 1 + i$$

$$i = \left(1 + \frac{r}{m}\right)^m - 1$$

上式即表示名义利率与有效利率的关系,其中 i 为有效利率,r 为名义利率。

【例 2-18】 已知名义利率为 6%,分别按季度、月、周连续计息计算有效年利率。

解 按季计算,1+有效年利率=(1+季利率)^4

$$有效年利率=\left(1+\frac{6\%}{4}\right)^4-1\approx6.1364\%;$$

按月计算，$1+$有效年利率$=(1+$月利率$)^{12}$

$$有效年利率=\left(1+\frac{6\%}{12}\right)^{12}-1\approx6.1678\%;$$

按周计算，$1+$有效年利率$=(1+$周利率$)^{12}$

$$有效年利率=\left(1+\frac{6\%}{52}\right)^{52}-1\approx6.1831\%;$$

连续计息时，计息频次无穷大，即 $m\to\infty$

$$有效年利率=\lim_{m\to\infty}\left(1+\frac{6\%}{m}\right)^m-1=e^{0.06}-1\approx6.1837\%$$

我们看到利息计算得越频繁，有效年利率就越高。银行是可以通过更频繁地计算利息来提高有效利率的，例如，住房按揭贷款是按月还款的，这相当于把计息频次变为 12 次。

四、通货膨胀与实际利率

通货膨胀是价格普遍持续上涨的经济现象。通货膨胀导致货币购买力降低。例如，一个面包今年的价格为 10 元，买两个面包需要 20 元；如果年通货膨胀率为 100%，那么明年 20 元只能买一个面包，这意味着明年的 20 元的购买力相当于今年的 10 元。我们把每年的 20 元称为名义现金流，即没有经过通货膨胀率调整过；把与之等价的今年的 10 元称为实际现金流，是经过通货膨胀率调整过的。二者的关系为

实际现金流＝名义现金流/（1＋通货膨胀率）

同样的道理，对于利率而言，我们日常使用的都是名义利率，包含了通货膨胀因素。实际利率是排除了通货膨胀因素影响后的利率。二者的关系可以表述为

1＋实际利率＝（1＋名义利率）/（1＋通货膨胀率）

例如，名义利率是 8%，通货膨胀率是 5% 的情况下，实际利率的计算过程是

实际利率＝（1＋8%）/（1＋5%）－1≈2.86%

面对名义现金流和实际现金流我们在贴现计算时的原则是，用名义利率贴现名义现金流，用实际利率贴现实际现金流。二者结果通常是等价的。

【例 2-19】 您的一位亲戚向您借了 5000 元，并承诺 1 年后归还。名义利率是 8%，通货膨胀率是 5%。这笔钱的现值是多少？分别用名义利率贴现和实际利率贴现两种方法计算。

解 使用名义值计算，名义贴现率为 8%，贴现名义现金流为 5000 元，

$$现值=\frac{5000}{1+8\%}$$

使用实际值计算，实际现金流为 5000/（1＋5%），

$$实际利率=(1+8\%)/(1+5\%)-1$$

$$现值=\frac{5000/(1+5\%)}{1+(1+8\%)/(1+5\%)-1}=\frac{5000}{1+8\%}$$

我们发现使用名义值和实际值贴现的效果相同，故在贴现计算时，一般不必考虑通货膨胀问题。当然在复杂的情况下，例如涉及折旧摊销等问题时通常是按照账面价值计算的，即

不用通货膨胀率进行调整,此时名义值和实际值的结果就存在差异。

第二节 风险报酬

前面我们讨论的资金时间价值是在无风险和无通货膨胀条件下的投资报酬率,而企业的经济活动大都是在有风险和不确定的情况下进行的,离开了风险因素就无法正确评价企业收益的高低,因此现代财务管理对风险因素越来越重视。投资的风险报酬原理,揭示了风险同报酬之间的关系,它同资金时间价值原理一样,是财务决策的基本依据。

一、风险概述

(一)风险的概念

风险是指一定条件下和一定时期内可能发生的各种结果的变动程度。如果企业的一项行动有多种可能的结果,其将来的财务后果是不确定的,就叫有风险。例如,我们在预计一个投资项目的报酬时,不可能十分精确,也没有百分之百的把握。因为在市场经济条件下,价格、销量、成本等可能发生我们意想不到并且无法控制的变化。相反,如果一项行动只有一种肯定的结果,就叫没有风险。例如,现在将一笔款项存入银行,可以确定一年后将得到的本利和,几乎没有风险。

风险是事件本身的不确定性,具有客观性。例如开采石油的收益有较大的不确定性,而销售日用品的盈利比较容易预计。这种风险及其大小是事件本身决定的,是客观存在的。但是你是否冒风险及冒多大风险是可以选择的,是主观决定的。

风险具有时间性,即风险的大小随时间的推移而变化。随着时间的延续,事件的不确定性在降低,事件完成,其结果也就完全肯定了,风险也就消失了。因此,风险总是"一定时期内"的风险。

与风险相联系的另一个概念是不确定性。风险是指事物变化存在多种可能结果,而这些结果都能够预测,并知道发生可能性的大小,即可以估算其概率的大小,只不过最终是否发生不能肯定。事前不知道可能出现的结果,或者虽然知道可能出现的各种结果,但不知道其出现的概率,这种完全不确定的情况叫不确定性。如购买股票,投资者不可能知道该股票所有可能达到的报酬率及每一种报酬率出现的概率大小。风险和不确定性虽然存在一定的区别,但在实际工作中,两者往往难以区分,一般都视为风险问题对待。

事实上,风险可能给投资人带来超出预期的收益,也可能带来超出预期的损失。一般来讲,人们对意外损失的关切,比对意外收益要强烈得多,因此提起风险,人们往往是把风险与损失联系在一起的,有风险必然有损失,风险是不利事件发生的可能性。从财务管理角度分析,风险主要是指无法达到预期报酬的可能性,或由于各种难以预料和无法控制的因素作用,使企业的实际收益与预计收益发生背离而蒙受损失的可能性。

(二)风险的类别

1.从个别投资主体的角度来看,风险分为市场风险和公司特有风险

(1)市场风险。市场风险是指那些对市场上所有公司产生影响的因素引起的风险,如战

争、通货膨胀、经济衰退、利率变动等引起的风险。这类风险涉及所有的投资对象,不能通过多角化投资来分散投资风险,因此又称不可分散风险或系统风险。例如,在经济衰退时,无论投资于哪种股票,都要承担价格下跌的风险。

(2)公司特有风险。公司特有风险是指发生于个别公司的特有事件造成的风险,如工人罢工、新产品开发失败、某投资项目决策失误、市场销售下降、诉讼失败等造成的风险。这类风险仅影响与之相关的公司,而不会影响所有的公司,即发生于一家公司的不利事件可以被其他公司的有利事件所抵消,即可以通过多角化投资来分散风险,所以公司特有风险又叫可分散风险或非系统风险。例如一个人投资股票时,购买几种不同股票比只购买一种股票风险小。

2. 从公司本身来看,风险分为经营风险和财务风险

(1)经营风险。经营风险是指因生产经营方面的不确定性给企业带来的风险。生产经营的不确定性是任何商业活动都有的,因而也叫商业风险。企业的生产经营活动受诸多企业内部和外部因素的影响,具有很强的不确定性。例如原材料价格变化,运输路线改变,新材料、新设备的出现等带来的供应方面的风险;产品生产方向不对,产品更新时期选择不好,产品质量不合格,新产品、新技术开发试验不成功,生产组织不合理带来的生产方面的风险;出现新的竞争对手,市场需求发生变化,销售决策失误,产品广告推销不力以及货款回收不及时等因素带来的销售方面的风险。所有这些生产经营方面的不确定性,都会使企业的报酬变得不确定。

(2)财务风险。财务风险是指由于举债而给企业带来的风险,也叫筹资风险。企业只要有举债就存在财务风险,因为借款利息是按借款数额和事先约定的利率计算的,不因销售或成本的变动而改变,从而对自有资金的盈利能力造成影响,产生一定的风险。例如 A 公司股本为 100 万元,好年景每年盈利 20 万元,股东资本报酬率为 20%;坏年景每年亏损 10 万元,股东资本报酬率为 -10%。假如公司预期今年是好年景,借入资本 100 万元,利息率为10%,预期盈利 40 万元(200 万元×20%),付息后盈利 30 万元,资本报酬率上升为 30%(30/100),这就是负债经营的好处。但是这个借款加大了原有的风险。如果借款后碰上的是坏年景,企业付息前亏损 20 万元(200 万元×10%),付息 10 万元后亏损 30 万元,股东的资本报酬率为 -30%,这就是负债经营的风险。

一般来说,财务风险的大小受借入资金与自有资金比例的影响,借入资金比例大,风险就会随之增大;借入资金比例小,风险也随之减少。如果没有借入资金,企业全部使用股东的股本,那么该企业就没有财务风险,只有经营风险。对财务风险的管理,关键是要保证有一个合理的资金结构,维持适当的负债水平,既要充分利用举债经营这一手段获取财务杠杆利益,提高自有资金盈利水平,同时也要注意防止过度举债引起财务风险的加大,避免陷入财务困境。

二、风险计量

对于投资收益而言,我们使用收益的标准差和标准离差率等指标度量投资的风险。

(一)投资的期望收益

现实中一项投资的收益存在多种可能,是一个随机变量。数学中我们使用数学期望来

度量随机变量的集中趋势,财务管理中用期望收益表示一项投资的平均收益。现举例如下。

甲公司股票收益率、乙公司股票收益率的概率分布如表 2-1 所示。

表 2-1　甲、乙公司股票收益率的概率分布

甲公司股票收益率/%	乙公司股票收益率/%	概率
−20	30	0.1
−10	17	0.2
0	1	0.4
20	−10	0.2
60	−20	0.1

在表 2-1 中,以甲公司股票为例,随机事件是甲公司股票的收益率,有五种可能的结果,用 $r_i(i=1,\cdots,5)$ 表示。数学中用概率来表示随机事件结果发生可能性的数值。概率越大表示该事件发生的可能性越大,通常把必然发生的事件的概率定为 1,不可能发生的事件的概率定为 0,而一般随机事件的概率是介于 0 与 1 之间的一个数。在表 2-1 中,对应于五种结果的概率用 $p_i(i=1,\cdots,5)$ 表示。

期望收益的计算公式是

$$\mu = E(r) = \sum_{i=1}^{n} p_i r_i$$

这里希腊字母 μ 是常用的期望收益简写符号;$E(r)$ 是期望收益的正式的数学运算表达符号;n 是随机变量结果的数目,其他符号的意思见前文所述。

利用该公式,我们可以分别计算出甲、乙公司股票的期望收益:

$$\mu_甲 = (-20)\times 0.1 + (-10)\times 0.2 + 0\times 0.4 + 20\times 0.2 + 60\times 0.1 = 6\%$$
$$\mu_乙 = 30\times 0.1 + 17\times 0.2 + 1\times 0.4 + (-10)\times 0.2 + (-20)\times 0.1 = 2.8\%$$

期望收益描述了投资收益的集中趋势。我们可以说,就平均趋势而言,甲公司股票的收益率高于乙公司股票。

(二)投资收益的方差与标准差

我们把甲、乙公司股票的收益和对应的概率分别描绘在图 2-6 和图 2-7 中。

我们发现相对于各自的期望收益,甲公司股票的收益率分布更分散一些,乙公司股票的收益率分布相对集中一些。在数学中用方差衡量随机变量与期望值之间的离散程度。在投资收益问题上,收益越分散表明收益的波动幅度越大,即风险高。我们用收益率的方差表示投资收益绝对风险的高低。

方差的计算公式为

$$\sigma^2 = \text{var}(r) = E[r - E(r)]^2 = \sum_{i=1}^{n} p_i [r_i - E(r)]^2$$

这里希腊字母 σ^2 是常用的方差简写符号;$\text{var}(r)$ 是期望收益的正式的数学运算表达符号;其他符号的意思见前文所述。从公式上看,方差是基于数学期望的运算,即先求离差 $r - E(r)$,然后对离差平方求数学期望。

利用该公式,我们可以分别计算出甲、乙公司股票的方差:

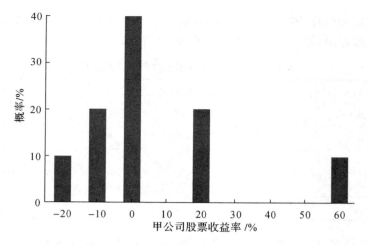

图 2-6   甲公司股票收益率的概率分布

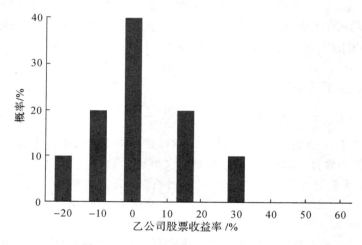

图 2-7   乙公司股票收益率的概率分布

$$\sigma_{甲}^2 = (-20-6)^2 \times 0.1 + (-10-6)^2 \times 0.2 + (0-6)^2 \times 0.4 + (20-6)^2 \times 0.2$$
$$+ (60-6)^2 \times 0.1$$
$$= 464(\%)^2$$

$$\sigma_{乙}^2 = (30-2.8)^2 \times 0.1 + (17-2.8)^2 \times 0.2 + (1-2.8)^2 \times 0.4 + (-10-2.8)^2$$
$$\times 0.2 + (-20-2.8)^2 \times 0.1$$
$$= 200.36(\%)^2$$

可见,甲公司股票收益率的离散程度高于乙公司股票,说明甲公司股票的绝对风险高。

对方差开平方后得到的结果就是标准差或标准离差,常用希腊字母 σ 表示,由于开方运算不改变单调性,收益率的标准差也是衡量投资风险的指标。

续上例可知 $\sigma_{甲} = 21.54\%$,$\sigma_{乙} = 14.15\%$。

(三)标准离差率

投资收益的方差或标准差衡量的是绝对风险,然而现实中风险高的项目其收益也高,这里就存在一个相对风险的问题,即每一单位收益平摊的风险是多少。我们使用标准离差率

（也称为"变化系数"）来衡量项目投资的相对风险。

标准离差率的公式为

$$V = \frac{\sigma}{\mu}$$

V 表示标准离差率,由投资收益的标准差除以投资的期望收益率而得。

【例 2-20】 A 项目的期望收益率为 12%,标准差为 16%;B 项目的期望收益率为 6%,标准差为 12%。比较 A 和 B 项目风险的相对大小。

解　$\sigma_A = 16\%, \mu_A = 12\%, \sigma_B = 12\%, \mu_B = 6\%$

$$V_A = \frac{\sigma_A}{\mu_A} = \frac{16\%}{12\%} = \frac{4}{3}$$

$$V_B = \frac{\sigma_B}{\mu_B} = \frac{12\%}{6\%} = 2$$

可见,虽然 A 项目的绝对风险高于 B 项目,但是相对风险却小于 B 项目。

三、风险规避

（一）利用分散投资规避风险

我们先从一个例子看起。假设你要投资一笔生意,有两种生意可选择,一是销售雨伞,二是销售冰淇淋。销售雨伞是有风险的生意,下雨时,雨伞会很畅销,天晴时,可能无人问津。卖冰淇淋也存在类似的问题,天晴的时候,销售会很好,但雨天生意可能不会好。这里销售雨伞和冰淇淋的风险取决于天气的情况,雨伞销售得好需要雨天多一些,冰淇淋销售得好则需要晴天多一些。如何规避或减少风险呢?你可能马上想到把自己的资金分成两部分,将投资分散到这两项生意。无论下雨还是晴天,你都可以获得在这两类天气下的平均利润水平。这个例子给我们的启发是:当一项生意好,另一项生意不好,即收益负相关时,分散投资于两者,形成一个投资组合,可能是最能规避风险的投资行为。

（二）投资组合的期望收益

在资本市场上,我们通常通过投资组合将风险分散。仍以表 2-1 中的甲公司和乙公司的股票收益率为例。投资者打算把手上资金的 25% 投资于甲公司股票,剩余的 75% 投资于乙公司股票。这样就构成了一个投资组合（portfolio）。

投资组合的收益率用 r_p 表示,这里 $r_p = 0.25 \times r_甲 + 0.75 \times r_乙$。

根据数学期望运算法则,投资组合的期望收益为

$$\mu_p = E(r_p) = E(0.25 \times r_甲 + 0.75 \times r_乙) = 0.25 \times \mu_甲 + 0.75 \times \mu_乙$$
$$= 0.25 \times 6\% + 0.75 \times 2.8\% = 3.6\%$$

（三）投资组合的风险计量

在计算投资组合的风险之前,我们需要计算甲公司股票和乙公司股票收益率之间的协方差。在数学中,我们使用协方差表示随机变量之间的关系。协方差的计算公式是

$$\sigma_{甲乙} = \text{cov}(r_甲, r_乙) = E\{[r_甲 - E(r_甲)] \times [r_乙 - E(r_乙)]\}$$
$$= \sum_{i=1}^{n} p_i [r_{甲i} - E(r_甲)] \times [r_{乙i} - E(r_乙)]$$

这里希腊字母 $\sigma_{甲乙}$ 表示甲乙股票收益率的协方差,cov 是协方差计算符号。可见协方差是离

差乘积的数学期望。

$$\sigma_{甲乙} = (-20-6) \times (30-2.8) \times 0.1 + (-10-6) \times (17-2.8) \times 0.2 +(0-6)$$
$$\times (1-2.8) \times 0.4 + (20-6) \times (-10-2.8) \times 0.2 + (60-6)$$
$$\times (-20-2.8) \times 0.1$$
$$= -270.8(\%)^2$$

协方差为负数,表明随机变量间关系是负相关,这里表示甲公司股票收益率与乙公司股票收益率是负相关的。

数学中还可以用相关系数表示随机变量间的相关关系:

$$\rho_{甲乙} = \frac{\sigma_{甲乙}}{\sigma_甲 \times \sigma_乙} \text{或者 } corr(r_甲, r_乙) = \frac{cov(r_甲, r_乙)}{\sqrt{var(r_甲)} \times \sqrt{var(r_乙)}}$$

这里希腊字母 ρ 代表相关系数,corr 是相关系数的数学运算符号,相关系数由协方差除以标准差的乘积而得。

$$\rho_{甲乙} = \frac{-270.8(\%)^2}{21.54\% \times 14.15\%} \approx -0.89$$

相关系数 ρ 取值范围在 -1 到 1 之间。大于 0 表示随机变量之间正相关,小于 0 表示随机变量之间负相关,等于 0 表示两者不相关。相关系数的绝对值衡量随机变量之间的相关程度,绝对值越大表明两者相关程度越高。例如 $\rho=1$ 表示随机变量间完全正相关,$\rho=-1$ 表示随机变量间完全负相关。

我们看到甲公司股票收益率与乙公司股票收益率负相关,且相关程度较高。

投资组合的方差计算公式为

$$\sigma_p^2 = var(\omega_甲 r_甲 + \omega_乙 r_乙) = \omega_甲^2 \sigma_甲^2 + \omega_乙^2 \sigma_乙^2 + 2\omega_甲 \omega_乙 \sigma_{甲乙}$$

这里 σ_p^2 表示投资组合的方差,$\omega_甲$、$\omega_乙$ 分别代表甲、乙公司股票的投资比例,两者之和为1。

续上例,

$$\sigma_p^2 = (0.25)^2 \times 464 + (0.75)^2 \times 200.36 + 2 \times 0.25 \times 0.75 \times 21.54 \times 14.15$$
$$\approx 164.72(\%)^2$$

或者 $\quad\quad\quad \sigma_p = 16\%$

我们发现,甲、乙公司股票投资组合收益率的方差比甲或乙公司股票收益率的方差都要小。这表明投资组合降低了投资的风险,背后的道理是两种投资品收益率负相关,在投资组合中互相抵消了一部分风险。能够抵消的风险称为特有风险,不能抵消的风险称为系统风险。

(四)投资组合前沿

投资者可以把手中的资金按照自己的意愿分配在甲公司股票或乙公司股票上,例如,将资金的 60% 投资于甲公司股票,40% 投资于乙公司股票等,只要满足两者的比例之和等于 1 即可。我们重复前文的方法,在满足 $\omega_甲 + \omega_乙 = 1$ 的情况下,计算出对应的投资组合期望收益率和标准差。将其描绘在图 2-8 中,我们将这条曲线称为投资组合前沿。

投资组合前沿上的不同点反映了不同的投资组合比例,是投资者所有可能的投资机会。我们需要注意,这条曲线向右下方倾斜的部分是无效的。因为在风险相同的情况下,投资者可以获得更高的期望收益,即曲线对应的向右上方倾斜的部分。

(五)两种以上投资组合的期望报酬与风险

以上我们以甲、乙两家公司的股票为例,说明投资组合的期望报酬与风险。现实中投资

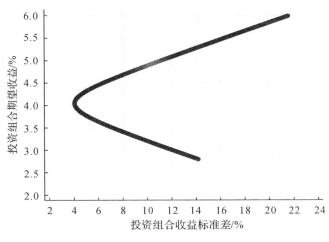

图 2-8 投资组合前沿

品不计其数,多于两种投资品形成的组合很常见,风险原理是一样的。

投资组合由 N 种证券构成,证券 i 在投资组合中所占的比例为 $\omega_i(i=1,\cdots,n)$

$$\sigma_p^2 = \text{var}(r_p) = \sum_{i=1}^{N}\sum_{j=1}^{N}\omega_i\omega_j\sigma_{ij} = (\omega_1,\cdots,\omega_N)\begin{bmatrix}\sigma_{11} & \cdots & \sigma_{1N}\\ \vdots & \ddots & \vdots\\ \sigma_{N1} & \cdots & \sigma_{NN}\end{bmatrix}\begin{bmatrix}\omega_1\\ \vdots\\ \omega_N\end{bmatrix}$$

这里的矩阵是由投资证券两两组合配对的收益方差和协方差构成的。对角线位置是证券 i 的收益方差 σ_i^2,共 N 个,非对角线部分是协方差 σ_{ij},即 $\sigma_{ij}(i,j=1,\cdots,n$,且 $i\neq j)$ 共 N^2-N 个。当 $N=2$ 时,$\sigma_p^2 = \text{var}(\omega_1 r_1 + \omega_2 r_2) = \omega_1^2\sigma_1^2 + \omega_2^2\sigma_2^2 + 2\omega_1\omega_2\sigma_{12}$ 就是该公式的特殊形式。

为了简化,我们赋予每一种证券相同的权重 $\omega_i = 1/N$,可得

$$\sigma_p^2 = \sum_{i=1}^{N}\sum_{j=1}^{N}\frac{1}{N^2}\sigma_{ij} = \frac{1}{N^2}\sum_{i=1}^{N}\sigma_i^2 + \frac{1}{N^2}\sum_{i\neq j}\sigma_{ij}$$

假设单个证券收益中最大的方差为 L,这意味着对角线的和

$$\sum_{i=1}^{N}\sigma_i^2 \leqslant NL$$

记所有协方差的平均值为 $\bar{\sigma}_{ij}$,这意味着非对角线的和:

$$\sum_{i\neq j}\sigma_{ij} = (N^2-N)\bar{\sigma}_{ij}$$

进而有:

$$\frac{1}{N^2}\sum_{i=1}^{N}\sigma_i^2 \leqslant \frac{L}{N} \quad \text{和} \quad \frac{1}{N^2}\sum_{i\neq j}\sigma_{ij} = \bar{\sigma}_{ij} - \frac{1}{N}\bar{\sigma}_{ij}$$

$$\sigma_p^2 \leqslant \frac{L}{N} + \bar{\sigma}_{ij} - \frac{1}{N}\bar{\sigma}_{ij}$$

当证券组合构成数 N 无限增大时

$$\lim_{N\to\infty}\frac{L}{N} + \bar{\sigma}_{ij} - \frac{1}{N}\bar{\sigma}_{ij} = \bar{\sigma}_{ij}$$

综上可知,$\sigma_p^2 \leqslant \bar{\sigma}_{ij}$,这意味着,无论证券数量如何增加,总有分散不掉的风险。这部分风

险与证券的协方差有关,与证券自身方差无关,因此进行分散化投资时,协方差比方差更重要。投资组合的风险与投资组合构成数量的关系可用图2-9表示,随着证券数量的增加,投资组合的风险下降,对应于可分散风险,但风险下降到一定程度之后不再下降,对应于不可分散风险。

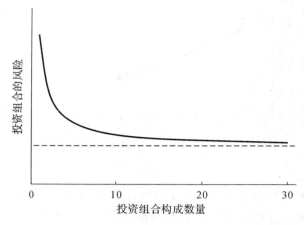

图 2-9　投资组合的风险与投资组合构成数量的关系

【案例】

瑞士田纳西镇巨额账单①

如果你突然收到一张事先不知道的 1260 亿美元的账单,你一定会大吃一惊,而这样的事件却发生在瑞士的田纳西镇的居民身上。纽约布鲁克林法院判决田纳西镇的居民应向美国投资者支付这笔钱。最初,田纳西镇的居民以为这是一件小事,但当他们收到账单时,被这巨额的账单惊呆了。他们的律师指出,若高级法院支持这一判决,为偿还债务,所有田纳西镇的居民在余生中将不得不靠吃麦当劳等廉价快餐度日。

田纳西镇的问题源于 1986 年的一笔存款,即斯兰黑不动产公司在内部交换银行(田纳西镇的一个银行)存入的一笔 6 亿美元的存款。存款协议要求银行按每周 1% 的利率(复利)付息(难怪该银行第 2 年破产)。1994 年,纽约布鲁克林法院做出判决:从存款日到田纳西镇对该银行进行清算的约 7 年中,这笔存款应按每周 1% 的复利计息,而在银行清算后的 21 年中,每年按 8.54% 的复利计息。

【思考题】

1. 请用你所学的知识说明 1260 亿美元是如何计算出来的?

2. 如利率为每周 1%,按复利计算,6 亿美元增加到 12 亿美元需多长时间?增加到 1000 亿美元需多长时间?

3. 本案例对你有何启示?

---

① 杨玉红,赵蕊芬.财务管理[M].上海:立信会计出版社,2005.

【本章思考题】

1. 你对时间价值这个概念如何理解？
2. 简述单利和复利的区别。
3. 什么是年金？预付年金和普通年金有什么区别？
4. 什么是名义利率？实际利率如何计算？
5. 什么是永续年金？
6. 不等额年金如何计算？
7. 什么是风险的大小？如何衡量？
8. 风险与收益的关系是什么？

本章自测

第三章　企业筹资方式

　　企业筹资是指企业由于生产经营、对外投资和调整资本结构等活动产生对资金的需要，从而采取适当的方式获取所需资金的一种行为。筹集资金既是保证企业正常生产经营的前提，又是谋求企业发展的基础。筹资工作做得好，不仅能降低资本成本，给经营或投资创造较大的有利空间，而且能降低财务风险，增大企业经济效益。筹集资金是企业资金运动的起点，它会影响乃至决定企业资金运动的规模及效果。本章主要介绍企业的经营管理者如何确定企业何时需要资金、需要多少资金、以何种方式取得资金等问题。

第一节　企业筹资概述

　　企业筹资的基本目的是自身的生存、发展与盈利。资金是企业经营活动的基本要素，任何企业在生存、发展过程中，都始终需要维持一定的资金规模。由于生产经营活动的发展变化，往往还需要追加筹资。

一、企业筹资的分类

　　企业筹集的资金，按不同的角度，通常可以分为股权资金筹集与债权资金筹集、长期资金筹集与短期资金筹集、内部筹资与外部筹资、直接筹资与间接筹资等类型。

　　（一）股权资金筹集与债权资金筹集

　　企业的全部资金，按属性的不同，可以分为股权资金与债权资金两种类型。

　　（1）股权资金，也称自有资金，是指企业依法取得并长期拥有、可以自主调配的资金。根据我国有关法规制度，企业的股权资金由投入资本（股本）、资本公积、盈余公积和未分配利润组成。

　　（2）债权资金，也称借入资金，是指企业依法取得并依法运用、按期偿还的资金。它体现着企业与债权人的债务和债权关系。企业对持有的借入资金，在约定的期限内享有经营权，并承担按期付息还本的义务。

　　（二）长期资金筹集与短期资金筹集

　　企业的全部资金，按期限的长短不同，可以分为长期资金与短期资金。长期资金是指企业需用期在 1 年以上的资金，通常包括各种股权资金、长期借款与发行在外的长期债券等债权资金。短期资金是指企业使用期限在 1 年以内的资金。企业的短期资金主要包括短期借款、应付账款和应付票据等项目,通常是采用银行借款、商业信用等方式取得或形成的。

（三）内部筹资与外部筹资

企业的全部筹资,按资金来源的范围,可分为内部筹资与外部筹资两种类型。

（1）内部筹资是指企业在内部通过留用利润形成资金来源。内部筹资是在企业内部"自然地"形成的,因此称为"自动化的资金来源",一般无筹资费用,其数量常由企业可分配利润的规模和利润分配政策（或股利政策）所决定。

（2）外部筹资是指企业在内部筹资不能满足需要时,向企业外部筹资形成资金来源。处于初创期的企业,内部筹资的可能性有限;而处于成长期的企业,内部筹资往往难以满足需要,所以,企业要广泛开展外部筹资。企业的外部筹资大多需要筹资费用。例如,发行股票、债券需支付发行成本;取得借款有时需支付一定的手续费用。

（四）直接筹资与间接筹资

企业的筹资活动,按其是否借助于银行等金融机构,可分为直接筹资与间接筹资两种类型。

（1）直接筹资是指企业不借助银行等金融机构,直接向资金所有者融通资金的一种筹资活动。在直接筹资过程中,筹资企业无须借助银行等金融机构,而是直接面向资金所有者,采用一定的筹资方式取得资金,如发行股票、企业债券等。随着我国宏观金融体制改革的不断深入,直接筹资将不断发展。

（2）间接筹资是指企业借助银行等金融机构融通资金的筹资活动。这是一种传统的筹资类型。在间接筹资活动过程中,银行等金融机构起着中介作用。它们先聚集资金,然后提供给筹资企业。间接筹资的基本方式是银行借款,此外还有租赁等筹资方式。

二、企业筹资的渠道

企业筹资渠道是指企业筹措资金来源的方向与通道,它体现着资金的来源和流量。认识筹资渠道的种类及每种筹资渠道的特点,有利于企业充分开拓和正确利用筹资渠道。企业筹集资金的渠道,可以归纳为以下七种类型。

（一）国家财政资金

吸收国家投资是国有企业获得自有资本的基本来源。国家财政资金具有广阔的来源和稳固的基础,通常只有国有企业才能利用。现在的国有企业包括国有独资公司,其资金的大部分是过去由政府通过中央和地方财政部门以拨款方式投资而形成的。尽管在1985年以后,国家对企业的投资已基本采取"拨改贷"形式,但国家财政资金仍然是国有企业筹集资金的重要渠道。

（二）银行信贷资金

银行对企业的各种贷款是各类企业重要的资金来源。银行一般为商业性银行和政策性银行。在我国,国有独资商业银行主要有中国工商银行、中国农业银行、中国建设银行、中国银行;股份制商业银行主要有交通银行、深圳发展银行、中国光大银行、华夏银行、招商银行、兴业银行、上海浦东发展银行、中国民生银行与各地的城市商业银行等;政策性银行主要有国家开发银行、中国农业发展银行和中国进出口银行。商业性银行为各类企业提供商业性贷款,政策性银行主要为特定企业提供政策性贷款。银行信贷资金主要来自居民储蓄、单位存款等经常性的资金来源。贷款方式多种多样,可以适应各类企业的多种资金需要。

（三）非银行金融机构资金

非银行金融机构主要有信托投资公司、租赁公司、保险公司、证券公司、企业集团的财务公司等。它们有的承销证券,有的融资、融物,有的为了一定目的而集聚资金,可以为一些企业直接提供部分资金或为企业筹资提供服务。这种筹资渠道的财力比银行要小,但由于其资金供应比较灵活,并且可以提供其他方面的服务,因而具有广阔的发展前景。

（四）其他法人单位投入资金

企业和某些事业单位在生产经营的过程中往往会有部分暂时闲置的资金,甚至可以在较长时期内腾出部分资金,如准备投入新兴产业的资金、已提取但尚未使用的折旧基金、未动用的企业公积金等。这些资金可以在企业之间相互融通。随着横向经济联合的开展,企业与企业之间的资金融通得到了广泛的发展。其他法人单位投入资金的方式包括联营、入股、购买债券及提供各种商业信用,其中既有长期的稳定的联合,又有短期的临时的融通。

（五）民间资金

企业职工和城乡居民的投资都属于民间资金来源。企业可以通过合理地调整资金使用上的经济关系,充分利用这一大有潜力的资金来源。

（六）企业内部形成资金

企业内部形成的资金主要是指企业计提的折旧、资本公积、根据利润提取的盈余公积金以及未分配利润等。其中,折旧虽然并不增加资金的总量,但它可以增加企业能够使用的营运资金,满足生产经营的需要。其他资金是企业生产经营资金的重要补充。此外,一些经常性的延期支付的款项如应付工资、应交税金、应付股利等也属于这种资金来源。

（七）境外资金

境外资金包括境外投资者投入资金和借用外资,后者如进口物资延期付款、补偿贸易、国际租赁以及在国外发行企业债券等所筹集的资金。

三、企业筹资的方式

企业筹资的方式是指企业筹措资金时所采取的具体形式,体现企业筹集资金的属性。对应各种筹资渠道,企业可采用不同的筹资方式筹集资金。正确认识筹资方式的种类及每种筹资方式的属性,有利于企业选择适宜的筹资方式和进行筹资组合的优化。

企业筹集资金的方式一般有下列六种类型。

（一）吸收直接投资

非股份制企业根据国家法律、法规的规定,可以通过国家资金、其他企业资金、个人资金和外商资金等渠道,利用吸收直接投资方式筹集企业的资本金。根据《企业财务通则》的规定,资本金是指企业在工商行政管理部门登记的注册资本。资本金按投资的主体不同分为国家资本金、法人资本金、个人资本金以及外商资本金等。

（二）发行股票筹资

股票是指股份公司为筹集自有资本而发行的有价证券,是股东按所持股份享有权利和承担义务的书面凭证,它代表对公司的所有权。发行股票是股份公司筹措自有资本的基本方式。

（三）银行借款筹资

银行借款是指企业向银行等金融机构借入的各种借款。借款期限在 1 年以上的称为长期借款。借款期限在 1 年及 1 年以内的称为短期借款。银行借款广泛适用于各类企业,几乎是企业筹资必不可少的一种方式。

（四）商业信用筹资

商业信用是指商品交易中延期付款或延期交货所形成的借贷关系,是企业之间的一种直接信用关系。这种筹资方式比较灵活,为各类企业所采用。

（五）发行债券筹资

债券是指债务人为筹集借入资本而发行的承诺按期向债权人支付利息和偿还本金的一种有价证券。在我国,股份有限公司、国有独资公司等可以采用发行债券筹资方式,依法发行公司债券,获得高额的长期债权资金。

（六）租赁筹资

租赁筹资是指出租人以收取租金为条件,在契约或合同规定的期限将资产租借给承租人使用的一种经济行为。租赁在实质上具有借贷的属性。

（七）利用留存收益筹资

留存收益是企业按照规定从税后利润中提取的盈余公积及企业的未分配利润。利用留存收益筹资是企业将留存收益转化为投资的过程,它是企业筹集权益资本的一种重要方式。

筹资渠道和筹资方式有着密切的关系,企业在筹集资金时,需要把两者合理地结合起来。

四、企业筹资的原则

采取一定的筹资方式,有效地组织资金供应,是一项重要而复杂的工作。为此,企业筹集资金应遵循的原则是:分析、研究影响筹资、投资的多种因素,追求筹集资金的综合经济效益。具体要求如下。

（一）合理确定资金的需要量,控制资金的投放时间

企业筹集资金的目的在于保证企业生产经营所需的资金,因此,企业在筹资之前,应该合理确定资金需要量,以需定筹,以防因资金不足而影响生产经营的顺利进行或者因资金过剩而影响资金的使用效率,尽量使所确定的资金需要量是保证生产经营正常、高效进行的最低资金需要量和高效益投资项目必不可少的资金需要量。在核定资金需要量的同时,还要测定不同月份的资金投入量,以便合理安排资金的投放和回收,减少资金占用,加速资金周转。

（二）遵循效益性原则,提高筹资效果

一方面,筹资是为了满足投资的需要,不应将资金的筹集和资金的投放割裂开来。因此,只有在对投资的方向做了认真的分析、研究,确定了有利的投资方向之后,才能选择筹资

渠道和方式。另一方面,由于筹资渠道多种多样,各种筹资方式的资金成本也各不相同,筹资风险大小不一,取得资金的难易程度不尽一致,企业在筹集资金时应综合考虑各种筹资方式的资金成本和筹资风险等因素,力争以最小的代价取得生产经营活动所需的资金。

(三)科学确定企业的资金来源结构,实现筹资方式的最佳组合

1. 企业应合理安排自有资金与借入资金的比例

自有资金是企业依法筹集并长期拥有、自主调配的资金,自有资金的多少,反映了企业的资金实力,在相当大的程度上可以表明企业财务状况的稳定程度以及企业适应生产经营客观环境变化的能力。借入资金是企业依法筹措并依约使用、到期偿还的资金。由于借入资金的利息费用可以在税前扣除,对企业净利润的影响较小,因此在投资收益高于借入资金成本的情况下,企业利用借入资金,既能提高自有资金的利润率,又可以缓解自有资金紧张的矛盾。但是,如果负债比例过大,就会产生较大的财务风险,甚至丧失偿债能力,面临破产的危险。因此,企业既要充分利用负债经营的积极作用,又要避免可能产生的债务风险,从总体上合理配置自有资金与借入资金的比例,适时、适度地负债经营。

2. 企业应合理安排长期资金来源与短期资金来源的比例

长期资金是企业可以使用的、期限在1年以上的资金,自有资金和长期负债属于该类资金;短期资金是企业可以使用的、期限在1年以内的资金,流动负债就是一种短期资金。一般说来,企业长期资金来源的成本相对较高,但造成资金短缺的风险较小;企业短期资金来源的成本相对较低,但造成资金短缺的风险较大。因此,这两种资金来源各有利弊,企业在筹集资金时,要权衡利弊,根据具体情况合理安排长期资金来源与短期资金来源的比例。

第二节　资金需要量的预测

筹资的目标之一是用所筹资金满足企业日常经营活动和投资活动的需要。在考虑筹资渠道和筹资方式前,首先必须对企业一定时期的资金需要量做出合理的预测。资金需要量预测,也称融资需求预测,它是根据企业现有生产经营规模、发展趋势和发展目标,运用一定的方法,对企业在一定日期应达到的资金规模和一定时期内应增加或减少的资金数量所做出的测算和估计。

一、资金需要量预测的必要性

资金需要量预测是财务预测的核心内容,它和销售预测、投资预测、成本预测等有内在的必然联系。这是因为,销售的增长是以投资(主要是直接投资)的增长为支撑的,而投资的增长要求融资额的相应增长;同时,产销量是否平衡以及应收账款的增减也会影响资金需求。另外,成本费用是资金耗费或资金形态的转化,所以成本预测水平的高低也必然会影响资金需要量的多少。因此,资金需要量预测对于企业是必不可少的,其必要性表现为以下几点。

第一,资金需要量的预测可以在一定程度上避免企业盲目筹资现象的发生。在任何时候,企业筹资数量都不是越多越好,筹资数量必须符合企业生产经营和财务活动的需要。那

么,企业在一定时期内究竟需要多少资金?这不能由决策者凭空猜测,而应当通过专门的方法加以估算确定。否则,盲目筹资或者造成资金短缺,就会影响正常生产经营过程,或者引起资金的相对闲置,支付不必要的资本成本。因此,正确预测资金需要量对于保证企业生产经营活动的正常进行、降低资本成本、提高资金使用效率是十分必要的。

第二,资金需要量的预测为确定筹资渠道和筹资方式提供依据。筹资决策要分析筹资渠道,选择筹资方式,这些都与资金需要量相关。因为,不同筹资渠道的资金供给量是不相同的,不同筹资方式所能筹集的资金量也是千差万别,企业应当在合理预测资金需要量的前提下选择筹资渠道和筹资方式。例如,如果企业的资金需要量很小,那么,通过内部融资或银行借款就可以解决;若资金需要量很大,则需要采用发行股票、发行债券或组合几种筹资方式来筹集资金。

第三,资金需要量的预测为编制财务计划和财务预算提供依据。预测是计划的前提,预算则是计划的数量化、具体化。财务预算包括许多环节,如销售预算、生产预算、采购预算和成本预算等,这些预算会直接或间接地涉及现金预算,而现金预算又必须考虑融资计划,即根据对取得各项资产的时间、数量及其有效分配的预测,制定相应的筹资决策,编制现金收支计划和预算方案,并作为执行和控制财务收支的依据。因此,正确进行资金需要量的预测,对于编制财务计划,形成完整、合理的财务预算体系,具有重要意义。

第四,资金需要量的预测为把握筹资风险提供手段。资金需要量预测与其他预测一样都不可能很准确,但不能因此认为资金需要量的预测没有必要;相反,通过对资金需要量的预测,事先估计到未来筹资活动各种可能的变化,能促使人们制订出相应的应急计划。预测是超前思考的过程,其结果并非仅仅是一个资金需要量数字,还包括对未来可能前景的认识和思考。因此,资金需要量预测的真正目的在于把握未来筹资活动中的各种可能结果,提高企业对有关筹资活动中的不确定事件的反应能力。

二、资金需要量预测的一般方法

资金需要量预测方法有定性预测法和定量预测法两大类。在实际工作中,定性预测法和定量预测法往往交替使用,互为补充,即以定性分析为基础,结合定量分析方法来预测企业的资金需要量。下面主要介绍常用的定量预测法。

定量预测是根据各项因素之间的数量关系建立数学模型来对资金需要量进行预测的方法。定量预测法主要有因素分析法、线性回归分析法和销售百分比法。

（一）因素分析法

因素分析法是以有关资本项目上年度的实际平均需要量为基础,根据预测年度的生产经营任务和加速资本周转的要求,进行分析调整,预测资金需要量的一种方法。采用这种方法时,首先应在上年度资金平均占用额基础上,剔除其中呆滞积压不合理部分,然后根据预测期的生产经营任务和加速资本周转的要求进行测算。因素分析法预测资金需要量的基本公式是

$$资金需要量＝（上年资金实际平均占用量－不合理平均占用额）$$
$$×（1＋预测年度销售变动率）$$
$$×（1－预测年度资金周转速度变动率）$$

【例 3-1】 某公司上年度资金平均占用量为 3000 万元,其中不合理部分为 300 万元,预计本年度销售增长 5%,资金周转速度增长 2%。试运用因素分析法预测本年度资金需要量。

解 根据因素分析法的基本公式,预测本年度资金需要量为

$$(3000-300) \times (1+5\%) \times (1-2\%) = 2778.3(万元)$$

(二)线性回归分析法

运用线性回归法预测资金需要量是假定资金需要量与企业的业务量之间存在线性关系,在此基础上建立数学模型,然后根据历史有关资料,用回归直线方程确定参数,预测资金需要量。其预测模型为

$$y = a + bx$$

式中,y 为资金需要量;a 为不变资金总额;b 为单位业务量所需要的变动资金;x 为业务量,即产销量。

【例 3-2】 某股份有限公司 2013—2017 年的产销量与资金需要量如表3-1所示,假定 2018 年预计产销量为 120 万件,试预测 2018 年资金需要量。

表 3-1 某股份有限公司的产销量与资金需要量

年度	2013	2014	2015	2016	2017
产销量 x/万件	75	60	80	70	72
资金需要量 y/万元	109	98	114	106	108

解 根据业务量和资金需要量的历史资料,计算回归分析所需要的数据,结果见3-2。

表 3-2 线性回归方程所需各项数据计算

年度	产销量 x/万件	资金需要量 y/万元	xy	x^2
2013	75	109	8175	5625
2014	60	98	5880	3600
2015	80	114	9120	6400
2016	70	106	7420	4900
2017	72	108	7776	5184
合计	357	535	38371	25709

将表 3-2 中的数据代入下列联立方程组:

$$\begin{cases} \sum y = na + b\sum x \\ \sum xy = a\sum x + b\sum x^2 \end{cases}$$

得到

$$\begin{cases} 535 = 5a + 357b \\ 38371 = 357a + 25709b \end{cases}$$

求得 $\quad a \approx 50.9745 \quad b \approx 0.7847$

于是回归方程为

$$y = 50.9745 + 0.7847x$$

若预计 2018 年的产销量为 120 万件,则预计 2018 年资金需要量为

$$y = 50.9745 + 0.7847 \times 120 \approx 145.14(万元)$$

(三)销售百分比法

销售百分比法首先假定某些资产、负债和净收益与销售额存在稳定的比例关系。根据历史数据分析出这些比例关系;然后再根据预计的销售额和相应的百分比预测所需资产的总量、负债的自发增长以及能够实现的净收益,净收益和股利支付率共同决定保留盈余所能提供的资金数额;最后再将预计资产总量减去已有的资金来源、负债的自发增长和内部提供的资金来源便可得出外部融资的需求。

具体的计算方法有两种:一种是先根据销售总额预计资产、负债和所有者权益总额,然后确定融资需求;另一种是根据销售的增加额预计资产、负债和所有者权益的增加额,然后确定融资需求。

需要注意的是,运用销售百分比法要选定与销售额的比例关系基本不变的项目,这些项目称为敏感项目。敏感资产项目一般包括现金、应收账款、存货等。敏感负债项目一般包括应付账款、应付费用、应交税金等。应收票据、短期投资、固定资产、长期投资、递延资产、短期借款、应付票据、长期负债和投入资本通常不属于短期内的敏感项目。

1. 根据销售总额确定融资需求

【例 3-3】 某公司 2017 年实际销售收入为 20000 万元,实现净利 623 万元。2018 年预计销售收入为 25000 万元,计划销售净利率与 2017 年相同,预测 2018 年外部筹资额。

解 资产负债表及其敏感项目与销售收入的比率如表 3-3 所示。

表 3-3　某公司的融资需求

项目	2017 年年末 实际/万元	占销售收入的百分比/% (销售额 20000 万元)	2018 年计划/万元 (销售额 25000 万元)
资产:			
现金	100	0.5	125
应收账款	3200	16.0	4000
存货	3480	17.4	4350
预付费用	15		15
固定资产净值	285		285
资产总额	7080	33.9	8775
负债及所有者权益:			
应付票据	800		800
应付账款	3520	17.6	4400
应付费用	140	0.7	175
长期负债	55		55
负债合计	4515	18.3	5430
投入资本	1735		1735
留存收益	830		1220
所有者权益合计	2565		2955
融资需求			390
负债及所有者权益总额	7080		8775

其中 2018 年留存收益为 2017 年累计留存收益加上 2018 年留存收益的增加额。2018 年留存收益增加额可根据利润额、所得税税率和留用利润比例来确定：

$$留存收益增加额＝预计销售额×计划销售净利率×（1－股利支付率）$$

假设股利支付率为 50%，2018 年计划销售净利率与 2017 年实际相同（623÷20000≈3.12%），则

$$留存收益增加额＝25000×3.12%×（1－50%）＝390（万元）$$

$$留存收益＝830＋390＝1220（万元）$$

$$外部融资需求额＝预计总资产－预计总负债－预计所有者权益$$

$$＝8775－5430－2955＝390（万元）$$

2. 根据销售增加额确定融资需求

$$融资需求额＝资产增加额－负债自然增长－留存收益增加额$$

$$＝资产销售百分比×新增销售额－负债销售百分比$$

$$×新增销售额－计划销售净利率×计划销售额$$

$$×（1－股利支付率）$$

式中资产销售百分比、负债销售百分比并不是资产总额及负债总额占销售收入的百分比，而分别是资产及负债中敏感项目占销售收入百分比的合计数。

根据公式，该公司融资需求额＝0.339×5000－0.183×5000－25000×3.12%×（1－50%）＝390 万元。

第三节　吸收直接投资

吸收直接投资是指企业（股份有限公司外）以协议等形式接受投资者的出资，形成资本金的一种筹资方式。它与发行股票、留存收益等都是企业筹集权益资本的方式。吸收直接投资中的出资者就是企业的投资者，他们通常直接拥有企业的经营管理权，享有收益分配权。企业经营状况好，盈利多，各方可按出资额的比例分享利润，但如果企业亏损，资不抵债，投资各方则应在其出资限额内按出资比例承担损失。

一、吸收直接投资的种类

按照筹资渠道和出资人的不同，企业吸收直接投资一般可分为以下三类。

（一）吸收国家投资

国家投资是指有权代表国家投资的政府部门或者机构以国有资产投入企业，由此形成国家资本金。这里所称的"有权代表国家投资的政府部门或者机构"一般是指国务院国有资产监督管理委员会以及地方各级人民政府国有资产监督管理委员会。吸收国家投资是设立国有企业或国有控股企业的筹资方式，这种筹资方式一般具有以下特点：①产权归属于国家；②筹资数额较大；③资金的运用和处置受国家约束较多。

（二）吸收法人投资

法人投资是指法人单位以其依法可以支配的资产投入企业，形成法人资本金。这里的

"法人单位"可以是公司、企业和某些允许对外投资的事业单位。当出资的法人单位为国有企业时,形成的资本金称为国有法人资本金,它是国有资本的一种(但不属于国家直接投资)。

(三)吸收个人投资

个人投资是指自然人(包括本企业内部职工)以个人合法财产投入企业,由此形成个人资本金。一般来说,吸收个人投资的投资者数量相对较多,每人的出资额相对较少,投资者以参与企业利润分配为主要投资目的。

二、投资者的出资形式

企业在采用吸收直接投资这一方式筹集资金时,投资者可以用现金出资,也可以用实物、知识产权、土地使用权等非现金资产作价出资。非现金资产包括厂房、机器设备、材料物资、无形资产等多种形式。具体而言,主要有以下几种出资形式。

(一)现金出资

现金出资是吸收直接投资中最常见的一种方式。被投资企业有了现金,便可以获取其他物质资源。吸收投资中所需投入现金的数额,取决于被投资企业的经营需要。我国《公司法》规定,有限责任公司全体股东的货币出资金额不得低于公司注册资本的30%。

(二)实物出资

实物投资是指以房屋、建筑物、设备等固定资产和材料、燃料、商品等流动资产所进行的投资。一般来说,企业吸收的实物投资应符合如下条件:①确为企业生产、经营所需;②技术性能比较好;③作价公平合理,对作为出资的财产应当评估作价,核实财产,不得高估或者低估作价。

(三)工业产权出资

工业产权投资是指以专有技术、商标权、专利权等无形资产所进行的投资。一般来说,企业吸收的工业产权投资应符合以下条件:①能帮助企业研究和开发出高新技术产品;②能帮助企业生产出适销对路的高科技产品;③能帮助企业改进产品质量,提高生产效率;④能帮助企业大幅度降低各种消耗;⑤作价公平合理。

(四)土地使用权出资

投资者也可以用土地使用权进行投资。土地使用权是按有关法规和合同的规定使用土地的权利。企业吸收的土地使用权投资应符合以下条件:①是企业科研、生产、销售活动所需要的;②交通、地理条件比较适宜;③作价公平合理。

三、吸收直接投资实例分析

下面我们通过一个实例来说明采用吸收直接投资方式的主要内容。

【例3-4】　2013年1月9日,山东登海种业股份有限公司(简称"登海种业")第四届董事会第十五次会议审议通过了《山东登海种业股份有限公司关于成立山东登海道吉种业有限公司的议案》。公司董事会同意山东登海种业股份有限公司(甲方)与北京道吉普泰农业技术推广服务中心(乙方)共同投资设立"山东登海道吉种业有限公司"(简称"登海道吉")。

有关事项如下：

（1）公司名称：山东登海道吉种业有限公司。

（2）公司注册资本：人民币 3000 万元。其中：山东登海种业股份有限公司出资 1530 万元，占登海道吉注册资本的 51％；北京道吉普泰农业技术推广服务中心出资 1470 万元，占登海道吉注册资本的 49％。

（3）出资形式：北京道吉普泰农业技术推广服务中心全部以货币出资。山东登海种业股份有限公司以实物出资 850 万元，货币出资 680 万元。其中实物资产系登海种业平原加工中心的资产，经德州大正资产评估有限公司出具的资产评估报告确认，截至 2012 年 12 月 3 日，评估价值为 1565.59 万元，其中：存货 17.97 万元，土地使用权 500 万元，房屋建筑物 722.59 万元，机器设备 325.03 万元。经甲、乙双方确认，上述资产总价值为 1565.59 万元，超出甲方实物资产出资的部分，甲方按评估价值转让给登海道吉，由登海道吉与其另行签订资产转让协议。

（4）公司经营范围：农作物种子的选育、生产、经营；农业产品的技术开发、技术咨询、技术转让；农资产品销售。

（5）公司类型：有限责任公司。

（6）公司注册地：山东省德州市平原县。

本例中，对拟设立的山东登海道吉种业有限公司来说，筹集资本金的方式就是吸收直接投资，吸收的投资均属于法人投资，出资人分别为山东登海种业股份有限公司和北京道吉普泰农业技术推广服务中心，出资的形式有现金和实物资产。

四、对吸收直接投资方式的评价

（一）吸收直接投资的优点

（1）有利于增强企业信誉。吸收直接投资所筹集的资金属于企业的权益资本，它能增强企业的信誉和举债能力，对扩大企业经营规模、壮大企业实力具有重要作用。

（2）使企业尽快形成生产经营能力。吸收直接投资不仅可以筹集现金，而且能够直接获得所需的先进设备和先进技术，与仅筹集现金的筹资方式相比较，有利于企业尽快形成生产经营能力，尽快开拓市场。

（3）能降低财务风险。吸收直接投资可以根据企业的经营状况向投资者支付报酬，企业经营状况好，就向投资者多支付一些报酬，企业经营状况不好，就可以向投资者少支付一些报酬或不支付报酬，比较灵活，因此财务风险比较小。

（二）吸收直接投资的缺点

（1）资本成本较高。相对于负债筹资而言，采用吸收投资方式筹集资金所需负担的资本成本较高，企业经营状况较好和盈利较强时更是如此。因为向投资者支付的报酬是根据其出资的数额和实现利润的多少为依据的。

（2）不利于产权交易。吸收直接投资仅通过投资各方的协议等法律形式加以规范，没有类似股票这种有价证券作为媒介，因此不便于投资方进行产权交易。

（3）企业控制权容易分散。采用吸收直接投资方式筹集资金，投资者一般都要求获得与投资额相适应的经营管理权，这是接受外来投资的代价之一。如果外部投资者的投资额较大,则其会有相当大的管理权,甚至会对企业实行完全控制,这是吸收直接投资的不利因素。

第四节　发行股票

发行股票是股份有限公司筹措权益资本的基本方式。股票筹资又分为普通股筹资和优先股筹资两类。本节将简要介绍股票的概念和种类,并结合我国资本市场的实际,详细阐述普通股筹资和优先股筹资的具体操作过程。

一、股票的概念和种类

（一）股票的概念

股票是股份有限公司为筹集权益资本而发行的有价证券,是持股人拥有公司股份的凭证。股票持有人即为公司股东,公司股东作为出资人,按投入公司的资本额享有各种权利,并以其所持有股份为限对公司负有限责任。

（二）股票的种类

股票的种类有很多,可以从不同角度、按照不同标准对其进行分类。

（1）按股东的权利和义务划分,股票可分为普通股和优先股。普通股是股份有限公司最基本的一种股份,优先股是在某些方面比普通股具有优先权利的股份。关于普通股和优先股将在后面进行详细的阐述。

（2）按股票票面是否标明金额划分,股票可分为有面值股票和无面值股票。有面值股票是在票面上标有一定金额的股票。持有这种股票的股东,对公司享有的权利和承担的义务大小依其所持有的股票票面金额占公司发行在外股票总面值的比例而定。无面值股票是不在票面上标出金额,只载明所占公司股本总额的比例或其股份数的股票。无面值股票的价值随公司财产的增减而变动,而股东对公司享有的权利和承担义务的大小直接依股票标明的比例而定。目前,我国《公司法》不承认无面值股票,规定股票应记载股票的面额,并且其发行价格不得低于票面金额。

（3）按股票票面是否记名划分,股票可分为记名股票和无记名股票。记名股票是在股票票面上记载股东姓名或名称的股票。这种股票除了股票上所记载的股东外,其他人不得行使其股权,且股份的转让有严格的法律程序与手续,须办理过户手续。我国《公司法》规定,公司向发起人、国家授权投资的机构、法人发行的股票,应当为记名股票。不记名股是票面上不记载股东姓名或名称的股票。这类股票的持有人即股份的所有人,具有股东资格,股票的转让也比较自由、方便,无须办理过户手续。

（4）按投资主体的不同划分,股票可分为国家股、法人股、个人股等。国家股是有权代表国家投资的部门或机构以国有资产向公司投资而形成的股份。法人股是企业法人依法以其可支配的财产向公司投资而形成的股份,或具有法人资格的事业单位和社会团体以国家允许用于经营的资产向公司投资而形成的股份。个人股是社会个人或公司内部职工以个人合法财产投入公司而形成的股份。

除了以上几种基本的分类方法外,股票还有一些其他的分类方法。如按照股票发行时间的先后划分,可以分为始发股和新股。按照股票发行对象和上市地区的不同,可以分为 A 股、B 股、H 股和 N 股等。其中 A 股是供我国大陆地区个人或法人买卖的,以人民币标明票面金额并以人民币认购和交易的股票。B 股、H 股和 N 股是专供外国和我国港、澳、台地区投资者买卖的,以人民币标明票面金额但以外币认购和交易的股票。A 股、B 股在上海、深圳上市;H 股在香港上市;N 股在纽约上市。

二、普通股筹资

普通股是股份有限公司发行的代表着股东享有平等的权利、义务,不加特别限制,股利不固定的股票。普通股是最基本、最标准的股票。通常情况下,股份公司只发行普通股。持有普通股股份者即为普通股股东,依据我国《公司法》的规定,普通股股东享有公司的经营管理权,当公司增发新股时,普通股股东可以优先认购。但是,如果股份有限公司同时发行了普通股和优先股,那么普通股的股利分配在优先股之后进行,并且股利不固定,随着公司盈利情况以及股利政策的松紧而变化。另外,当公司解散清算时,普通股股东对公司剩余财产的请求权也位于优先股之后。

从时间上看,股份有限公司设立时需要发行普通股,称为始发股;公司设立之后,为了扩大经营规模,需要增资发行普通股,称为增发股。从发行对象看,股票发行可以向社会公开发行,也可以向特定对象发行(也称非公开发行)。我们这里主要介绍股份有限公司首次公开发行股票(简称 IPO)和上市后增发新股(包括公开增发和非公开增发)的条件、程序及定价等相关规定。

（一）普通股发行的条件

公司发行普通股应符合一定的条件,并接受国务院证券监督管理机构的管理和监督。首次公开发行股票和上市后增发新股的条件有所不同。相关的规定主要在《中华人民共和国公司法》《中华人民共和国证券法》(以下简称《证券法》)和中国证监会 2006 年 5 月颁布的《首次公开发行股票并上市管理办法》《上市公司证券发行管理办法》等法律、法规中加以明确。

1. 公司 IPO 的条件

我国法律、法规对股份有限公司首次公开发行股票规定了比较苛刻的条件,这里我们根据《首次公开发行股票并上市管理办法》的有关规定,列出其中部分重要条件。

（1）发行主体的资格。发行人应当是依法设立且合法存续的股份有限公司,持续经营时间应当在 3 年以上(有限责任公司按原账面净资产值折股整体变更为股份有限公司的,持续经营时间可以从有限责任公司成立之日起计算)。发行人最近 3 年内主营业务和董事、高级管理人员没有发生重大变化,实际控制人没有发生变更。

（2）发行主体的独立性要求。发行人应当具有完整的业务体系和直接面向市场独立经营的能力。要求发行人的资产完整、人员独立、财务独立、机构独立和业务独立。

（3）规范运行的要求。规定发行人已经依法建立健全股东大会、董事会、监事会、独立董事、董事会秘书制度,相关机构和人员能够依法履行职责。发行人的内部控制制度健全且被有效执行,能够合理保证财务报告的可靠性、生产经营的合法性、营运的效率与效果。

（4）财务会计的要求。发行人会计基础工作规范,财务报表的编制符合企业会计准则和相关会计制度的规定,在所有重大方面公允地反映了发行人的财务状况、经营成果和现金流量,并由注册会计师出具了无保留意见的审计报告。最近 3 个会计年度净利润均为正数且累计超过人民币 3000 万元①;最近 3 个会计年度经营活动产生的现金流量净额累计超过人民币 5000 万元;或者最近 3 个会计年度营业收入累计超过人民币 3 亿元;发行前股本总额不少于人民币 3000 万元;最近一期期末无形资产(扣除土地使用权、水面养殖权和采矿权等后)占净资产的比例不高于 20%;最近一期期末不存在未弥补亏损。

(5)募集资金运用的要求。募集资金应当有明确的使用方向,原则上应当用于主营业务。募集资金数额和投资项目应当与发行人现有生产经营规模、财务状况、技术水平和管理能力等相适应。募集资金投资项目应当符合国家产业政策、投资管理、环境保护、土地管理以及其他法律、法规和规章的规定。发行人应当建立募集资金专项存储制度,募集资金应当存放于董事会决定的专项账户。

2.配股和增发新股的条件

公司股票上市后再发行股票有三种情形:一是向原股东配售股份(简称"配股");二是向不特定对象公开募集股份(简称"公开增发");三是向特定对象发行股票(也称为"非公开增发"或"定向增发")。根据《上市公司证券发行管理办法》的规定,配股和增发新股的部分条件如下。

(1)一般规定。上市公司与控股股东或实际控制人的人员、资产、财务分开,机构、业务独立,能够自主经营管理;最近 3 个会计年度连续盈利②;最近 24 个月内曾公开发行证券的,不存在发行当年营业利润比上年下降 50% 以上的情形;会计基础工作规范,严格遵循国家统一会计制度的规定;最近 3 年及一期财务报表未被注册会计师出具保留意见、否定意见或无法表示意见的审计报告;被注册会计师出具带强调事项段的无保留意见审计报告的,所涉及的事项对发行人无重大不利影响或者在发行前重大不利影响已经消除;最近 3 年以现金方式累计分配的利润不少于最近 3 年实现的年均可分配利润的 30%。最近 36 个月内财务会计文件无虚假记载,且不存在重大违法行为。

(2)上市公司实施配股的规定。拟配售股份数量不超过本次配售股份前股本总额的 30%;控股股东应当在股东大会召开前公开承诺认配股份的数量;采用《证券法》规定的代销方式发行。

(3)上市公司实施公开增发的规定。最近 3 个会计年度加权平均净资产收益率平均不低于 6%。扣除非经常性损益后的净利润与扣除前的净利润相比,以低者作为加权平均净资产收益率的计算依据。

(4)上市公司实施非公开增发的规定。特定对象符合股东大会决议规定的条件;发行对象不超过 10 名。

(二)普通股发行的程序

这里我们只介绍股份有限公司 IPO 的程序。主要包括:

(1)董事会做出决议。发行人董事会应当依法就股票发行的具体方案、本次募集资金使用的可行性及其他必须明确的事项做出决议,并提请股东大会批准。

(2)股东大会审议通过。发行人股东大会就发行股票的有关事项做出决议,包括发行股

---

① 净利润以扣除非经常性损益前后较低者为计算依据。

② 扣除非经常性损益后的净利润与扣除前的净利润相比,以低者作为计算依据。

票的种类和数量、发行对象、价格区间或者定价方式、募集资金用途等。

(3)提出申请,报送材料。发行人应当按照中国证监会的有关规定制作申请文件,由保荐人保荐并向中国证监会申报。中国证监会收到申请文件后,在 5 个工作日内做出是否受理的决定。

(4)中国证监会审核。由相关职能部门对发行人的申请文件进行初审,并由发行审核委员会审核。中国证监会依照法定条件对发行人的发行申请做出予以核准或者不予核准的决定,并出具相关文件。

(5)公开招股说明书。中国证监会核准发行后,发行人应当按照中国证监会的有关规定编制和披露招股说明书。

自中国证监会核准发行之日起,发行人应在 6 个月内发行股票;超过 6 个月未发行的,核准文件失效,须重新经中国证监会核准后方可发行。

(6)发行。目前公司实施 IPO,一般采用网下向询价对象配售和网上向社会公众投资者定价发行相结合的方式。

至于配股和增发新股,其基本程序与 IPO 相同,相对而言要简单一些。

(三)普通股发行的价格

公司发行股票筹资,应当恰当地确定发行价格,以便及时募足资本。股票的发行价格可以与股票的票面金额一致,但多数情况采用溢价发行。

1. IPO 价格的确定

从理论上说,股票发行价格应当反映发行人的内在价值,确定方法有每股净资产法、市盈率法和未来收益现值法等。在实践中,我国自设立证券交易所以来,随着股票发行制度的不断改革和创新,确定发行价格也有不同的模式。在相当长的一段时期内曾经采用市盈率法确定股票发行价格,其基本公式为

$$每股发行价格 = 每股收益 \times 发行市盈率$$

例如,2000 年 9 月山东华泰纸业股份有限公司首次向社会公开发行人民币普通股 9 000 万股,该公司 1999 年的每股收益(按发行后总股本计算)为 0.60 元,按监管部门确定的发行市盈率 19.97 倍(按当时规定,发行市盈率一般不超过 20 倍),则其发行价格计算如下:

$$P = 0.60 \times 19.97 \approx 11.98(元)$$

我国目前的 IPO 定价方式采用的是初步询价与累计投标询价方式相结合的混合定价方式。其过程如下:①初步询价,征求反馈意见,确定价格区间;②公告价格区间,投资者进行累计投标询价;③承销商与发行人确定最终发行价格。

发行价格确定后,采用网下通过询价机构向配售对象询价配售(即"网下发行")与网上向社会公众投资者定价发行(即"网上发行")相结合的方式发行股票。

2. 配股与增发新股价格的确定

向原股东配售股份时,所发行的股票价格没有特别的规定,一般低于当时的每股市场价格,并高于公司账面每股净资产。

《上市公司证券发行管理办法》对上市公司增发新股的价格设置了下限。规定公开增发新股的发行价格应不低于公告招股意向书前 20 个交易日公司股票均价或前一个交易日的均价;非公开发行股票,其发行价格不低于定价基准日前 20 个交易日公司股票均价的 90%。

（四）普通股的上市

股票上市，是指股份有限公司公开发行的股票，符合规定条件，经申请批准后在证券交易所进行挂牌交易。按照国际通行做法，只有公开募集发行并经批准上市的股票才能进入证券交易所流通转让。上市公司转让其股份，必须在依法设立的证券交易所进行或者按照国务院规定的其他方式进行。我国对股票的上市以及暂停上市和退市有明确的规定。

1. 股票上市的条件

我国《证券法》规定，股份有限公司申请股票上市，应当符合下列条件：

（1）股票经国务院证券监督管理机构核准已公开发行；

（2）公司股本总额不少于人民币 3000 万元；

（3）公开发行的股份达到公司股份总数的 25% 以上；公司股本总额超过人民币 4 亿元的，公开发行股份的比例为 10% 以上；

（4）公司最近 3 年无重大违法行为，财务会计报告无虚假记载。

证券交易所可以规定高于前款规定的上市条件，并报国务院证券监督管理机构批准。根据上海和深圳证券交易所主板《股票上市规则（2008 年修订）》的规定，发行人首次公开发行股票后申请其股票在主板（含中小企业板）上市，公司股本总额不少于人民币 5000 万元，提升了对总股本的要求。根据深圳证券交易所《创业板股票上市规则》规定，发行人首次公开发行股票后申请其股票在创业板上市，公司股本总额不少于人民币 3000 万元，且公司股东人数不少于 200 人。

2. 股票上市的利弊

股份公司申请股票上市，基本目的是增强本公司股票的吸引力，形成稳定的资本来源，能在大范围内筹措大量资本；同时，股票上市还可以起到资本大众化、分散风险、提高公司知名度、方便确定公司价值的作用。但是，股票上市也有对公司不利的一面，主要包括：公司将负担较高的信息披露成本；各种信息公开的要求可能会暴露公司的商业秘密；股价有时会歪曲公司的实际状况，损害公司声誉；可能会分散公司的控制权，造成管理上的困难。

下面我们举例说明普通股发行与上市的过程。

【例 3-5】　云意电气 IPO

1. 公司沿革及 IPO 前的股本情况

江苏云意电气股份有限公司（股票简称：云意电气，股票代码：300304）是公司根据徐州云浩电子有限公司截至 2010 年 3 月 31 日经审计的净资产折股整体变更设立的股份有限公司。公司设立时注册资本为 6000 万元，后经过 2010 年 7 月、8 月两次增资，公司的注册资本（实施 IPO 前）增加至 7500 万元，各股东的持股数量和比例如表 3-4 所示。

表 3-4　江苏云意电气股份有限公司 IPO 前的股东持股数量和比例

股东名称	持股数/万股	所占比例/%
徐州云意科技发展有限公司	5212.88	69.50
徐州德展贸易有限公司	949.28	12.66
徐州瑞意投资有限公司	637.84	8.50
广发信德投资管理有限公司	350	4.67
山东德明科技有限公司	350	4.67
合计	7500	100

公司的控股股东为徐州云意科技发展有限公司,持有公司股份5212.88万股,占本次IPO前公司总股本的69.50%。付红玲女士持有公司控股股东徐州云意科技发展有限公司45.80%股权,为公司的实际控制人。

截至2011年12月31日,江苏云意电气股份有限公司的资产总额为36961.95万元,归属母公司股东的股东权益总额为26708.67万元,总股本为7500万元,2011年度实现营业收入36686.59万元,归属母公司股东的净利润为8129.57万元,按照IPO前总股本计算,基本每股收益为1.08元。

2.公司IPO的过程

该公司2012年3月13日首次向社会公开发行人民币普通股2500万股,每股发行价为22.00元,发行总市值为55000万元,筹资费用为4396万元,募集资金净额为50604万元。

IOP的主要过程如下:

(1)中国证监会核准。江苏云意电气股份有限公司首次公开发行2500万股人民币普通股(A股)的申请已获中国证券监督管理委员会证监许可〔2012〕238号文核准,公司于2012年3月2日发布《首次公开发行股票并在创业板上市招股意向书》。

(2)询价推介。广发证券股份有限公司作为股票发行的保荐机构(主承销商)组织本次发行现场推介和初步询价。初步询价报价时间为2012年3月5日至2012年3月8日9:30至15:00。符合要求的询价对象方可自主选择在深圳、上海或北京参加现场推介会。

(3)公开招股说明书。该公司于2012年3月12日刊登其首次公开发行股票招股说明书。

(4)刊登发行公告。该公司于2012年3月12日刊登发行公告,发行公告称:本次发行采用网下向询价对象摇号配售和网上向社会公众投资者定价发行相结合的方式,网下发行数量为500万股,为本次发行数量的20%;网上发行股数为发行总量减去网下最终发行量;申购简称为"云意电气",申购代码为"300304"。发行人本次发行的初步询价工作已于2012年3月8日(T-3日)完成,发行人和主承销商根据配售对象的报价情况,并综合考虑发行人基本面、所处行业、可比公司估值水平、市场情况、有效募集资金需求及承销风险等因素,协商确定本次网下配售和网上发行的发行价格为22.00元/股。

(5)公告中签率和中签结果。2012年3月15日公告网下摇号中签及配售结果,同时公告网上定价发行的中签率结果为0.8886525073%,超额认购倍数为113倍;2012年3月16日公布网上定价发行摇号中签结果。

(6)刊登上市公告书。2012年3月20日公司刊登首次公开发行股票并在创业板上市公告书。公告称:经深圳证券交易所同意,该公司网上公开发行的2000万股于2012年3月21日在深圳证券交易所创业板上市交易,网下配售的500万股在2012年6月21日上市。实际控制人付红玲女士及公司股东云意科技、德展贸易、瑞意投资承诺:自公司股票上市之日起36个月内,不转让或者委托他人管理其直接或间接持有的公司股份,不由公司回购该部分股份。

股票上市后,公司总股本为10000万股,其中实际流通股为2000万股,占20%,限制性流通股为8000万股(其中网下配售的500万股于2012年6月21日获得流通权),占80%。

（五）对发行普通股筹资的评价

1.优点

（1）发行普通股筹措资本具有永久性，无到期日，无须归还。这对保证公司资本的最低需要、维持公司长期稳定发展极为有益。

（2）发行普通股筹资没有固定的股利负担，股利的支付与否和支付多少视公司有无盈利与经营需要而定，经营波动给公司带来的财务负担相对较小。由于普通股筹资没有固定的到期还本付息的压力，所以筹资风险较小。

（3）发行普通股筹集的资本是公司最基本的资金来源，它反映了公司的实力，可作为其他方式筹资的基础，尤其可为债权人提供保障，增强公司的举债能力。

（4）由于普通股的预期收益较高，并可在一定程度上抵消通货膨胀的影响（通货膨胀期间，不动产升值时普通股也随之升值），因此发行普通股筹资容易吸收资金。

2.缺点

（1）普通股的资本成本较高。这是因为，从投资者的角度讲，投资于普通股风险较高，相应地要求有较高的投资报酬率。对于筹资公司来讲，普通股股利从税后利润中支付，不像债券利息那样作为费用从税前支付，因而不具抵税作用。此外，普通股的发行费用一般也高于其他证券。

（2）以普通股筹资会增加新股东，或引起股东在公司享有股份比例的重新调整，这可能会分散公司的控制权，削弱原有股东对公司的控制权。但在我国不存在这个问题，因为绝大多数上市公司的非流通股占总股份的一半以上，控制权掌握在国家或者法人股东手中。公司配股或增发新股时，即使大股东放弃认购权，也不会动摇其控制地位。

三、优先股筹资

（一）优先股的特征

优先股是相对普通股而言的，是较普通股具有某些优先权利，同时也受到一定限制的股票。优先股的含义主要体现在"优先权利"上，包括优先分配股利和优先分配公司剩余财产。

优先股是一种特别股票，它与普通股有许多相似之处，如优先股也无到期日，公司运用优先股所筹资本，亦属权益资本。但是，它又具有债券的某些特征，因此它是一种混合性证券。与普通股相比，优先股一般具有如下特征：

（1）优先分配固定的股利。优先股股东通常优先于普通股股东分配股利，且其股利一般是固定的，受公司经营状况和盈利水平的影响较少，所以优先股类似于固定利息的债券。

（2）优先分配公司剩余财产。当公司破产进行财产清算时，优先股股东对公司剩余财产的要求权优先于普通股股东。

（3）优先股股东一般无表决权。在公司股东大会上，优先股股东一般无表决权，仅在涉及优先股股东权益问题时享有表决权，因此优先股股东不大可能控制整个公司。

因此，优先股与普通股相比较，虽然收益和决策参与权有限，但风险较小。

（二）优先股的种类

优先股按不同的标准有以下几种分类：

（1）按股利能否累积，优先股可以分为累积优先股和非累积优先股。累积优先股是指如果公司因故不能按期发放优先股股利,则这些优先股股利将累积到以后年度一并发放,公司在发放完全部积欠的优先股股利之前,不得向普通股股东支付任何股利。非累积优先股则无上述权利,以前年度积欠的股利在以后年度不能补付。

(2)按能否参与额外股利的分配,优先股可以分为参加优先股和非参加优先股。参加优先股股东在获取定额股利后,还有权与普通股股东一起参与剩余利润的分配。非参加优先股则无此项权利。

(3)按能否调换为普通股,优先股可以分为可转换优先股和不可转换优先股。可转换优先股有权按照发行时的规定,在将来的一定时期内转换为普通股。不可转换优先股则没有此项权利。

(4)按是否有权赎回,优先股可以分为可赎回优先股和不可赎回优先股。可赎回优先股是指发行公司在需要时可以按照约定的价格(通常高于面值)赎回的优先股。不可赎回优先股则不能被公司赎回。

(三)优先股的发行

按照许多国家公司法的规定,优先股可以在公司设立时发行,也可以在公司增资发行新股时发行。有些国家的法律则规定,优先股只能在特定情况下,如公司增发新股或清偿债务时发行。发行优先股在操作方面与发行普通股无太大差别。在我国,虽然公司法规定可以发行优先股,但绝大多数公司没有发行这种股票,目前上市公司中只有杭州天目山药业股份有限公司等极少数公司发行优先股。

(四)对发行优先股筹资的评价

1.优点

(1)股息的支付既固定又有一定的灵活性。一般而言,优先股均采用固定股息,但对固定股息的支付并不构成公司的法定义务,若公司财务状况不佳或无盈利,则可以不支付优先股股息,不像债券那样,须定期地、定额地履行支付义务。

(2)保持普通股股东对公司的控制权。由于通常情况下优先股股东没有表决权,公司发行优先股既可以增加权益资本,又不影响原有股东对公司财务决策的控制权。

(3)提高公司的举债能力。优先股股本是公司权益资本的组成部分,发行优先股,可以进一步保障债权人的权益,提高公司的举债能力。

(4)财务灵活性增强。优先股一般没有固定的到期日,不必偿还本金,这与负债筹资相比,减轻了财务压力,增强了灵活性。对于可赎回优先股,公司可以视经营需要决定是否赎回、何时赎回,以调整公司的资本结构。

2.缺点

(1)与发行债券筹资比较,优先股筹集资金成本较高。因为优先股股息率通常高于债券的利息率,并且优先股的股利从公司税后利润中支付,无法产生抵减所得税的作用。

(2)发行优先股筹资后对公司的限制因素较多。如公司不能连续3年拖欠股利,公司的盈利必须先分配给优先股股东,公司举债额度较大时要先征求优先股股东的意见,等等。

(3)可能形成较重的财务负担。优先股要求支付固定股利,当公司盈利下降时,优先股股利可能会成为公司一项沉重的财务负担。

第五节 借 款

借款是指企业根据借款合同，从银行、非银行金融机构或其他法人单位、个人借入所需资金的一种筹资方式。借款按偿还期限长短不同可以分为短期借款和长期借款。短期借款属于流动负债，由于其期限较短，资金成本低，财务管理中一般不将其作为重点考虑，这里主要介绍长期借款。长期借款是指使用期限超过1年的借款。

一、长期借款的种类

长期借款的种类很多，各企业可根据自身的情况和各种借款条件选用。我国目前各金融机构的长期借款主要有以下几种分类：

（1）按照用途不同，可分为基本建设借款、更新改造借款、科技开发和新产品试制借款。

（2）按照提供贷款的机构不同，可分为政策性贷款、商业性银行贷款及其他金融机构贷款等。

（3）按照有无抵押品作担保，可分为信用贷款和抵押贷款。信用贷款指不需要提供抵押品，仅凭企业的信用或担保人的信誉而发放的贷款。抵押贷款指要求企业以抵押品担保的贷款。

二、借款的程序

我们以银行借款为例说明企业申请贷款的基本程序。主要包括以下内容：

（一）提出借款申请

企业申请借款时应当填写包括借款金额、借款用途、偿还能力及还款方式等主要内容的借款申请书，并提供有关资料。

（二）贷款方审查申请

贷款人受理借款人申请后，对借款企业的信用等级以及借款企业的合法性、安全性、营利性等情况进行调查，核实抵押物、保证人情况，测定贷款的风险度。

（三）签订借款合同

贷款方核准借款申请后，借贷当事人双方进一步协商贷款的具体条件，签订正式的贷款合同。

（四）取得借款

借款合同签订后，企业可以在核定的贷款额度内，根据用款计划和实际需要，一次或分次将贷款转入企业的存款结算户，按借款合同约定用途使用贷款。

（五）归还贷款

借款企业应按借款合同约定及时清偿贷款本息或续签合同。

三、借款合同的基本内容

借款合同是规定当事人双方权利和义务的契约，必须采用书面形式。借款合同包括基本条款、保护性契约条款等内容。借款申请书、有关借款的凭证、协议书和当事人双方同意修改借款合同的有关书面资料,也是借款合同的组成部分。

（一）借款合同的基本条款

借款合同应当具备下列基本条款:借款种类;借款用途;借款金额;借款利率;借款期限;还款资金来源及还款方式;保证条款和违约责任。其中保证条款是规定借款方应具有银行规定比例的自有资金,并有适销、适用的物资和财产作贷款的保证,必要时还可规定保证人,当借款方不履行合同时,由保证人连带承担偿还本息的责任。

（二）借款合同的保护性契约条款

由于长期借款的期限长,风险大,按照国际惯例,银行通常对借款企业提出一些有助于保证贷款按时足额偿还的条件。这些条件被写进贷款合同中,形成了合同的保护性契约条款,归纳起来,保护性契约条款大致有如下两类:

1. 一般性保护条款

一般性保护条款应用于大多数借款合同,但根据具体情况会有不同内容。

（1）规定借款企业流动资金的保持量,其目的在于保持借款企业资金的流动性和偿债能力。

（2）限制支付现金股利和再购入股票,其目的在于限制现金外流。

（3）限制资本支出规模,其目的在于减小企业日后不得不变卖固定资产以偿还贷款的可能性,仍着眼于保持借款企业资金的流动性。

（4）限制其他长期债务,其目的在于防止其他贷款人取得对企业资产的优先受偿权。

（5）借款企业定期向银行提交财务报表,其目的在于使银行及时掌握企业的财务状况。

（6）不准在正常情况下出售较多资产,以保持企业正常的生产经营能力。

（7）如期交纳税金和清偿其他到期债务,以防被罚款而造成现金流失。

（8）不准以任何资产作为其他承诺的担保或抵押,以避免企业过重的负担。

（9）不准贴现应收票据或出售应收账款,以避免或有负债。

（10）限制租赁固定资产的规模,其目的在于防止企业负担巨额租金,以致削弱其偿债能力;还在于防止企业以租赁固定资产的办法摆脱对其资本支出和负债的约束。

2. 特殊性保护条款

如下特殊性保护条款是针对某些特殊情况而出现在部分借款合同中的:

（1）贷款专款专用。

（2）不准企业投资于短期内不能收回资金的项目。

（3）限制企业高级职员的薪金和奖金总额。

（4）要求企业主要领导人在合同有效期间担任领导职务。

（5）要求企业主要领导人购买人身保险等。

四、名义利率与实际利率

利率是借款资金的价格,它是影响贷款者收益和借款人资金成本的最重要的因素。借款合同中约定的利率是借款的名义利率,但它可能不是债务人实际承担的利率水平。借款人实际承担的利率称为实际利率,它是借款人在一定时期内实际所承担的利息费用与借款获得的可使用资金净额按复利方式计算的年利率。借款合同中的某些条款(如付息方式、补偿性余额等)会使债务人实际承担的利率水平高于或低于其名义利率。下面举例说明名义利率与实际利率产生差异的几种典型情形。

(一)1 年内多次付息

如果长期借款需要在 1 年内多次支付利息,由于时间价值的作用,借款的实际利率高于其名义利率。我们通过举例加以说明。

【例 3-6】 某公司向银行借款 500 万元,期限为 3 年,合同上注明的年利率为 10%,按规定每半年付息一次,求该公司的实际年利率。

解 合同注明的名义利率为 10%,每半年付息一次,则 1 年分两次付息,这样,此项借款的实际利率就是以 5% 的半年利率按 2 期复利计算得到的年利率,即实际利率为

$$(1+10\%/2)^2 - 1 = 10.25\%$$

这个结果比名义利率高出 0.25 百分点,1 年内付息的时间间隔越短,实际利率会越高。

(二)预扣利息

在某些借贷业务中,债权人要求在出借资金时将利息预先扣除,扣除利息后的金额贷给债务人,到期只要求收回本金。在这种情况下,由于利息预先支付,债务人实际可使用资金减少,导致其实际利率提高。

【例 3-7】 某公司向银行借款 100 万元,期限为 1 年,合同规定年利率为 8%,银行要求利息在借款时一次预先扣除,计算该公司承担的实际利率。

解 预先扣除的利息=100×8%=8(万元)

该公司实际可使用资金=100-8=92(万元)

所以其实际利率=8/92≈8.7%

或 8%/(1-8%)≈8.7%

(三)存在补偿性余额条款

补偿性余额是银行要求借款人在银行中保持贷款限额或实际借用额一定百分比的最低存款余额。对于借款企业来讲,补偿性余额条款会导致借款人可使用的资金减少。因此,补偿性余额提高了借款的实际利率。

【例 3-8】 某食品有限公司向银行借款 200 万元,年利率为 8%,期限为 1 年,贷款银行要求维持 15% 的补偿性余额,计算该公司承担的实际利率。

解 该公司此项 200 万元的借款实际可使用的资金为借款额的 85%,即 170 万元,但利息仍需按 200 万元的本金计算支付,因此,其实际利率为

$$(200×8\%)/170 ≈ 9.41\%$$

五、还款方式及其选择

还款方式是借贷双方要考虑的另外一个问题。从理财角度来看,还款方式实际上是一个现金流量的安排问题。对巨额的长期借款来说,还款方式的选择直接关系到债务人借款期限内的现金流量,对企业的其他理财决策乃至经营活动都会产生一定的影响。还款方式其实包括两个方面:本金偿还方式和利息支付方式。

(一)本金偿还方式及其选择

1.本金偿还方式

本金偿还方式简称还本方式。概括地说,借款的还本方式主要有到期一次还本和分期还本两种。

(1)到期一次还本。顾名思义,到期一次还本方式就是债务人只要在借款到期日向贷款人归还本金,平时不需要还本,但可能要支付利息。这是一种传统的还本方式,也是目前银行贷款中最常见的还本方式。采用这种方式,债务人在规定的期限内可以足额使用借款本金,平时没有还款压力,但在到期时要一次支付全部本金,可能会产生较大的压力。

(2)分期还本。分期还本是指借款人自取得款项后的某一日期开始分期归还借款的本金,同时偿付利息。这种方式在具体操作中又可以有多种形式。例如,一笔3000万元的5年期借款,可以是从借款后的第1年开始还本,也可以是从第3年开始还本;可以是每期等额还本,如每年还本600万元,也可以是每期不等额还本,如前3年每年还本400万元,后2年每年还本900万元。分期还本方式可以将借款人的还本压力分摊在一定期限内,避免到期偿还巨额本金的压力。

2.选择还本方式应考虑的因素

还本方式的选择是借贷双方都要考虑的问题,在这个问题上,债务人有更多的主动权,而银行只是为客户提供可能的还本方式。如果金融机构给出了若干种还本方式,借款人应当如何选择呢?一般来说,借款人选择还本方式主要应当考虑以下几个基本因素:

(1)借款本身的期限长短。期限较短的借款一般考虑采用到期一次还本方式,而没有必要采用分期还本;而期限较长的借款则既可以采用到期一次还本方式,也可以采用分期还本方式。

(2)借款数额的大小。借款数额的大小对选择还本方式也会产生较大的影响。小额借款对企业现金流量的影响不大,分期还本没有什么优势,借款人一般都会选择一次还本方式。而巨额借款到期一次性还本对借款人的压力太大,采用分期还本方式比较合适。

(3)投资项目或企业经营活动产生现金流量的分布情况。企业的借款有一定的目的,可能用于补充日常的流动资金,也可能是进行某项固定资产投资。选择还本方式要考虑的一个重要因素是:借款人的经营活动或投资项目投产后所产生的现金流量的分布情况。当企业每期有稳定的现金流入,又无其他合适的投资机会时,企业还是希望采用分期还本方式;如果企业的借款用于专门的投资项目,而该项目的寿命期较长,每年产生的现金流量也比较均匀,也可选择分期等额还本方式。

(4)预期利率的变动趋势。对于固定利率借款,由于利率是在借款合同中约定的,在借款期内不可能更改,所以借贷双方对未来市场利率趋势的预期也会影响还本方式的选择。如果借款人认为未来银行利率会上升,选择到期一次还本对借款人比较有利;反之则选择分期还本比较有利。

(二)利息支付方式及其选择

总体上说,支付利息对债务人现金流量的影响并没有偿还本金那样明显。利息支付方式(简称付息方式)主要有以下几种:①到期一次付息(复利和单利两种)。②分期付息。③预扣利息。这些方式在本节前面已经做了介绍,这里不再赘述。那么借款人应当如何选择利息支付方式呢？实际上,借款的付息方式与还本方式是有密切关系的,本金的偿还方式会直接影响利息的支付方式和支付金额。例如,采用到期还本的借款,其利息可以分期支付,也可以到期一次支付,但借款人实际承担的利率是不同的。而采用分期等额还本方式,利息自然是分期支付,而各期支付的利息额必然是逐期减少的。

（三）具体还款方式的比较

将前面给出的各种还本方式和付息方式进行组合,便会形成各种各样的具体还款方式,归纳起来主要有以下几种:①到期一次还本付息。②定期付息,到期一次还本。③贷款期内分期等额偿还本息。④贷款期内分期付息,分期等额还本。⑤平时逐期偿还小额本金和利息,期末偿还余额。下面我们通过一个实例来说明不同还款方式的现金流量分布情况。

【例 3-9】　某公司向银行获得一笔 600 万元的长期借款,借款期限为 4 年,年复利率为9%。银行规定的还款方式分别为:

(1)到期一次还本付息,单利计息。

(2)分期(每年)付息,到期一次还本。

(3)分期(每年)付息,分期(每年)等额还本。

(4)分期(每年)等额还本付息。

(5)前 3 年每年年末归还一笔相等金额的款项,最后一年归还本息共 300 万元,4 年内全部还清本息。

要求:计算各种还款方式下的还款金额,并对最后一种还款方式编制还款计划表。

解　(1)到期一次还本付息

4 年后应付本利和共计为

$$600 \times (1 + 9\% \times 4) = 816 (万元)$$

(2)每年付息,到期一次还本

每年付息 54 万元,到期还本 600 万元。

(3)每年付息,每年等额还本

第 1 年付息 54 万元,还本 150 万元,本利合计 204 万元。

第 2 年付息 40.5 万元($450 \times 9\%$),还本 150 万元,本利合计 190.5 万元。

依此类推,每年的还款额(本金和利息)比上年减少 13.5 万元。

(4)分期(每年)等额还本付息

这是年金现值问题,每年偿还的本金和利息的和是相等的。设每年的还款额为 A,可以得到:

$$A \times (P/A, 9\%, 4) = 600$$

$$A = 600 \div 3.240 \approx 185.19 (万元)$$

(5)最后一年还款 300 万元,相当于现在的价值为

$$300 \times (P/F, 9\%, 4) = 300 \times 0.7084 = 212.52 (万元)$$

设前 3 年每年还款额为 B,则

$$600 - 212.52 = (P/A, 9\%, 3)$$

解得　　　　$B \approx 153.14 (万元)$

对于最后一种还款方式,我们可以编制还款计划表,如表 3-5 所示。

表 3-5　还款计划

单位:万元

年份	年初尚未归还本金余额	当年利息	年末本利和	计划还款额	当年归还本金数额
1	600	54	654	153.14	99.14
2	500.86	45.08	545.94	153.14	108.06
3	392.80	35.35	428.15	153.14	117.79
4	275.01	24.75	300	300	275.01
合计		159.18		759.42	600

应当注意的是,上述还款方式各有所长,没有严格的优劣之分,更不能以借款期内支付的利息多少来评价各种还款方式的好坏。如果按照承担的利率高低评价,应当说第一种方式的实际利率最低(请读者自己去思考)。

六、对借款筹资的评价

(一)借款筹资的优点

1.筹资速度快

借款的手续比发行股票、债券要简单得多,因此得到借款所花费的时间也就比较短。

2.筹资成本较低

借款利率一般低于债券利率,筹资费用也低。另外与股票筹资等权益资本筹集方式相比,由于借款利息可以在税前列支,具有抵税的作用,因而资本成本较低。

3.筹资弹性较大

借款时企业与银行等金融机构直接交涉,有关条件可以经过谈判确定,用款期间发生变动,也可以与金融部门协商。因此,借款筹资对借款企业来讲,具有较大的灵活性。

(二)借款筹资的缺点

1.财务风险较大

借款必须到期还本付息,在企业经营不善时,可能会产生不能偿债的风险,甚至会导致破产。

2.筹资数量有限

借款方式筹集资金不像发行股票、债券那样能够一次性筹集到大量资金。在企业资金需要量较大时,借款只能作为辅助的筹资方式,而不能成为主导的筹资方式。

3.限制性条款较多

与某些筹资方式(如融资租赁)相比,企业从金融部门取得借款,要受到许多限制性条款的限制,这可能会影响到企业日后的财务活动。

第六节　发行债券

债券是经济主体为筹集资金,依照法定程序发行的,用以记载和反映债权、债务关系的有价证券。由企业发行的债券称作企业债券或公司债券。这里所说的债券,指的是期限超过1年的公司债券。从性质上讲,债券与借款一样是企业的债务,发行债券筹资也是负债筹资的一种重要方式。

一、债券的种类

公司债券有很多形式,大致有如下几种分类:

(一)按债券上是否记有持券人的姓名或名称,分为记名债券和无记名债券

记名债券是在券面上记有持有人的姓名,发行企业在企业债券存根簿上载明债券持有人的姓名及与支付本息有关的其他事项,这种债券转让时需背书。无记名债券在券面上不载明持券人姓名,还本付息仅以债券为凭,转让不需背书。

(二)按能否转换为公司股票,分为可转换债券和不可转换债券

若公司债券能转换为本公司股票,为可转换债券;反之为不可转换债券。一般来讲,前种债券的利率要低于后种债券。

(三)按有无特定的财产担保,分为抵押债券和信用债券

发行公司以特定财产作为抵押品的债券为抵押债券;没有特定财产作为抵押品、凭信用发行的债券为信用债券。抵押债券又分为:一般抵押债券,即将公司的全部产业作为抵押品而发行的债券;不动产抵押债券,即将公司的不动产作为抵押品而发行的债券;设备抵押债券,即以公司的机器设备作为抵押品而发行的债券;证券信托债券,即将公司持有的股票证券以及其他担保证书交付给信托公司作为抵押品而发行的债券;等等。

(四)按利率的不同,分为固定利率债券和浮动利率债券

固定利率债券的利率在发行债券时即已确定并载于债券票面上。浮动利率债券的利率水平在债券发行之初不固定,而是根据有关利率加以确定。

(五)按是否参加公司盈余分配,分为参加公司债券和不参加公司债券

债权人除享有到期向公司请求还本付息的权利外,还有权按规定参加公司盈余分配的债券,为参加公司债券;反之为不参加公司债券。

(六)按能否上市,分为上市债券和非上市债券

可在证券交易所挂牌交易的债券为上市债券;反之为非上市债券。上市债券信用度高,价值高,且变现速度快,故而较能吸引投资者;但上市条件严格,并要承担上市费用。

(七)按偿还方式的不同,分为到期一次还本付息债券和分期债券

发行公司于债券到期日一次集中清偿本息的,为到期一次还本付息债券;一次发行而分期、分批偿还的债券为分期债券。分期债券的偿还又有不同办法。

除上述基本分类外,债券还有其他的分类标准。如按照所附条件的不同,债券有收益债券、附认股权债券和附属信用债券等。收益债券是只有当公司获得盈利时才向持券人支付利息的债券,这种债券不会给发行公司带来固定的利息费用,对投资者而言收益较高,但风险也较大。附认股权债券是附带允许债券持有人按特定价格认购公司股票权利的债券,我国证券市场中称为可分离债券,这种债券与可转换公司债券一样,票面利率通常低于一般公

司债券。附属信用债券是当公司清偿时,受偿权排列顺序在其他债券之后的债券;为了补偿其受偿顺序较后可能带来的损失,这种债券的利率高于一般债券。

下面主要介绍发行一般公司债券和可转换公司债券筹资的一些基本问题。

二、一般公司债券

这里所说的一般公司债券是指不可转换公司债券(以下称"公司债券")。这类债券的发行主体不限于上市公司,一般的公司只要满足条件均可以发行公司债券。

(一)发行公司债券的条件

按照我国《公司债券发行试点办法》的规定,发行公司债券,应当符合下列规定:

(1)公司的生产经营符合法律、行政法规和公司章程的规定,符合国家产业政策;

(2)公司内部控制制度健全,内部控制制度的完整性、合理性、有效性不存在重大缺陷;

(3)经资信评级机构评级,债券信用级别良好;

(4)公司最近一期期末经审计的净资产额应符合法律、行政法规和中国证监会的有关规定;

(5)最近 3 个会计年度实现的年均可分配利润不少于公司债券一年的利息;

(6)本次发行后累计公司债券余额不超过最近一期期末净资产额的 40%;金融类公司的累计公司债券余额按金融企业的有关规定计算。

公司公开发行债券的要求更为苛刻。按照我国《证券法》的规定,公开发行公司债券,还应当符合下列规定:股份有限公司的净资产不低于人民币 3000 万元,有限责任公司的净资产不低于人民币 6000 万元;债券的利率不超过国务院限定的利率水平。

(二)公司债券的发行程序

(1)董事会制定方案,股东会或股东大会做出决议。

(2)向中国证监会申报。发行公司债券,应当由保荐人保荐,向中国证监会报送募集说明书和发行申请文件。

(3)中国证监会做出核准或者不予核准的决定。

(4)公开债券募集说明书。公司在发行公司债券前的 2 至 5 个工作日内,将经中国证监会核准的债券募集说明书摘要刊登在至少一种中国证监会指定的报刊,同时将其全文登在中国证监会指定的互联网网站。

(5)发行债券。

(三)公司债券的发行价格

债券的发行价格是债券发行时使用的价格,即投资者购买债券时所支付的价格。公司债券的发行价格通常有三种:平价、溢价和折价。平价是指以债券的票面金额为发行价格;溢价是指以高于债券票面金额的价格为发行价格;折价是指以低于债券票面金额的价格为发行价格。债券发行价格的形成受诸多因素的影响,其中主要受票面利率与市场利率的一致程度以及债券付息方式的影响。债券的票面金额、票面利率在债券发行前即已参照市场利率和发行公司的具体情况确定下来,并载明于债券之上,无法改变,但市场利率经常发生变动。在债券发售时,如果已确定的票面利率与当时的市场利率不一致,为了协调债券购销双方的利益,就要调整发行价格(溢价或折价)。同时发行公司采用的付息方式不同也会对债券的发行价格产生重要影响。

关于公司债券价格的确定方法,本书第六章第三节会做详细阐述,这里不再介绍。

(四)对发行公司债券筹资的评价

发行债券募集资金,对发行公司既有利也有弊,应加以识别和权衡。债券作为负债筹资的一种方式,它具有以下优点:

(1)能产生财务杠杆作用。与其他负债筹资方式一样,发行债券筹资能产生财务杠杆作用,即当企业资金利润率高于负债利率时,负债筹资能给所有者带来更大的利益。

(2)资本成本较低。与股票的股利相比,债券的利息允许在所得税前支付,发行公司可享受抵税利益,这使公司实际负担的筹资成本常常低于发行股票的筹资成本。

(3)不会影响企业所有者对企业的控制权。债券持有人无权参与发行公司的管理决策,因此公司发行债券不会对公司的控制权构成威胁。

利用债券筹资,虽有上述优点,但也有明显的不足,主要表现在以下方面:

(1)增加财务风险。债券有固定到期日,并须支付利息。在公司经营不景气时,也须向债券持有人支付本息,这会给公司带来更大的财务困难,有时甚至导致公司破产。

(2)限制条件较多。发行债券的限制条件一般要比长期借款、融资租赁的限制条件多且严格,从而限制了公司对债券筹资方式的使用。

(3)筹资数量有限。公司利用债券筹资一般受一定额度的限制。我国《公司法》规定,发行公司流通在外的债券累计总额不得超过公司净资产的 40%。

三、可转换公司债券

可转换公司债券是指发行人依照法定程序发行,在一定期间内依据约定的条件,债券持有人可将其转换为发行公司股票的债券。发行可转换公司债券具有筹资成本低、易于调整资本结构等优势,已经成为我国上市公司乐于采用的一种筹资方式。

(一)可转换公司债券的特点

可转换债券兼具债券和股票的特性,它有以下三个特点。

1.债权性

与其他债券一样,可转换债券也有规定的利率和期限。投资者可以选择持有债券到期,收取本金和利息。

2.股权性

可转换债券在转换成股票之前是纯粹的债券,但在转换成股票之后,原债券持有人就由债权人变成了公司的股东,可参与企业的经营决策和利润分配。

3.可转换性

可转换性是可转换债券的重要标志,债券持有者可以按约定的条件将债券转换成股票。可转换债券在发行时就明确约定,债券持有者可按照发行时约定的价格将债券转换成公司的普通股股票。如果债券持有者不想转换,则可继续持有债券,直到偿还期满时收取本金和利息,或者在流通市场出售变现。

(二)可转换公司债券的转换条款

可转换公司债券在发行时预先规定有三个基本转换条件:转换价格、转换比率和转换期。

1. 转换价格

可转换债券发行之时,明确了以怎样的价格转换为普通股,这一规定的价格,就是可转换债券的转换价格。按照我国《上市公司发行可转换债券实施办法》的规定,价格的确定应以公布募集说明书前 30 个交易日公司股票的平均收盘价格为基础,并上浮一定幅度作为转换价格。

2. 转换比率

转换比率是指每张可转换债券能够转换的普通股份股数。可转换债券的面值、转换价格和转换比率之间存在下列关系:

$$转换比率 = 可转换债券面值 / 转换价格$$

显然,转换价格越高,转换比率就越低;反之亦然。

例如,山东南山实业股份有限公司于 2004 年 10 月 19 日发行 8.83 亿元可转换公司债券,每张面值人民币 100 元;可转换债券期限为 5 年;票面年利率第 1 年为 1.5%,第 2 年为 1.8%,第 3 年为 2.1%,第 4 年为 2.4%,第 5 年为 2.7%。确定的初始转股价格为 7.37 元/股;转股起止日期为发行之日起 6 个月后至可转债到期日止,即 2005 年 4 月 19 日至 2009 年 10 月 19 日。按照该转换价格计算,转换比率约为每张 13.5685 股。

3. 转换期

转换期是指可转换债券转换为普通股份的起始日至结束日的期间。可转换债券的转换期可以与债券的期限相同,也可以短于债券的期限。但大多数情况下,发行人都规定某一具体期限,例如,鞍钢新轧钢股份有限公司于 2000 年 3 月 14 日发行可转换公司债券,到期日为 2005 年 3 月 13 日,可转换债券募集说明书规定转换期为 2000 年 9 月 14 日—2005 年 3 月 13 日,在有效期内允许可转换债券持有者按转换比例或转换价格转换成发行公司的股票,超过转换期后的可转换债券,不再具有转换权,自动成为不可转换债券。在很多情况下,公司还规定在有效期内转换比例递减或附有赎回条款。公司规定的赎回价格一般略高于股票面值,当股票市场价格高于赎回价格时,公司往往行使赎回的权力,这时,投资者若不愿按赎回价格将可转换债券卖给公司,就只能将其转换成普通股。

(三)可转换公司债券的发行条件和程序

根据我国《上市公司证券发行管理办法》的规定,目前我国只有上市公司具有发行可转换债券的资格。公开发行可转换公司债券的公司,除应当符合证券发行的一般规定外,还应当符合下列规定:

(1)3 个会计年度加权平均净资产收益率平均不低于 6%。

(2)本次发行后累计公司债券余额不超过一期期末净资产额的 40%;

(3)3 个会计年度实现的年均可分配利润不少于公司债券 1 年的利息。

上市公司发行可转换公司债券的程序与增发新股的程序相似,这里不再赘述。

(四)可转换公司债券的发行价格

确定可转换公司债券的价值比较复杂,这是因为,可转换公司债券是指其持有人可以在一定时期内按一定比例将债券转换成为本公司股票的债券,它实际上是一种长期的股票看涨期权。鉴于可转换公司债券既有债的特征又有转为股票的可能,其价值就由债券价值和买入期权的价值构成。由于期权定价涉及一些较深的理论,我们在此不做展开。目前,我国可转换公司债券一般是以面值发行的。

（五）可转换公司债券筹资的优缺点

发行可转换债券筹资是一种特殊的筹资方式,它除了具有一般公司债券筹资的优点之外,还存在明显的优势。

（1）有利于降低资本成本。可转换债券的利率通常低于普通债券,故在转换前可转换债券的资本成本低于普通债券;转换为股票后,又可节省股票的发行成本,从而降低股票的资本成本。

（2）有利于筹集更多资本。可转换债券的转换价格通常高于发行时的股票价格,因此,可转换债券转换后,其筹资额大于当时发行股票的筹资额,另外也有稳定股价的作用。

（3）有利于调整资本结构。可转换债券是一种具有债权筹资和股权筹资双重性质的筹资方式。在转换前属于公司的一种债务,若发行公司希望可转换债券持有人转股,还可以通过诱导促其转换,进而借以调整资本结构。

利用可转换公司债券筹资,虽有上述优点,但缺点也很明显,主要表现在以下几个方面。

（1）转股后可转换债券筹资将失去利率较低的优势。

（2）若确需股票筹资,但股价并未上升,可转换债券的持有人不愿转股时,发行公司将承受偿债压力。

（3）若可转换债券转股时股价高于转换价格,发行会遭受筹资损失。

第七节　融资租赁

租赁是指出租人以收取租金为条件,在契约或合同规定的期限内,将资产租借给承租人使用的一种经济行为。租赁行为在实质上具有借贷属性,不过它直接涉及的是物而不是钱,在租赁业发达的国家,它为企业所普遍采用,是企业筹资的一种特殊方式。租赁按资产所有权有关的风险和报酬的归属分类,分为经营租赁和融资租赁。

一、经营租赁和融资租赁

（一）经营租赁的含义与特征

经营租赁,又称营业租赁、服务租赁,是指由出租人向承租企业提供租赁设备,并提供设备维修保养和人员培训等服务性业务。经营租赁通常为短期租赁。承租企业采用经营租赁的目的,并不在于融通资本,而在于获得设备的短期使用以及出租人提供的专门技术服务。经营租赁具有以下特征:

（1）与所有权有关的风险和报酬,实质上并未转移。租赁资产的所有权最终仍然归出租人所有,出租人保留了租赁资产的大部分风险和报酬,其租赁资产的折旧、修理费等均由出租人承担。

（2）出租人一般需要经过多次出租,才能收回对租赁资产的投资。

（3）承租人只是出于经营上的临时需要或季节性的需要进行资产租赁,因此,租赁期限相对较短，一般不延至租赁资产的全部耐用期限。

（4）租赁期满后，承租人将设备退还给出租人，也可以根据一方的要求，提前解除租约。经营租赁一般不续租，不涉及优先购买选择权。

（二）融资租赁的含义与特征

融资租赁，又称资本租赁、财务租赁，是指由租赁公司按照承租企业的要求，融资购买设备，并在契约或合同规定的较长期限内，提供给承租企业使用的信用性业务。融资租赁集"融物"与"融资"于一身，具有借贷性质，是承租企业筹集长期资金的一种特殊方式。融资租赁一般具有以下特征：

（1）出租人仍然保留租赁资产的所有权，但与租赁资产有关的全部风险和报酬实质上已经转移，承租人需要承担租赁资产的折旧、修理以及其他费用。

（2）租约通常是不能取消的，或者只有在某些特殊情况下才能取消。

（3）租赁期限较长，几乎包含了租赁资产全部的有效使用期限。

（4）融资租赁保证出资人回收其资本支出，并加收一笔投资收益。在一般情况下，融资租赁只需通过一次租赁，就可以回收资产的全部投资，并取得合理的利润。

（5）租赁期满时，承租人有优先选择廉价购买租赁资产的权利，或续租，或将租赁资产退还出租方。

二、融资租赁的种类

按租赁方式的不同，融资租赁主要分为直接租赁、售后回租和杠杆租赁三种。

（一）直接租赁

直接租赁是融资租赁的典型形式，是指"购进租出"的做法。即出租人根据承租人的申请，以自有或筹措的资金向国内外厂商购进承租人所需设备，然后租给承租人使用。直接租赁一般由两个合同构成：一是出租人与承租人签订的租赁合同；二是出租人按承租人的订货要求与厂商签订的购货合同。西方发达国家绝大多数租赁公司都采取直接租赁做法。

（二）售后回租

企业因缺乏资金，将自有资产中较新的固定资产，先售让给能够办理融资租赁业务的机构，再以承租人的身份，向这些机构租回使用，这就是售后回租的租赁方式。采用这种融资租赁方式，租金支付的方式类似于抵押贷款，即承租人因出售资产而获得一笔相当于市价的资金，同时将其租回，从而保留了资产的使用权。

（三）杠杆租赁

这是近 20 年出现的租赁形式，它一般涉及承租人、出租人和贷款人三方。从承租人角度来看，它与其他融资租赁形式并无区别，同样是按合同的规定，在租期内获得资产的使用权，按期支付租金。但对出租人来说则不同，出租人只垫付购买资产所需现金的一部分（一般为价款的 20%～40%），其余部分则以该资产为担保向贷款人借资支付。在这种情况下租赁公司既是出租人又是借款人，既要收取租金又要偿还债务。这种融资租赁形式，由于租赁收益一般大于借款成本，出租人通过"借款→购物→出租"可获得财务杠杆利益，故被称作杠杆租赁。

三、对融资租赁的评价

对承租企业而言,融资租赁是一种特殊的筹资方式。通过租赁,企业可不必预先筹措一笔相当于设备价款的现金,即可获得所需设备。因此,与其他筹资方式相比,融资租赁颇具特点。

(一)融资租赁的优点

(1)可以迅速获得所需资产。融资租赁集融资与融物于一身,通常要比筹措现金后再购置设备更快,可尽快形成企业的生产能力。

(2)筹资限制较少。利用股票、债券、长期借款等筹资方式,都受到相当多的资格条件的限制,相比之下,融资租赁的限制较少。

(3)免遭设备淘汰的风险。科技的不断进步使得功能更全、效率更高的设备大量出现。对于设备陈旧过可能导致使用不经济的风险,多数租赁协议都规定由出租人承担,承租企业可以避免这种风险损失。

(4)减轻财务支付压力。按照规定,全部租金在整个租期内分期支付,可以适当降低企业不能偿付的风险。

(二)融资租赁的缺点

(1)租赁成本高。长期租赁利率一般高于举债筹资的利率。另外,当市场利率下降时,企业可在借款到期之前提前偿还本息,而租赁则受合同制约,企业不能因市场利率下降而降低租金。

(2)物价上涨时,企业会失去资产增值的好处。当市场商品价格普遍上涨时,设备资产也随之增值,像土地、建筑物等残值较大的资产增值更快。租赁期满后,如果租赁合同中没有交付转让费后留购的条款,企业就享受不到资产增值所带来的好处。

(3)设备技改不易实施。通常合约明文规定,承租企业不得对设备进行拆卸、改装,不得中途解约,这使设备技改难以实施。

四、租赁与购买的决策分析

企业在生产中需要某种设备,该设备可以自行购买,也可以通过融资租赁取得其使用权。而自行购买既可以用自有资金购买,也可以用借入资金购买。

(一)租赁与自有资金购买比较

融资租赁取得设备使用权,发生的租赁成本包括支付的租金、手续费、利息费以及在租赁期间维护设备的正常状态所必须开支的运转费用;购买成本则包括设备价款、使用设备所发生的运转费用及维修费用。在融资租赁设备时,设备的折旧计提与自有设备一样,并没有特殊的税收好处,同时该设备每年所产生的收入是一样的,因此,在租赁与自有资金购买选择中使用的基本决策标准是将租赁成本与购买成本的全部现值降到最小值,租赁成本现值与购买成本现值较小者为较优方案。

【例3-10】 飞达公司需要添置一大型设备,采用外购方式需支付价款125万元,预计该设备的使用年限为7年,设备残值为6万元,该设备每年的营运成本为25万元;采用融资租赁方式每年需支付租金32万元,5年后设备转让给该公司,但需支付转让费和手续费共15

万元。试问：租赁与购买哪种方式对公司有利（折现率为 10％，不考虑所得税影响）？

解 购买该设备的成本现值为

$$125+25×(P/A,10\%,7)-6×(P/F,10\%,7)$$
$$=125+25×4.868-6×0.513=243.622（万元）$$

融资租赁该设备的成本现值为

$$25×(P/A,10\%,7)+32×(P/A,10\%,5)+15×(P/F,10\%,5)$$
$$-6×(P/F,10\%,7)$$
$$=25×4.868+32×3.791+15×0.621-6×0.513$$
$$=249.249（万元）$$

相比之下，购买设备对公司较为有利。

（二）租赁与借入资金购买比较

当企业决定添置设备而又没有足够的资金时，可以考虑租赁或向银行等金融机构借款来购买设备。租赁需要付出租金、手续费和利息，而借款需要支付利息和本金。由于设备所产生的收入、所发生的运营费用及维修费用、计提的折旧是一样的，因此只需比较租赁与借款购买两种方式的不同部分之差异成本现值，选择差异成本现值较低的方案。

【例 3-11】 仍以飞达公司生产流水线为例。假定飞达公司并无现金来购买这套设备，而有租赁公司愿为其融资，代价是飞达公司每年应付给租赁公司 32 万元租金，每年年末支付，5 年后设备转让给该公司，但需支付转让费和手续费共 15 万元。另有一家银行也答应贷款给飞达公司购买设备，代价是要求飞达公司每年付息一次，贷款利率为 10％，借款期限为 5 年，到期一次还本。试问：飞达公司选择哪种方案为好？

解 融资租赁设备的差异成本现值为

$$32×(P/A,10\%,5)+15×(P/F,10\%,5)$$
$$=32×3.791+15×0.621=130.627（万元）$$

借款购买设备的差异成本现值为

$$125×10\%×(P/A,10\%,5)+125×(P/F,10\%,5)$$
$$=12.5×3.791+125×0.621=125.0125（万元）$$

从上述计算结果可以看出，借款购买设备对公司更为有利。

第八节 商业信用

商业信用是指在商品交易中由于延期付款或预收货款所形成的企业间的借贷关系。商业信用产生于商品交换之中，是所谓的"自发性筹资"。它运用广泛，在短期负债筹资中占有相当大的比重。商业信用的具体形式有应付账款、应付票据、预收账款等。

一、应付账款

应付账款是企业采用赊购方式而形成的债务，它是卖方允许买方在购货后一定时期内支付货款的一种形式。卖方利用这种方式促销，而对买方来说延期付款则等于向卖方借用资金购进商品,可以满足短期的资金需要。

(一)应付账款的成本

应付账款形式提供的短期资金不需付息,但通常附有现金折扣的信用条件。所谓现金折扣是卖方给予买方提前支付货款的一种报酬。假定某企业按 2/10、N/30 的条件购入货物 10 万元。如果该企业在 10 天内付款,便享受了 10 天的免费信用期,并获得折扣 0.2 万元,免费信用额为 9.8 万元。倘若买方企业放弃折扣,在 10 天后(不超过 30 天)付款,该企业便要承受因放弃折扣而造成的隐含利息成本。一般而言,放弃现金折扣的成本(按年计算)可由下式求得

$$\frac{放弃现金}{折扣成本}=\frac{折扣百分比}{1-折扣百分比}\times\frac{360}{信用期-折扣期}$$

上例中,该企业放弃现金折扣成本为

$$\frac{2\%}{1-2\%}\times\frac{360}{30-10}=36.7\%$$

公式表明,放弃现金折扣的成本与折扣百分比的大小、折扣期的长短同方向变化,与信用期的长短反方向变化。可见,如果买方放弃折扣而获得信用,其代价是较高的。然而,如果企业在放弃折扣的情况下,推迟付款的时间越长,其成本便会越小。比如,如果企业延至 50 天付款,其成本则为

$$\frac{2\%}{1-2\%}\times\frac{360}{50-10}\approx18.4\%$$

(二)利用现金折扣的决策

在附有信用条件的情况下,因为获得不同信用要负担不同的代价,买方企业便要在利用哪种信用之间做出决策。一般说来,如果能以低于放弃折扣的隐含利息成本(实质是一种机会成本)的利率借入资金,便应在现金折扣期内用借入的资金支付货款,享受现金折扣,反之,企业应放弃折扣。如果在折扣期内将应付账款用于短期投资,所得的投资收益率高于放弃折扣的隐含利息成本,则应放弃折扣而去追求更高的收益。当然,假使企业放弃折扣,也应将付款日推迟至信用期内的最后一天,以降低放弃折扣的成本。

二、应付票据

应付票据是企业进行延期付款商品交易时开具的反映债权、债务关系的票据。根据承兑人的不同,应付票据分为商业承兑汇票和银行承兑汇票两种,支付期最长不超过 6 个月。应付票据可以带息,也可以不带息。应付票据的利率一般比银行借款的利率低,且不用保持相应的补偿余额和支付协议费,所以应付票据的筹资成本低于银行借款成本。但是应付票据到期必须归还,如若延期便要支付罚金,因而风险较大。

三、预收账款

预收账款是卖方企业在交付货物之前向买方预先收取部分或全部货款的信用形式。对于卖方来讲,预收账款相当于向买方借用资金后用货物抵偿。预收账款一般用于生产周期长、资金需要量大的货物销售。

四、利用应收账款融资

向银行等金融机构借款时，一般均须由借款人提供担保。在商业信贷盛行的国家，有将应收账款作为借款的抵押、应收账款贴现和应收账款让售等筹资方式。

(一)应收账款抵借

应收账款抵借就是以应收账款这一债权作为抵押，向银行等金融机构借款的方式。通常，借款企业同贷款人签订合同，在合同有效期内，借款企业定期将它的客户的订单送交贷款人审核，贷款人对某些信用不佳或不符合要求的客户订单予以剔除，然后借款人根据贷款人审核通过的订单供货，以发票存根集中定期向贷款人申请抵押借款，借款额一般折合为应收账款的75%左右。如果客户到期不还款，银行保留向借款人即供货人追索的权利。所以应收账款抵押业务中，坏账风险仍由借款企业承担。

(二)应收账款贴现

企业将应收账款向银行等金融机构贴现，一般可贴得相当于其总额75%的现款。贷款人在支付贴现值的同时，出具贴现人承兑的汇票。贴现后，借款企业照常收取应收账款，在汇票到期日将汇票兑现还款。

(三)应收账款让售

应收账款让售是将应收账款出让给银行等金融机构以筹措资金的一种筹资方式。通常，让售应收账款的企业，事先与银行等金融机构签订合同，商品运出，应收账款就让售给贷款机构，借款额一般为应收账款额扣减允许客户在付款时扣取的现金折扣、贷款机构的手续费以及在应收账款中可能发生的销货退回和折让而保留的扣款的余额。

让售应收账款与抵押应收账款不一样，前者转移了应收账款所有权，款项由让售企业通知客户后由客户直接付货款给银行，并负责催收。如果遇到应收账款坏账，由贷款人承担。因此，在办理应收账款让售业务时，银行对每一现有和未来的欠款人(应收账款对象)的信用状况与偿债能力严加审查，不符条件的，不接受让售。换个角度说，在企业让售应收账款过程中，借款企业无疑得到了客户信誉及偿债能力方面的咨询服务，节约了借款企业的咨询成本。

【案例】

吴越仪表发行可转换债券

(一)基本情况

公司主营业务为工业自动化仪表及其附件、农用和民用泵阀、其他机电产品的制造、销售、成套及进出口业务，投资。

2000年，公司实现主营业务收入107767629.58元，实现主营业务利润41509483.38元。与1999年同期相比，主营业务收入增加了37%，主营业务利润增加了22%。

(二)配股募集资金使用情况

天同证券有限责任公司关于吴越仪表股份有限公司2000年度配股的回访报告显示：在

本次配股募集资金的实际使用过程中,吴越仪表实际投资项目与配股说明书的承诺投资项目一致。

截至回访之日,配股募集资金中尚未投入的7143.7万元,吴越仪表存入了银行。公司将根据购置关键设备等计划安排使用剩余的前次配股募集资金,加快项目建设的进度,力争提前使三个项目基本建成,并为2001年试产做好准备,保证预期各项经济指标的实现,提前为公司带来新的经济效益。

（三）盈利预测实现情况

吴越仪表在进行配股申报时,曾承诺配股完成当年的净资产收益率超过同期银行储蓄存款利率水平。根据吴越仪表于2001年3月9日公布的2000年度报告,吴越仪表2000年度扣除非经常性损益后的加权净资产收益率为6.93%（全面摊薄）,不低于同期银行储蓄存款利率水平。

根据五家联合会计师事务所有限公司出具的审计报告,截至2000年12月31日,发行人配股发行当年,即2000年度共实现主营业务收入19956.7万元,较1999年度的15788.8万元增长了约20.88%；净利润5018.3元,较2000年度的4808.3万元增长了约4.18%。发行人发行完成当年,主营业务收入、主营业务利润均稳步增长,各项财务指标正常。

公司董事会认为公司前次配股募集资金的实际投资项目及投资金额与公司配股说明书、2001年中期报告中披露的募集资金使用情况完全相符。

（四）关于2001年发行可转换公司债券的发行方案的议案

债券名称:吴越仪表股份有限公司可转换公司债券。

（1）发行规模:人民币5.6亿元。

（2）票面金额:每张面值人民币100元。

（3）发行价格:按面值发行。

（4）可转换公司债券期限:5年。

（5）债券利率及还本付息的期限和方式:

①债券利率:票面年利率为2%,比当时银行利率低。

②还本付息的期限和方式:从本次可转换公司债券发行之日起开始计息,每年付息一次,付息日为发行首日的次年当日,以后每年的该日为当年付息日,公司在付息日后的5个工作日内完成付息工作；债券到期日后的5个工作日内由公司一次性偿还未转股债券的本金及最后一期利息。

（6）转股价格及调整原则:

转股价格是指转换为每股股价所支付的价格。确定转股价格是最麻烦的一件事,因为转股价格高,对投资者吸引力小；转股价格低,就会影响发行者的筹资数额。所以,转股价格要给投资者一个转换空间。

①转股价格的确定。可转换公司债券的转股初始价格以公布募集说明书前30个交易日公司股票（A股）平均收盘价格为基础上浮10%～22%的幅度,并授权董事会在该幅度内与主承销商协商确定具体转股初始价格。

②调整原则。在本次发行之后,当公司派发红股、转增股本、增资扩股（不包括可转换公司债券转换的股本）、配股、派息等情况使股份或股东权益发生变化时,转股价格按下述公式

调整

　　送股或转增股本:$P=P_0/(1+n)$

　　增发新股或配股:$P=(P_0+Ak)/(1+k)$

　　两项同时进行:$P=(P_0+Ak)/(1+n+k)$

　　派息:$P=P_0-D$

　　注:设初始转股价为 P_0,送股率为 n,增发新股或配股率为 k,增发新股价或配股价为 A,每股派息为 D,调整转股价为 P。

　　当本公司股票(A 股)在任意连续 30 个交易日中至少 20 个交易日的收盘价低于当期转股价格的80％时,本公司董事会有权在不超过 20％的幅度内向下修正转股价格。修正幅度为 20％以上时,由董事会提议,股东大会通过后实施。修正后的转股价格不低于关于审议修正转股价格的董事会召开日前 20 个交易日本公司股票(A 股)收盘价格的算术平均值。董事会行使向下修正转股价格的权利,在每个计息年度不得超过一次。

　　向下修正的条款主要是为保护发行人而设置的,如果股价长期低迷,始终在转股价格之上,投资者就不会去转股,那么,长期没有转股,发行者就失败了,因为公司发行可转换债券的目的调整资本结构就没有实现,公司就要用一大笔现金来还本付息或者回购。为什么向下修正还要有限度,因为过度向下修正会给老股东带来不利影响。

　　(7)赎回条款(三档用途、三个区间、三种价格):

　　如本公司股票(A 股)连续 20 个交易日的收盘价格高于当期转股价格的130％、140％、160％时,本公司有权按面值 102％、102％、103％的价格赎回未转股的本公司可转换公司债券。赎回的目的是保证发行人的利益。

　　①自本次可转换公司债券发行之日起满 24 个月后至 36 个月期间内,如本公司股票连续 20 个交易日的收盘价格高于当期转股价格的 130％,本公司有权按面值的价格赎回未转股的本公司可转换公司债券。

　　②自本次可转换公司债券发行之日起满 36 个月后至 48 个月期间内,如本公司股票(A 股)连续 20 个交易日的收盘价高于当期转股价格的 140％,本公司有权赎回未转股的本公司可转换公司债券。

　　③自本次可转换公司债券发行之日起满 48 个月后至 60 个月期间内,如本公司股票(A 股)连续 20 个交易日的收盘价高于当期转股价格的 160％,本公司有权赎回未转股的本公司可转换公司债券。

　　(8)回售条款:

　　在本次可转换公司债券到期日前,如果公司股票(A 股)收盘价连续 20 个交易日低于当期转股价格的 70％时,债券持有人有权将持有的全部或部分可转换公司债券以面值 103％(含当期利息)的价格回售予发行公司。回售条款的目的是保证债券持有人的利益。如果股价过度低迷,就使得转换无法实现。因此,国家就要求债券发行者必须按高于面值一定比率的价格收回,让债券持有人有一定的收益。

　　回售价格高低,反映了对债券持有人(投资者)利益的保护程度。

　　【案例分析】

　　本案例中,该公司"任意 30 个交易日中至少 20 个交易日的收盘价低于当期转股价格的

80％时,董事会有权在不超过 20％的幅度内向下修正转股价格,超过 20％的幅度时需报经股东大会批准"。

(1)分析修正转股价格的意义和修正转股价格对投资者与发行人产生的后果。

转股价格向下调整的目的是当可转换债券发行后,由于股市长期低迷,股价始终没能高于发行时约定的价格,使可转换债券的投资者无法实现转换,投资者也无法享受转换为股东的利益优势。对发行公司来说由于转换不成功,其发行的目的如调整资本结构、实现廉价筹资等也无法实现,因为公司还将为债券还本付息支付大量的现金,从而可能导致现金的紧缺。向下调整的目的是使约定的转换价格低于当时市场价格,使持有债券的投资者通过转换有利可图,使可转换债券实现转换。但向下调整对原有股东来说,会由于新股东过低的转换价格而遭受利益损失,因此调整转股价格应由股东大会批准,否则会对原股东产生不利影响。

(2)分析可转换债券筹资与发行普通股或普通债券筹资的不同点。

从可转换债券自身特性看,发行可转换债券无疑是上市公司再融资的较佳选择。

①可转换债券一旦转换成股票,上市公司依然可以获得长期稳定的资本供给,除非发生股价远远低于转股价格的情况(深宝安转债就是失败的例子)。因而可转换债券仍然具有债务和股权的双重性质,使公司融资具有灵活性。

②即使出现意外情形,可转换债券也是一种低成本的融资工具。根据《可转换公司债券管理暂行办法》,可转换公司债券的利率不超过银行同期存款的利率水平,依照这个水平,可转换债券的融资成本应该是所有债权融资方式中最低的。另外,可转换债券利息可以当作财务费用,相比红利来说,一定程度上也起到避税的作用,在相同条件下其使留存收益增加。

③可转换债券赋予投资者未来可转、可不转的权利,且可转换债券转股有一个过程,可以延缓股本的直接计入,因此发行可转换债券不会像其他股权融资方式那样,造成股本急剧扩张,从而可以缓解对业绩的稀释。

④发行可转换债券可以获得比直接发行股票更高的股票发行价格。根据《可转换公司债券管理暂行办法》和《上市公司发行可转换公司债券实施办法》的规定,上市公司发行可转换债券转股价格的确定是以公布募集说明书前 30 个交易日股票的平均收盘价格为基准,并上浮一定幅度,因此一般情况下相比配股和增发来说,在扩张相同股本的情况下可以募集更多资金。

(3)分析哪些条款对投资者和发行人双方的利益保护做了规定,并分析它们的目的。

发行人设置赎回条款和回售条款就是为了保护投资者和发行人双方的利益。

赎回条款是为了保护发行人而设立的,旨在迫使持有可转换债券的投资者提前将其转换成股票,从而达到企业增加股本、降低负债的目的,也避免利率下调造成的损失。赎回条款一般分无条件赎回(即在赎回期内按照事先约定的赎回价格赎回可转换债券)和有条件赎回(在基准股价上涨到一定程度,通常为正常股股价持续若干天高于转股价格 130％～200％时,发行人有权行使赎回权)。实际上,赎回条款本身所起的主要作用:一是加速转股,二是降低融资成本。从国外的实际情况来看,如果公司业绩大幅提升,股价快速上扬,发行公司通常希望赎回可转换债券,从而避免转换受阻的风险。另外,当市场融资成本较低的时候,赎回可转换债券并进行新的融资对发行人也是非常有利的。但是从我国的实际情况来看,由于上市公司再次融资非常麻烦,一般发行公司都希望可转换债券匀速转股,从而避免股权稀释,并不希望转股的快速实现。

回售条款是指发行人股票价格在一段时间连续低于转股价格并达到一定的幅度时,可转换债券持有人按事先约定的价格将所持有的债券卖给发行人。投资者应特别关注这一条款,设置的目的在于有效地控制投资者转股不成所带来的收益风险,同时也可以降低可转换债券的票面利率。回售条款中通常发行人承诺在正常股票股价持续若干天低于转股价格,发行人以一定的溢价收回持有人持有的可转换债券。这种溢价一般会参照同期企业债券的利率来设定。

【本章思考题】

1.发行普通股股票筹资的利弊何在?

2.公司发行债券应具备哪些条件?

3.如何理解经营租赁和融资租赁的特征?

4.企业在进行租赁筹资决策时应考虑哪些因素?

本章自测

第四章 资本成本与资本结构

企业筹资决策是关系到企业生存与长远发展的重要内容。本章主要介绍资本成本的作用及影响因素、杠杆利益与企业风险、资本结构理论以及企业资本结构决策的方法。

第一节 资本成本

资本成本是财务管理中一个非常重要的概念。首先,公司为了取得维持生存与发展的资本必须付出一定的代价,而不同的资本要素的代价是不同的。公司要达到股东财富最大化目标,必须使资本成本最小化。因此,正确计算和合理降低资本成本是制定筹资决策的基础。其次,公司的投资决策必须建立在资本成本的基础上,任何投资项目的投资收益率必须高于资本成本。简单地说,资本成本既可以衡量筹资管理的绩效,又可以作为衡量投资管理的重要标准。

一、资本成本概述

(一)资本成本的概念

资金成本是指企业为筹集和使用资金而付出的代价。例如,筹资公司向银行支付的借款利息和向股东支付的股利等。这里的资本是指企业所筹集的长期资本,包括股权资本和长期债权资本。从投资者的角度看,资本成本也是投资者要求的必要报酬或最低报酬。在市场经济条件下,资本是一种特殊的商品,企业通过各种筹资渠道,采用各种筹资方式获得的资本往往都是有偿的,需要承担一定的成本。

(二)资本成本的内容

从绝对量的构成来看,资本成本包括两部分内容,即用资费用和筹资费用。

(1)用资费用。用资费用是指企业在生产经营和对外投资活动中因使用资本而承担的费用。例如,向债权人支付的利息、向股东分配的股利等。用资费用是资本成本的主要内容。长期资本的用资费用是经常性的,并随使用资本数量的多少和时间的长短而变动,因而属于变动性资本成本。

(2)筹资费用。筹资费用是指企业在筹集资本活动中为获得资本而付出的费用。例如,向银行支付的借款手续费,因发行股票、债券而支付的发行费用。具体包括印刷费、发行手续费、律师费、资信评估费、公证费、担保费和广告费等。筹资费用通常是在筹措资金时一次性支付的,在资金使用过程中不再发生,可视为筹资额的一项扣除。

（三）资本成本的种类

资本成本可以用绝对数表示,也可以用相对数表示。在企业财务管理实务中,通常运用资本成本的相对数,即资本成本率。资本成本率是指企业用资费用与有效筹资额之间的比率,通常用百分比来表示。本书中提到的资本成本和资本成本率等同。一般而言,资本成本有下列几种:

(1)个别资本成本。个别资本成本是指企业各种长期资本的资本成本率。企业在比较各种筹资方式时需要使用个别资本成本。

(2)综合资本成本。其又称加权平均资本成本。综合资本成本是指企业全部长期资本的成本。企业在进行长期资本结构决策时,可以利用综合资本成本。

(3)边际资本成本。边际资本成本是指资本每增加一个单位而增加的成本。边际资本成本也是按照加权平均法计算的,是追加筹资时所使用的加权平均资本成本。

（四）资本成本的作用

资本成本是在商品经济条件下,由于资本所有权和使用权相分离而形成的一种财务概念。它既是筹资者为获得资金所必须支付的最低价格,又是投资者提供资本要求获取的最低收益率。因此,它对于公司筹资管理、投资管理乃至整个财务管理活动都有着非常重要的作用。

(1)资本成本是企业选择筹资渠道、确定筹资方式的重要依据。在市场经济条件下,企业可以通过发行股票、债券,利用银行信用、商业信用等多种方式筹集所需要的资金。但是,在不同筹资方式下,筹资成本是不同的,而且筹资组合发生变动,企业的综合资本成本也会随之变动。为了以最少的代价取得企业所需的资本,就必须预测、分析各种筹资方式下资本成本的高低。

(2)资本成本是评价投资项目、比较投资方案和追加投资决策的主要经济衡量标准。一般而言,一个投资项目,只有当其投资收益率高于资本成本率,投资收益才能大于投资成本,投资项目在经济上才是可行的;否则,该项目将无利可图,甚至发生严重的亏损。因此,国际上通常将资本成本视为一个投资项目必须赚得的"最低报酬率"或"必要报酬率",视其为是否采纳该投资项目的经济衡量标准。

在企业投资评价分析中,可以将资本成本率作为折现率,用于测算各种投资方案的净现值和现值指数,以比较、选择投资方案,进行投资决策。

(3)资本成本可以作为评价企业整体经营业绩的基准。企业的整个经营业绩可以用企业全部投资的利润率来衡量,并可与企业全部资本的成本率相比较,如果利润率高于成本率,可以认为企业经营有利;反之,如果利润率低于成本率,则可认为企业经营业绩不佳,需要改善经营管理,提高企业全部资本的利润率,降低资本成本率。

（五）资本成本的影响因素

在市场经济环境下,多方面因素的综合影响决定着企业资本成本的高低,其中主要因素有投资项目的风险水平、总体经济环境、证券市场条件、企业内部的经营和融资状况、融资规模等。

一般来讲,资本成本与资本时间价值既有联系,又有区别。资本成本既包括时间价值,又包括风险价值。根据风险与收益的关系,从投资者的角度考虑,投资者期望获得的回报受其资本投资项目风险水平的影响,投资于高风险的项目的资本成本一般要高于低风险投资项目的资本成本。因此,资本成本的高低在很大程度上受投资项目风险水平的影响。

总体经济环境决定了整个经济中资本的供给和需求,以及预期通货膨胀的水平。总体经济环境变化的影响,反映在无风险报酬上。具体来说,如果货币需求增加,而供给没有相应增加,货币供求紧张,投资人便会要求提高其投资收益率,企业的资本成本就会上升;反之,投资人则会降低其要求的投资收益率,使资本成本下降。如果预期通货膨胀水平上升,货币购买力下降,投资者也会要求更高的收益水平来补偿预期的投资损失,导致企业资本成本上升。

证券市场条件影响证券投资的风险,证券市场条件包括证券的市场流动(变现)难易程度和价格波动程度。如果某种证券的市场流动性不好,投资者想买进或卖出证券相对困难,变现的风险加大,其要求的收益率就会提高;或者投资者虽然存在对某种证券的需求,但其价格波动较大,投资风险大,投资者要求的收益率也会提高。

企业内部的经营和融资状况,指企业经营风险和财务风险的大小。经营风险是企业投资决策的结果,表现在总资产收益率的变动上;财务风险是企业筹资决策的结果,表现在普通股收益率的变动上。如果企业的经营风险和财务风险大,投资者便会有较高的收益率要求,资本成本就会相应提高。

融资规模也是影响企业资本成本的一个因素,通常企业的融资规模越大,资本成本就会越高。

二、资本成本的计算

资本成本的高低,用相对数即资本成本率表达。资本成本的计算具体包括个别资本成本、综合资本成本和边际资本成本的计算,个别资本成本的计算是计算其他资本成本的基础。

(一)个别资本成本

个别资本成本是指单一融资方式本身的资本成本,包括银行借款资本成本、公司债券资本成本、融资租赁资本成本、优先股资本成本、普通股资本成本和留存收益成本等,其中前三类是债务资本成本,后三类是权益资本成本。个别资本成本的计算有两种模式。

第一种模式:一般模式。为了便于分析比较,资本成本通常用不考虑货币时间价值的一般通用模型计算。计算时,将初期的筹资费用作为筹资额的一项扣除,扣除筹资费用后的筹资额称为筹资净额,一般模式通用的计算公式是

$$资本成本率 = \frac{年资金占用额}{筹资总额 - 筹资费用} = \frac{年资金占用额}{筹资总额 \times (1 - 筹资费用率)}$$

第二种模式:贴现模式。对于金额大、时间超过1年的长期资本,更为准确一些的资本成本计算方式是采用贴现模式,即将债务未来还本付息或股权未来股利分红的贴现值与目前筹资净额相等时的贴现率作为资本成本率。计算公式如下:

$$筹资净额现值 - 未来资本清偿额现金流量现值 = 0$$

$$资本成本率 = 所采用的贴现率$$

1. 银行借款的资本成本率

银行借款资本成本包括借款利息和手续费用,手续费用是筹资费用的具体表现。利息费用在税前付,可以起抵税作用,一般计算税后资本成本率,以便与权益资本成本具有可比性。银行借款的资本成本率按一般模式计算为

$$k_b = \frac{i(1-T)}{1-f}$$

式中,K_b 表示银行借款的资本成本率;i 表示银行借款年利率;f 表示筹资费用率;T 表示所得税税率。

对于长期借款,考虑货币时间价值问题,还可以用贴现模式计算资本成本率。

【例 4-1】 某企业取得 5 年期长期借款 200 万元,年利率为 10%,每年付息一次,到期一次还本,借款费用率为 0.2%,企业所得税税率为 20%,该项借款的资本成本率为

$$k_b = \frac{10\% \times (1-20\%)}{1-0.2\%} \approx 8.02\%$$

考虑时间价值,该项长期借款的资本成本率计算如下(M 为名义借款额):

$$M(1-f) = \sum_{t=1}^{n} \frac{I_t(1-T)}{(1+K_b)^t} + \frac{M}{(1+K_b)^n}$$

即　　　　$200(1-0.2\%) = 200 \times 10\% \times (1-20\%) \times (P/A, K_b, 5)$
$$+ 200 \times (P/F, K_b, 5)$$

按插值法计算,得 $K_b \approx 8.05\%$。

2. 公司债券的资本成本率

公司债券资本成本包括债券利息和借款发行费用。债券可以溢价发行,也可以折价发行,其资本成本率按一般模式计算为

$$k_b = \frac{I(1-T)}{L(1-f)}$$

式中,L 为公司债券的筹资总额;I 为公司债券年利息。

【例 4-2】 某企业以 1100 元的价格,溢价发行面值为 1000 元、期限为 5 年、票面利率为 7% 的公司债券一批。每年付息一次,到期一次还本,发行费用率为 3%,所得税税率为 20%,该批债券的资本成本率为

$$K_b = \frac{1000 \times 7\% \times (1-20\%)}{1100 \times (1-3\%)} \approx 5.25\%$$

考虑时间价值,该项公司债券的资本成本率计算如下:

$$1100 \times (1-3\%) = 1000 \times 7\% \times (1-20\%) \times (P/A, K_b, 5) + 1000 \times (P/F, K_b, 5)$$

按插值法计算,得 $K_b \approx 4.09\%$。

3. 优先股的资本成本率

优先股资本成本主要是向优先股股东支付的各期股利。对于固定股息率优先股而言,如果各期股利是相等的,优先股的资本成本率按一般模式计算为

$$K_s = \frac{D}{P_n(1-f)}$$

式中,K_s 为优先股的资本成本率;D 为优先股年固定股息;P_n 为优先股发行价格;f 为筹资费用率。

【例 4-3】　某上市公司发行面值为 100 元的优先股,规定的年股息率为 9%。该优先股溢价发行,发行价格为 120 元,发行时筹资费用率为发行价的 3%,则该优先股的资本成本率为

$$K_s = \frac{100 \times 9\%}{120 \times (1-3\%)} \approx 7.73\%$$

由本例可见,该优先股票面股息率为 9%,但实际资本成本率只有 7.73%,主要原因是因为该优先股溢价 1.2 倍发行。

如果是浮动股息率优先股,则优先股的浮动股息率将根据约定的方法计算,并在公司章程中事先明确。由于浮动股息率优先股各期股利是波动的,因此其资本成本率只能按照贴现模式计算,并假定各期股利的变化有一定的规律。此类浮动股息率优先股的资本成本率计算,与普通股资本成本的股利增长模型法计算方式相同。

4. 普通股的资本成本率

普通股资本成本主要是向股东支付的各期股利。由于各期股利并不一定固定,随企业各期收益波动,因此普通股资本成本只能按贴现模式计算,并假定各期股利的变化有一定规律。如果是上市公司普通股,其资本成本还可以根据该公司股票收益率与市场收益率的相关性,按资本资产定价模型法估计。

(1)股利增长模型法。假定资本市场有效,股票市场价格与价值相等。假定某股票本期支付的股利为 D_0,未来各期股利按速度 g 增长,目前股票市场价格为 P_0,则普通股的资本成本为

$$K_s = \frac{D_0(1+g)}{P_0(1-f)} + g = \frac{D_1}{P_0(1-f)} + g$$

【例 4-4】　某公司普通股市价为 30 元,筹资费用率为 2%,本年发放现金股利为每股 0.6 元,预期股利年增长率为 10%。则

$$K_s = \frac{0.6 \times (1+10\%)}{30 \times (1-2\%)} + 10\% \approx 12.24\%$$

(2)资本资产定价模型法。假定资本市场有效,股票市场价格与价值相等。假定无风险报酬率为 R_f,市场平均报酬率为 R_m,某股票贝塔系数为 β,则普通股的资本成本率为

$$K_s = R_f + \beta(R_m - R_f)$$

【例 4-5】　某公司普通股贝塔系数为 1.5,此时一年期国债利率为 5%,市场平均报酬率为 15%,则该普通股的资本成本率为

$$K_s = 5\% + 1.5 \times (15\% - 5\%) = 20\%$$

5. 留存收益的资本成本率

留存收益是由企业税后净利润形成的,是一种所有者权益,其实质是所有者向企业的追加投资。企业利用留存收益筹资无须发生筹资费用。如果企业将留存收益用于再投资,所获得的收益率低于股东自己进行一项风险相似的投资项目的收益率,企业就应该将其分配给股东。留存收益的资本成本率表现为股东追加投资要求的报酬率,计算均与普通股的资本成本率相同,也分为股利增长模型法和资本资产定价模型法,不同点在于不考虑筹资费用。公式如下:

$$K_s = \frac{D_0(1+g)}{P_0} + g = \frac{D_1}{P_0} + g$$

对于个别资本成本,需要注意以下几点。

第一,负债资本的利息具有抵税作用,而权益资本的股利(股息、分红)不具有抵税作用,

所以一般权益资本的资本成本要比负债的资本成本高。

第二,从投资人的角度看,投资人投资债券要比投资股票的风险小,所以要求的报酬率比较低,筹资人弥补债券投资人风险的成本也相应较小。

第三,对于借款和债券,因为借款的利息率通常低于债券的利息率,而且筹资费用(手续费)也比债券的筹资费用(发行费)低,所以借款的筹资成本要低于债券的筹资成本。

第四,对于权益资本,优先股股利固定不变,而且投资风险小,所以优先股股东要求的回报低,筹资人的筹资成本低;留存收益没有筹资费用,所以留存收益的筹资成本要比普通股的筹资成本低。

(二)综合资本成本

1.综合资本成本的计算方法

由于受各种条件的限制,公司不可能只采用某一单一的筹资方式,公司往往需要通过各种筹资渠道、以多种方式才能满足资金的需要。为进行筹资决策,就要计算公司的综合资本成本。综合资本成本又叫作加权平均资本成本,它是以各种资本占全部资本的比重为权数,对个别资本成本进行加权平均确定的。其计算公式为

$$K_W = \sum_{j=1}^{n} K_j W_j$$

式中,K_W 为加权平均资本成本;K_j 为第 j 种个别资本成本;W_j 为第 j 种个别资本占全部资本的比重(权数)。

【例 4-6】 某贸易公司现有长期资本 500 万元(按账面价值计算),其中长期借款 100 万元,长期应付债券 50 万元,普通股 250 万元,留存利润 100 万元;其成本分别是 6.70%、9.17%、11.26%、11.00%。该公司的加权平均资本成本计算如下:

第一步,计算各种长期资本的比重。

长期借款资本比重=100/500=20%

应付债券资本比重=50/500=10%

普通股资本比重=250/500=50%

留存利润资本比重=100/500=20%

第二步,计算综合资本成本。

$$K_w = 6.70\% \times 20\% + 9.17\% \times 10\% + 11.26\% \times 50\% + 11.00\% \times 20\%$$
$$\approx 10.09\%$$

上述计算过程可以通过表 4-1 来描述。

表 4-1 综合资本成本计算

资本种类	资本价值/万元	资本比重/%	个别资本成本/%	综合资本成本/%
长期借款	100	20	6.70	1.34
应付债券	50	10	9.17	0.92
普通股	250	50	11.26	5.63
留存利润	100	20	11.00	2.20
合计	500	100		10.09

综上所述,决定综合资本成本高低的因素主要包括资本比重和个别资本成本的高低。因此,降低资本成本的途径主要是通过提高个别资本成本低的资本所占的比重。

2. 综合资本成本中资本价值基础的选择

例 4-6 中,资本比重的计算以账面价值为基础,资料取得比较容易。但当资本账面价值与市场价值差别较大时,如股票、债券的市场价格变动较大时,计算结果会与实际有较大的差异,甚至影响最终的决策,给企业带来重大损失。为了克服这一缺陷,个别资本占全部资本的比重可以按照市场价值或目标价值确定,分别称为市场价值权数、目标价值权数。

市场价值权数是指债券、股票以市场价格确定权数。这样计算的加权平均资本成本能反映目前的实际情况。同时,为弥补证券市场价格频繁变动的不便,也可以采用平均价格。

目标价值权数是指债券、股票以未来预计的目标市场价值确定权数。这种权数能体现期望的资本结构,而不是像账面价值权数和市场价值权数那样只反映过去和现在的资本结构,所以按目标价值权数计算的加权平均资本成本更适用于企业筹措新资金。但债券、股票的目标价值很难客观合理确定,使得这种计算方法不易于推广。

根据上述分析可以看出,市场价值权数和目标价值权数均优于账面价值权数,通常应选择市场价值权数。如果公司按账面价值计算的资本成本同按市场价值计算的资本成本相差不大,则选择账面价值权数计算,这样计算比较简单。

(三)边际资本成本

1. 边际资本成本的含义

在企业财务管理实践过程中,可能会出现这样的情况,当企业以某种筹资方式筹资超过一定限度时,资本成本就会提高。比如,企业向银行贷款,随着贷款数额的增加,银行为了弥补自身风险,往往会提高贷款利率。因此企业即使保持原来的资本结构,综合资本成本也会增加。所以,企业在追加筹资时,需要测算新增资本的成本,即边际资本成本。严格来讲,边际资本成本是指企业资本每增加一个单位而增加的成本,是企业追加筹资的资本成本。

企业追加筹资有时可能只采用某一种筹资方式。当某单一筹资方式不能满足企业需要时,或者企业需要保持原有资本结构时,往往采用多种筹资组合来实现。这时,边际资本成本的计算应该按加权平均法计算,而且其资本成本比重必须按市场价值确定。我们在此节计算的边际资本成本时假定资本结构保持不变,至于最优资本结构的确定将在以后章节详细介绍。

【例 4-7】　某股份有限公司现有长期资本共 1500 万元,其资本结构为:长期借款 20%,优先股 5%,普通股 75%。现公司拟追加筹资 600 万元,保持原有的资本结构。经测算,追加筹资的个别资本成本分别为 7.50%、11.80% 和 14.80%。该公司追加筹资的边际资本成本测算如表 4-2 所示。

表 4-2　边际资本成本测算

资本种类	资本价值/万元	资本比重/%	个别资本成本/%	综合资本成本/%
长期借款	120	20	7.50	1.50
优先股	30	5	11.80	0.59
普通股	450	75	14.80	11.10
合计	600	100		13.19

追加筹资 600 万元的综合资本成本,即为筹资的边际资本成本。

2.边际资本成本的计算与应用

以下举例说明边际资本成本的计算与应用。

【例 4-8】 某股份有限公司目前拥有按市场价值计算的资本总额共 2000 万元,其目标资本结构为:长期借款 300 万元(15%),长期债券 500 万元(25%),优先股 100 万元(5%),普通股 1100 万元(55%)。现公司业务发展,需要追加筹资。经分析,公司财务经理认为,现有的资本结构较优,筹资后仍保持现有的资本结构。另外,财务经理还测算出随着筹资额的增加,各种资本成本的变化情况如表 4-3 所示。

表 4-3　资本成本的变化情况

资本种类	目标资本结构/%	筹资数量范围/万元	资本成本/%
长期借款	15	0~30	4
		30 以上	8
长期债券	25	0~75	8
		75 以上	11
优先股	5	0~12	10
		12 以上	12
普通股	55	0~55	14
		55~165	15
		165 以上	16
合计	100		

(1)计算筹资突破点

企业花费一定的资本成本只能筹集到一定限度的资本,超过这一限度多筹集资本就要付出较高的代价,进而引起资本成本的变化,于是我们就把在保持某资本成本的条件下可以筹集到的资本总额限度称为现有资本成本结构下的筹资总额分界点,又称筹资突破点。在筹资突破点范围内筹资,原来的资本成本不发生变化;一旦筹资额超过筹资突破点,即使维持现有的资本结构,其资本成本也会增加。筹资突破点的计算公式为

$$BP_i = \frac{TF_i}{W_i}$$

式中,BP_i 为筹资突破点;TF_i 为第 i 种筹资方式的资本成本分界点;W_i 为目标资本结构中第 i 种筹资方式所占的比例。

例如,利用表 4-3 中的数据,在花费 4% 的资本成本时,取得长期借款的筹资突破点为 30/15%=200(万元);在花费 8% 的资本成本时,长期借款方式筹集的资本总额没有限额。同理,可以计算出各种情况下的筹资突破点如表4-4所示。

表 4-4　筹资突破点

资本种类	目标资本结构/%	筹资数量范围/万元	资本成本/%	筹资突破点/万元
长期借款	15	0~30	4	200
		30 以上	8	
长期债券	25	0~75	8	300
		75 以上	11	

资本种类	目标资本结构/%	筹资数量范围/万元	资本成本/%	筹资突破点/万元
优先股	5	0~12	10	240
		12 以上	12	
普通股	55	0~55	14	100
		55~165	15	300
		165 以上	16	

表 4-4 显示了特定种类资本成本率变动的分界点。例如,长期借款在 30 万元以内,其资本成本率为 4%,而在目标资本结构中,长期借款的资本比例为 15%。当长期借款的资本成本由 4% 上升到 8% 以前,企业可筹资 200 万元;当筹资总额多于 200 万元时,长期借款资本成本要上升到 8%。其他筹资方式与此相似。

(2)计算边际资本成本

根据上一步计算得出的筹资突破点,可以得到 5 组筹资范围:①100 万元以下;②100 万～200 万元;③200 万～240 万元;④240 万～300 万元;⑤300 万元以上。对以上 5 组筹资总额范围分别计算加权平均资本成本,即可得到各种筹资总额范围的边际资本成本,计算结果如表 4-5 所示。

表 4-5 各种筹资总额范围的边际资本成本

筹资总额范围	资本种类	资本结构/%	资本成本/%	边际资本成本/万元
100 万元以内	长期借款	15	4	0.60
	长期债券	25	8	2.00
	优先股	5	10	0.50
	普通股	55	14	7.70
	边际资本成本			10.80
100 万~200 万元	长期借款	15	4	0.60
	长期债券	25	8	2.00
	优先股	5	10	0.50
	普通股	55	15	8.25
	边际资本成本			11.35
200 万~240 万元	长期借款	15	8	1.20
	长期债券	25	8	2.00
	优先股	5	10	0.50
	普通股	55	15	8.25
	边际资本成本			11.95
240 万~300 万元	长期借款	15	8	1.20
	长期债券	25	8	2.00
	优先股	5	12	0.60
	普通股	55	15	8.25
	边际资本成本			12.05
300 万元以上	长期借款	15	8	1.20
	长期债券	25	11	2.75
	优先股	5	12	0.60
	普通股	55	16	8.80
	边际资本成本			13.35

　　另外,上列关于各种筹资范围的边际资本成本表还可以绘制成规划图。它更加形象地反映出筹资总额增加时的边际资本成本,企业可以据此做出追加筹资的规划,见图4-1。此外,图 4-1 中同时显示了企业目前的投资机会(投资报酬率分别为 14.5%、13.2%、12.7%、11.6%和11.0%)。通过投资机会的报酬率与边际资本的比较,企业可以判断有利的投资与筹资机会。例如,在 A、B、C、D、E 五个投资项目中,企业筹集的资本首先应该用于投资报酬率大的 A 项目,然后才是 B 项目,以此类推。资本成本与投资机会的交点 250 万元处是企业最适宜的筹资预算。此时,应选择 A、B、C 三个投资机会,它们的投资报酬率都高于相应的边际资本成本。D 项目的投资报酬率虽然有可能高于目前的总资本成本,但是低于为其筹资的边际资本成本,是不可取的。

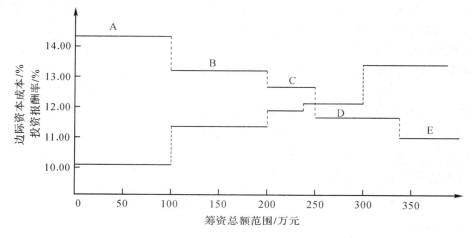

图 4-1　边际资本成本与投资报酬率的规划

第二节　杠杆利益与风险

　　自然科学中的杠杆原理,是指通过杠杆的使用,只用很小的力量便可以移动较重的物体的现象。财务管理过程中也存在类似的杠杆效应。由于成本习性的分类是研究杠杆问题的基础,所以,本节首先要介绍成本习性问题,然后分别说明经营杠杆、财务杠杆、联合杠杆计量以及杠杆与企业风险的关系。

一、成本习性、边际贡献、息税前利润与每股收益

(一)成本习性

　　所谓成本习性,是指成本与业务量之间的依存关系。根据成本习性可以把成本分为固定成本、变动成本和混合成本。

1.固定成本

　　固定成本是指其总额在一定时期和一定业务量的变动范围内不随业务量的变动发生任何变化的那部分成本。属于固定成本的主要有按直线法计提的折旧费、管理人员工资、保险费、办公费等。当产销量在一定范围内变化时,这些费用每年发生总额基本保持不变。正是由于固定成本的总额不变,那么随着产销量的增加,分摊到单位产品的固定成本将逐渐降低;反之,产销业务量减少,单位产品固定成本将升高。

2.变动成本

变动成本是指其总额随着业务量的变动正比例变动的那部分成本,如产品成本中的直接材料、直接人工等都属于变动成本。从产品的单位成本来看,变动成本则与固定成本恰好相反,单位产品变动成本是保持不变的。

3.混合成本

除固定成本和变动成本以外,企业还存在一些界于固定成本和变动成本之间的混合成本。这些成本虽然也随业务量变动而变动,但是不成正比例变动。混合成本按其与业务量的关系又可分为半变动成本和半固定成本。

4.总成本习性模型

从以上分析我们知道,成本按习性可以分固定成本、变动成本和混合成本三类。但混合成本又可以按一定方式分解为固定成本和变动成本,这样总成本习性模型可用下式表示:

$$C=F+VQ$$

式中,C 为总成本;F 为固定成本;V 为变动成本;Q 为业务量。

显然,如果能求出公式中的 F 和 V 的值,就可以利用这个直线方程来进行成本预测、成本决策和其他短期决策,所以,总成本习性模型是一个非常重要的分析模型。

(二)边际贡献

边际贡献是指销售收入扣除变动成本后的差额。边际贡献的表示方法有三种,即单位产品边际贡献、边际贡献额和边际贡献率。

单位产品边际贡献的计算公式为

$$m=p-v$$

式中,m 为单位产品边际贡献;p 为单价;v 为单位产品变动成本。

单位产品边际贡献表示每增加一单位产品销售可提供的边际贡献。

边际贡献总额是指全部产品的销售收入减去全部产品的变动成本后的总额。即

$$M=S-V=p \cdot Q-v \cdot Q=(p-v) \cdot Q=m \cdot Q$$

式中,M 为边际贡献总额;S 为销售收入总额;V 为变动成本总额;Q 为产品的产销量。

边际贡献率是指边际贡献在销售收入中所占的百分比。它表示每一元销售收入中边际贡献所占的比重,反映产品对企业所做的贡献。边际贡献率的计算公式为

$$R_m=\frac{M}{S}=\frac{m}{p}=\frac{p-v}{p}$$

式中,R_m 为边际贡献率。

与边际贡献率相关的一个指标是变动成本率。变动成本率是指变动成本在销售收入中所占的百分比。其计算公式为

$$R_c=1-R_m$$

式中,R_c 为变动成本率。

【例4-9】 某贸易公司销售产品 5000 件,每件售价为 18 元,每件产品耗用直接材料 5 元,直接人工成本 3 元,变动性制造费用 2 元,固定性制造费用 2 元,企业的固定性销售及管

理费用每年计 15000 元。产品的变动成本总额及单位变动成本计算如下:

单位变动成本$(v)=5+3+2=10$(元)

变动成本总额$(V)=10×5000=50000$(元)

根据有关公式,各指标计算如下:

$$M=S-V=18×5000-50000=40000(元)$$

$$m=p-v=18-10=8(元)$$

$$R_m=m/p=8/18×100\%≈44.4\%$$

$$R_c=1-44.4\%=55.6\%$$

(三)息税前利润与每股收益

1.息税前利润

息税前利润是指企业支付利息和交纳所得税之前的利润。边际贡献及其相关指标可以很好地衡量产品的创利能力,但是边际贡献不是利润指标。从边际贡献中扣除企业的期间成本(固定成本),我们便可以得到息税前利润指标。

成本按习性分类后,息税前利润(EBIT)的计算公式为

$$EBIT=M-F=S-V-F=(p-v)Q-F$$

2.每股收益

普通股每股收益又称每股利润或每股盈余,是指企业的税后净利扣除优先股股利后的余额与普通股发行在外股数进行对比所确定的比率。其计算公式为

$$EPS=\frac{[(p-v)×Q-F-I](1-T)-D}{N}$$

式中,EPS 为每股收益;I 为利息;T 为税率;D 为优先股股利;N 为普通股股数。

(四)损益平衡分析

若一种产品提供的边际贡献总额正好补偿固定成本,即息税前利润等于 0,则此时的销售量或销售额即为达到损益平衡点的销售量或销售额。

损益平衡点能帮助管理人员正确地把握产品销售量与企业盈利之间的关系。即企业要盈利,其销售量一定要超过损益平衡点。

就单一产品企业来讲,根据损益平衡点定义,即

$$EBIT=(p-v)Q-F=0$$

得 $\qquad Q_B=F/(p-v)$ 或 $Q_B=F/m$

$$S_B=p×Q_B=(p×F)/(p-v)=F/R_m$$

式中,Q_B 为损益平衡点销售量;S_B 为损益平衡点销售额。

【例 4-10】 某实业有限公司主营汽车灯具,该公司年产灯具 10000 万套,每套灯具售价为 280 元,单位变动成本为 250 元,该公司固定成本总额为 90000 元,则该公司的损益平衡点销售量和损益平衡点销售额计算如下:

$$Q_B=F/(p-v)=90000/(280-250)=3000(套)$$

$$S_B=p×Q_B=280×3000=840000(元)$$

在现实生活中,大多数企业都生产几种、几十种甚至几百种产品。对于生产多品种产品的企业,其损益平衡分析可以采用加权平均法、分别计算法和历史资料法等。这里不再

展开。

二、经营杠杆

(一)经营杠杆的概念及成因

对于经营杠杆的介绍我们从一个案例入手。

【例 4-11】　华峰机电有限公司 2017 年实际和 2018 年计划经济指标如表 4-6 所示。

表 4-6　华峰机电有限公司 2017 年实际和 2018 年计划经济指标

项目	2017 年	2018 年	变动额	变动率/%
产销量/件	1000	1200	200	20
价格 p/元	10	10		
单位变动成本 v/元	6	6		
边际贡献总额 M/元	4000	4800	800	20
固定成本总额 F/元	2000	2000		
息税前利润 EBIT/元	2000	2800	800	40

从该机电有限公司的数据可以看出,2018 年比 2017 年产售量增加 20%,边际贡献总额也增加 20%,但是息税前利润 EBIT 增加 40%,比边际贡献总额的增长率高出 1 倍。我们把息税前利润的变动率大于产销量变动率的效应称为经营杠杆效应。

经营杠杆效应产生的原因主要是固定成本的普遍存在。在其他条件都不变的情况下,Q(产销量)增加,虽然不改变 F(固定成本)总额,但会降低单位固定成本(单位产品分摊的固定成本,即 F/Q),从而提高单位利润,使得 EBIT(息税前利润)的增长率大于 Q(产销量)的增长率;反之,Q 减少,虽然不改变 F(固定成本)总额,但会增加单位固定成本,从而降低单位利润,使得 EBIT 的下降率大于 Q 的下降率。

因此,我们把经营杠杆效应定义为由于固定成本的存在而导致的息税前利润变动幅度大于产销量变动幅度的杠杆效应。

(二)经营杠杆系数

只要企业存在固定成本,就存在经营杠杆效应。但不同企业或同一企业不同业务量基础上的经营杠杆效应的大小是不完全相同的,为此,需要对经营杠杆效应的大小进行计量。经营杠杆效应大小计量的指标一般用经营杠杆系数来表示。经营杠杆系数(degree of operation leverage,DOL),又称为经营杠杆率或经营杠杆度。它是息税前利润的变动率相当于产销量变动率的倍数,用公式可以表示如下:

$$DOL = \frac{\Delta EBIT / EBIT}{\Delta Q / Q}$$

式中,DOL 为经营杠杆系数;$\Delta EBIT$ 为息税前利润增长量;ΔQ 为产销业务量增长量。

上述公式是计算经营杠杆系数最基本的形式,有时为了方便计算,可以将上述公式变换如下:

$$EBIT = (p - v)Q - F$$
$$\Delta EBIT = \Delta Q(p - v)$$

$$DOL = \frac{Q(p-v)}{Q(p-v)-F}$$

$$Q(p-v) = M$$

$$DOL = \frac{M}{M-F}$$

在例 4-11 中,华峰机电有限公司 2017 年的经营杠杆系数,采用上述公式计算如下:

$$DOL = \frac{\Delta EBIT/EBIT}{\Delta Q/Q} = \frac{40\%}{20\%} = 2$$

$$DOL = \frac{Q(p-v)}{Q(p-v)-F} = \frac{1000(10-6)}{1000(10-6)-2000} = 2$$

$$DOL = \frac{M}{M-F} = \frac{4000}{4000-2000} = 2$$

当然,在采用基本公式计算经营杠杆系数时,利用基期与计划期两期数据,而采用另外两个公式计算时只要用基期数据即可。读者可根据案例中的已知数据条件分别采用三种公式计量企业的经营杠杆效应。

在例 4-11 中,经营杠杆系数为 2 的意义在于:当企业产销量增长 1% 时,息税前利润增长 2%;相反,当企业产销量下降 1% 时,息税前利润下降 2%,即企业息税前利润变动率是产销量变动率的 2 倍。

需要注意的是,例 4-11 中计算的经营杠杆系数是以华峰机电有限公司 2017 年为基础的,即这里的经营杠杆系数是企业在产销量为 1000 件时的经营杠杆效应。如果以 2018 年产销量水平为基础,经营杠杆系数则是不同的。计算如下:

$$DOL = \frac{M}{M-F} = \frac{4800}{4800-2000} \approx 1.71$$

相反,如果预计该公司产销量下降至 800 件,则以此为基准销售量计算的经营杠杆系数为

$$DOL = \frac{Q(p-v)}{Q(p-v)-F} = \frac{800(10-6)}{800(10-6)-2000} \approx 2.67$$

上述计算表明,在一定产销量和固定成本总额的范围内,产销量越高,经营杠杆系数越小;反之产销量越低,经营杠杆系数越大。一般来说,当企业的产销量越接近损益平衡点,经营杠杆系数越大,在达到损益平衡点时(例 4-11 中产销量 500 件即为损益平衡点),经营杠杆系数达到最大,即无穷大。然而当销售额超过此平衡点增长时,经营杠杆系数递减。简言之,经营杠杆系数在损益平衡点前递增,在超过损益平衡点后递减。

(三)经营风险

引起经营风险的原因在第二章已经详细介绍过,其是市场需求以及成本等因素的不确定性。经营杠杆本身并不是息税前利润不稳定的根源。但是,产销量增加时,息税前利润将以 DOL 倍的幅度增加;而产销量减少时,息税前利润又以 DOL 倍的幅度减少。可见,经营杠杆的存在扩大了市场和生产等不确定性因素对利润变动的影响。而且经营杠杆系数越高,息税前利润变动越激烈,企业的经营风险就越大。于是,企业经营风险的大小和经营杠杆有重要关系。一般来说,在其他条件不变的情况下,固定成本越高,经营杠杆系数越大,经营风险越大。由经营杠杆系数的计算可知,DOL 将随 F 的变化同方向变化,即在其他因素不变的情况下,固定成本越高,DOL 越大。

当然,在一般情况下,固定成本比较高的企业,其变动成本会相对较低,而固定成本比较低的企业,其变动成本相对较高,这种情况下,固定成本较高的企业同样也存在较大的经营风险。

【**例 4-12**】 A、B 两家企业的有关资料如表 4-7 所示,要求比较两家企业的经营风险。

表 4-7 A、B 两家企业的有关资料

企业名称	概率	销售量/件	单价/(千元/件)	销售额/千元	单位变动成本/千元	变动成本总额/千元	边际贡献/千元	固定成本/千元	息税前利润/千元
A	0.3	50000	16	800	8	400	4000	1200	280
	0.4	40000	16	640	8	320	3200	1200	200
	0.3	30000	16	480	8	240	2400	1200	120
B	0.3	50000	16	800	6	300	5000	2000	300
	0.4	40000	16	640	6	240	4000	2000	200
	0.3	30000	16	480	6	180	3000	2000	100

解 (1)为了测算两家企业的经营风险的大小,先计算两家企业最有可能的经营杠杆系数。

A 企业的期望边际贡献为

$$\overline{M_A} = 4000 \times 0.3 + 3200 \times 0.4 + 2400 \times 0.3 = 3200(千元)$$

B 企业的期望边际贡献为

$$\overline{M_B} = 5000 \times 0.3 + 4000 \times 0.4 + 3000 \times 0.3 = 4000(千元)$$

A 企业最有可能的经营杠杆系数为

$$DOL_A = \frac{M}{M-F} = \frac{3200}{3200-1200} = 1.6$$

$$DOL_B = \frac{M}{M-F} = \frac{4000}{4000-2000} = 2$$

从上述计算可知,B 企业的经营杠杆系数要比 A 企业大。

(2)为了说明经营杠杆对风险程度的影响,下面计算两家企业息税前利润的期望值和标准差。

A 企业息税前利润的期望值为

$$EBIT_A = 280 \times 0.3 + 200 \times 0.4 + 120 \times 0.3 = 200(千元)$$

B 企业息税前利润的期望值为

$$EBIT_B = 300 \times 0.3 + 200 \times 0.4 + 100 \times 0.3 = 200(千元)$$

A、B 两企业息税前利润的期望值相同,因此,只要比较两企业息税前利润的标准差,即可判断两家企业经营风险的大小。

A 企业息税前利润的标准差为

$$\delta_A = \sqrt{(200-280)^2 \times 0.3 + (200-200)^2 \times 0.4 + (200-120)^2 \times 0.3}$$
$$\approx 61.97(千元)$$

B 企业息税前利润的标准差为

$$\delta_B = \sqrt{(200-300)^2 \times 0.3 + (200-200)^2 \times 0.4 + (200-100)^2 \times 0.3}$$
$$\approx 77.46(千元)$$

B 企业息税前利润的标准差较大,说明 B 企业的经营风险更大。

一般来讲,在其他因素不变的情况下,固定成本占总成本的比重越大,经营杠杆系数越大,企业的经营风险越大。利用统计方法与利用杠杆系数分析企业的经营风险往往得出一致的结论。因此,经营风险既可以用统计方法衡量,也可以用经营杠杆系数来衡量。

三、财务杠杆

(一)财务杠杆与财务杠杆利益

为了说明财务杠杆的作用,我们先看下面的实例。

【例 4-13】 甲、乙公司的资本总额相等,息税前利润的增长也相同,不同的只是资本结构。甲公司全部资本都是普通股,乙公司的资本中普通股和债券各占一半,在息税前利润增长 20% 的情况下,甲、乙公司每股利润增长情况如表 4-8 所示。

表 4-8　甲、乙公司的资本结构与普通股盈余

项目	甲公司	乙公司
股本/元(面值 100 元)	2000000	1000000
发行在外股数/股	20000	10000
负债/元(利率 8%)	0	1000000
息税前利润/元	200000	200000
利息/元	0	80000
所得税/元(50%)	100000	60000
净利润/元	100000	60000
每股利润/元(EPS)	5	6
息税前利润增长率/%	20	20
增长后息税前利润/元	240000	240000
债务利息/元	0	80000
税前利润/元	240000	160000
所得税/元(50%)	120000	80000
净利润/元	120000	80000
每股利润/元	6	8
每股利润增长额/元	1	2
普通股利润增长率/%	20	33.33

要求:计算两公司的每股利润增长率,比较两者的差异,并分析在息税前利润同时增加 20% 的情况下,为什么每股利润增长幅度不同?

解　在表 4-8 中,甲、乙两公司的资本总额相等,息税前利润也相等,息税前利润的增长幅度也相同,不同的只是资本结构。甲公司全部是普通股,乙公司的资本中普通股和债券各占一半。在息税前盈余增长 20% 的情况下,甲公司每股盈余增长 20%,而乙公司却增长了 33.33%,这就是财务杠杆的作用。也就是说,甲、乙两公司每股盈余增长幅度不同的原因主要是两公司财务杠杆效应不同。

　　不论企业经营利润多少,债务的利息和优先股的股利通常都是固定不变的。当息税前盈余增大时,每1元盈余所负担的固定财务费用就会相对减少,这能给普通股股东带来更多的盈余;反之,当息税前盈余减少时,每1元盈余所负担的固定财务费用就会相对增加,这就会大幅度减少普通股的盈余。这种由于固定财务费用的存在,使得普通股每股盈余的变动幅度大于息税前盈余的变动幅度的现象,叫作财务杠杆。

　　财务杠杆利益是指利用债务资本这个杠杆而给企业带来的额外收益。在一定时期企业长期占有负债和支出债务成本既定的情况,企业经营利润的增减,会使每元经营利润所负担的债务成本发生变化,并使普通股每股收益(EPS)也相应发生变化。如果投资利润率大于借款利息率,企业适当运用财务杠杆,可以使企业在不增加权益资本投资的情况下,获得更多的利润,从而提高企业权益资本的利润率。因为借入资本所得的投资利润扣除了较低的借款利息后的利润,由企业所有者分享,这样便可以大大提高企业权益资本利润率,即产生财务杠杆正效应。相反,如果投资利润率小于借款利息率,这时利用借入资本不但不会提高权益资本的利润,反而给企业投资者带来损失,即产生财务杠杆负效应。因此,企业获得财务杠杆利益的基本前提是"投资利润率大于借款利息率"。

　　(二)财务杠杆的计量

　　只要企业的资本来源中存在债务和优先股,就会存在财务杠杆效应。不同企业的财务杠杆效应作用程度不相同,因此,进行财务杠杆的计量非常必要。财务杠杆计量的指标一般是财务杠杆系数(又称为财务杠杆度或财务杠杆率)。其基本计算公式为

$$DFL = \frac{\Delta EPS/EPS}{\Delta EBIT/EBIT}$$

式中,DFL为财务杠杆系数;EPS为基期每股收益;ΔEPS为每股收益的变动额。

　　这是财务杠杆系数的基本公式,利用该公式计算财务杠杆系数必须已知变动前后的相关数据。利用该公式计算的例4-13中乙公司的财务杠杆系数如下:

$$DFL = \frac{\Delta EPS/EPS}{\Delta EBIT/EBIT} = \frac{33.33\%}{20\%} = 1.67$$

　　当然,我们可以利用上述公式推导出财务杠杆系数的简化公式:

$$EPS = \frac{[EBIT - I](1-T) - D}{N}$$

$$\Delta EPS = \frac{\Delta EBIT(1-T)}{N}$$

$$\begin{aligned}
DFL &= \frac{\Delta EPS/EPS}{\Delta EBIT/EBIT} \\
&= \frac{[\Delta EBIT(1-T) \div N] \div \{[(EBIT-I)(1-T)-D] \div N\}}{\Delta EBIT/EBIT} \\
&= \frac{EBIT(1-T)}{(EBIT-I)(1-T)-D} = \frac{EBIT}{EBIT-I-D/(1-T)}
\end{aligned}$$

　　即财务杠杆系数的简化公式为

$$\begin{aligned}
DFL &= \frac{EBIT}{EBIT-I-D/(1-T)} = \frac{Q(p-v)-F}{Q(p-v)-F-I-D/(1-T)} \\
&= \frac{S-V-F}{S-V-F-I-D/(1-T)}
\end{aligned}$$

如果企业没有发行优先股,则财务杠杆系数的计算公式还可以进一步简化为

$$DFL = \frac{EBIT}{EBIT - I}$$

【例4-14】 某股份有限公司全部长期资本为7500万元,债务资本比例为0.4,债务年利率为8%,公司所得税税率为33%。在息税前利润为800万元时,税后利润为294.8万元。其财务杠杆系数计算如下:

$$DFL = \frac{EBIT}{EBIT - I} = \frac{800}{800 - 7500 \times 0.4 \times 8\%} \approx 1.43$$

财务杠杆系数1.43表示:当息税前利润增长1倍时,普通股每股收益将增长1.43倍;反之,当息税前利润下降1倍时,普通股每股收益将下降1.43倍。财务杠杆系数越大,企业的财务杠杆利益就越高;财务杠杆系数越小,企业的财务杠杆利益就越低。

值得注意的是,利用简化公式求报告期的财务杠杆系数,所用到的数据均为基期的数据,这也是简化公式在实际运用中的优点。

(三)影响财务杠杆利益的因素

影响企业财务杠杆系数,或者说影响企业财务杠杆利益的因素,除了债权资本固定利息以外,还有其他许多因素,具体如下:

1.资本结构的变动

在企业的息税前利润足以补偿债务利息和优先股股利的情况下,从财务杠杆系数的计算公式可以看出,若其他因素不变,随着利息和优先股股利的增加,财务杠杆系数也增大,而且它是一个大于1的正数。也就是说,利息和优先股股利的高低影响着财务杠杆效应的大小。如果一个企业资本规模、利率水平、优先股股利率是确定的,那么它的利息和优先股股利就完全取决于资本结构中的负债和优先股的比重。企业的负债和优先股比重越高,财务杠杆效应就越明显;负债和优先股比重越低,财务杠杆系数越接近1,财务杠杆效应越小;当企业没有负债和优先股时,财务杠杆系数等于1,这时财务杠杆效应最低。

现举例说明不同资本结构对企业财务杠杆的影响。

【例4-15】 A、B、C三家经营业务相同的公司,其资本总额为400万元,全部资本息税前利润均为10%,A公司的借款利息率为8%,B公司的借款利息率为10%,C公司的借款利息率为12%。假定三家公司均无优先股筹资,普通股每股面值均为1元,所得税税率均为0。在负债资金占全部资本的比重分别为25%和50%的情况下,三家公司的每股收益计算如表4-9所示。

表4-9 A、B、C三家公司每股收益计算

项目	A公司(利息率8%)		B公司(利息率10%)		C公司(利息率12%)	
	负债25%	负债50%	负债25%	负债50%	负债25%	负债50%
息税前利润/万元	40	40	40	40	40	40
利息/万元	8	8	10	10	12	24
税后利润/万元	32	24	30	20	28	16
普通股股数/万股	300	200	300	200	300	200
每股收益/元	0.107	0.12	0.10	0.10	0.093	0.08
DFL(下年度)	1.25	1.67	1.33	2	1.43	2.5

从表 4-9 计算结果可以看出,由于 A 公司的借款利息率为 8%,低于其息税前利润率 10%,因此运用财务杠杆使它获得了较高的每股收益(0.107 元),且负债比重越大(50%)时每股收益越高(0.12 元);C 公司的借款利息率为 12%,高于其息税前利润率 10%,故运用财务杠杆它的每股收益不高,且负债比重越大时每股收益越低;B 公司的借款利息率正好等于其息税前利润率 10%,负债比重的大小均不影响其每股收益的高低。

2.资本规模的变动

在其他因素不变的情况下,如果资本规模发生了变动,财务杠杆系数也将随之变动。在例 4-14 中,假如资本规模为 8000 万元,其他因素保持不变,则财务杠杆系数变为

$$DFL=800/(800-8000×0.4×8\%)≈1.47$$

3.债务利率的变动

在债务利率发生变动的情况下,即使其他因素不变,财务杠杆系数也会发生变动。在例 4-14 中,假如其他因素不变,只有债务利润发生了变动,债务年利率由 8% 降至 7%,则财务杠杆系数为

$$DFL=800/(800-7500×0.4×7\%)≈1.36$$

4.息税前利润的变动

息税前利润的变动通常也会影响财务杠杆系数。假如例 4-14 中的息税前利润由 800 万元增至 1000 万元,在其他因素不变的情况下,则财务杠杆系数变为

$$DFL=1000/(1000-7500×0.4×8\%)≈1.32$$

在例 4-14 中个别因素发生变动的情况下,财务杠杆系数一般也会发生变动,从而产生不同程度的财务杠杆利益。因此,财务杠杆系数是资本结构决策的一个重要因素。

（四）财务杠杆与财务风险

财务风险,又称筹资风险,是指企业在经营活动中与筹资有关的风险,尤其是指在筹资活动中利用财务杠杆可能导致企业股权资本所有者收益下降的风险,甚至可能导致企业破产的风险。

企业息税前利润较多,增长幅度较大时,适当地应用负债和优先股筹资,发挥财务杠杆的正效应,可使每股收益以更大的幅度增长,从而使股票价格上涨,增加企业价值。但是,一旦企业息税前利润下降,每股收益也会以更大的幅度下降,此时企业面临的财务风险也大。所以说,财务杠杆带来的既可能是收益,也有可能是损失,这种由于负债经营带来的每股收益的不确定性就是财务风险。一般来说,负债越多或负债率越高,财务杠杆系数越大,可能获得的财务杠杆利益就越多,企业所面临的财务风险就越大。因此,企业在筹措资金时,必须在财务利益与财务风险之间进行权衡,根据企业对风险的承受能力以及其他具体情况,合理安排资本结构中各种资本的比例关系。

四、联合杠杆

（一）联合杠杆的概念

如前所述,由于存在固定性的生产经营成本,产生经营杠杆效应,使得息税前利润的变动率大于产销业务量的变动率;同样,由于存在固定性的财务成本(如固定的借款利息和优先股股息),产生财务杠杆效应,使得企业每股收益的变动率大于息税前利润的变动率。

对于大多数企业,既存在固定性的生产经营成本,又存在固定性的财务成本,这便使得每股收益的变动率远远大于产销业务量的变动率,通常把这种经营杠杆和财务杠杆的共同影响称为联合杠杆。因此,在联合杠杆的作用下,即使销售额较少的变化最终也会引起每股净收益较大幅度的变动。

【例 4-16】 某企业有关资料如表 4-10 所示,要求分析联合杠杆的作用。

表 4-10　某企业每股收益计算

项目	2017 年	2018 年	2018 年比 2017 年增长/%
销售收入/元*	1000	1200	20
变动成本/元**	400	480	20
固定成本/元	400	400	0
息税前利润/元	200	320	60
利息/元	80	80	0
税前利润/元	120	240	100
所得税/元(税率50%)	60	120	100
税后利润/元	60	120	100
普通股发行在外股数/股	100	100	0
每股收益/元	0.6	1.2	100

注:* 单位产品售价为 10 元;** 单位产品成本为 4 元

解　如表 4-10 所示,在联合杠杆的作用下,产销业务量增加 20%,每股收益增长 100%。当然,如果业务量下降 20%,企业的每股收益也会下降 100%。

(二)联合杠杆的计量

从以上分析得知,只要企业同时存在固定性的生产经营成本和固定性的利息费用等财务支出,就会产生联合杠杆效应。但是不同的企业联合杠杆效应的作用程度是不完全一致的,为此,需要进行联合杠杆的计量。对联合杠杆的计量通常采用联合杠杆系数或联合杠杆度指标。所谓联合杠杆系数(DTL),是指每股收益变动率相当于产销业务量变动率的倍数。其计算公式为

$$DTL=DOL\times DFL=\frac{\Delta EBIT/EBIT}{\Delta Q/Q}\times\frac{\Delta EPS/EPS}{\Delta EBIT/EBIT}=\frac{\Delta EPS/EPS}{\Delta Q/Q}$$

根据例 4-16 中的资料,该企业的联合杠杆系数为

$$DTL=\frac{\Delta EPS/EPS}{\Delta Q/Q}=\frac{0.6/0.6}{200/1000}=5$$

另外,联合杠杆系数的公式还可以表示为

$$DTL=\frac{Q(p-v)}{Q(p-v)-F-I-D/(1-T)}$$

或　$$DTL=\frac{S-V}{S-V-F-I-D/(1-T)}$$

或　$$DTL=\frac{M}{EBIT-I-D/(1-T)}$$

当然,在企业不发行优先股的情况下,上述公式还可以进一步简化为

$$DTL=\frac{Q(p-v)}{Q(p-v)-F-I}=\frac{S-V}{S-V-F-I}=\frac{M}{EBIT-I}$$

例 4-16 中联合杠杆等于 5,说明企业的业务量每增减 1%,每股收益就增减 5%。因此,业务量有比较小的增长,每股收益便会有大幅度的增长;反之,业务量有比较大的下降,每股收益便会大幅度下降。

【例 4-17】　某企业 2004 年的息税前利润为 40000 元,长期负债总额为 100000 元,债务资本的利息率为 12%,负债比率为 50%,企业基准销售额为 200000 元,固定成本总额为 40000 元,变动成本率为 60%。总杠杆系数计算如下:

$$DOL=\frac{M}{M-F}=\frac{200000(1-60\%)}{200000(1-60\%)-40000}=2$$

$$DFL=\frac{EBIT}{EBIT-I}=\frac{40000}{40000-100000\times12\%}\approx1.43$$

$$DTL=DOL\times DFL=2\times1.43=2.86$$

(三)联合杠杆与企业风险

从以上分析看出,在联合杠杆的作用下,当企业经济效益好时,每股收益就会大幅度上升;当经济效益下滑时,每股收益就会大幅度下降。企业联合杠杆系数越大,每股收益的波动幅度越大。联合杠杆作用使每股收益大幅度波动而造成的风险,称为联合风险。在其他条件不变的情况下,联合杠杆系数越大,联合风险就越大;联合杠杆系数越小,联合风险越小。

总杠杆的作用能超越经营杠杆或财务杠杆的单独作用,它不但使我们认识到销售额变动对每股净收益的影响,也使我们了解了经营杠杆与财务杠杆之间的相互关系。经营杠杆与财务杠杆可以有许多不同的结合方式,以达到符合企业理财目的要求的总杠杆系数和总风险水平。通过总杠杆系数的测定,财务人员对于较大经营风险可以用较小的财务风险来抵消,反之亦然。因此,企业的资本结构决策要综合地考虑经营杠杆与财务杠杆的作用,运用适当的杠杆系数,在风险与预测收益之间进行权衡,使企业的总风险降低到一个可以接受的水平。

【例 4-18】　某企业只生产和销售 A 产品,总成本习性模型是 $y=1+3x$。假定该企业 2018 年度 A 产品的销量是 1 万件,每一件的售价是 5 元,按照市场预测 2019 年 A 产品的销量将会增加 10%。企业 2018 年利息费用为 5000 元。

要求计算以下指标:

(1)计算企业的边际贡献总额。

(2)计算 2018 年该企业息税前利润。

(3)计算销量是 1 万件时的经营杠杆系数。

(4)计算 2019 年息税前利润增长率。

(5)计算复合杠杆系数。

解　(1)计算企业的边际贡献总额

边际贡献总额=销售收入-变动成本=1×5-1×3=2(万元)

(2)计算 2018 年该企业息税前利润

EBIT=边际贡献-固定成本=2-1=1(万元)

（3）计算销量是 1 万件时的经营杠杆系数

$$\text{DOL}=\frac{M}{M-F}=\frac{2}{1}=2$$

（4）计算 2019 年息税前利润增长率

2019 年息税前利润增长率＝DOL×销售量增长率＝2×10%＝20%

（5）计算复合杠杆系数

$$\text{DFL}=\frac{\text{EBIT}}{\text{EBIT}-I}=\frac{1}{1-0.5}=2$$

$$\text{DTL}=\text{DOL}\times\text{DFL}=2\times2=4$$

第三节　资本结构理论

资本结构理论是关于公司资本结构、公司综合资本成本与公司价值三者之间关系的理论。它是财务理论的重要组成部分，也是企业筹资决策的重要理论基础。从资本结构理论的发展过程来看，主要有早期资本结构理论、MM 资本结构理论和新的资本结构理论。

一、早期资本结构理论

早期资本结构理论主要有三种：净收益理论、净营业收益理论和传统资本结构理论。

（一）净收益理论

净收益理论认为，负债可以降低企业的资本成本，负债程度越高，企业的价值越大。这是因为债务成本与权益资本成本均不受财务杠杆的影响，无论负债程度多高，企业的债务资本成本与权益资本成本都不会变化。因此，只要债务资本成本低于权益资本成本，那么，负债越多，企业的加权资本成本就越低，企业的净收益或税后利润就越多，企业的价值就越大。当负债比率为 100% 时，企业的加权资本成本就达到最低，企业价值就达到最大值。如果用 K_b 表示债务资本成本、K_s 表示权益资本成本、K_w 表示加权平均资本成本、V 表示企业总价值，则净收益理论可用图 4-2 来描述。

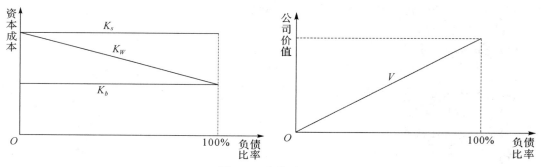

图 4-2　净收益理论

这是一种极端的资本结构理论。这种理论虽然考虑到财务杠杆利益，但忽视了财务风险。很显然，如果公司的债务资本过多，债务资本比例过高，财务风险就会很高，公司的综合资本成本就会上升，公司价值反而会下降。

（二）净营业收益理论

净营业收益理论认为，不论财务杠杆如何变化，企业加权资本成本都是固定的，因而企业的总价值也是固定不变的。这是因为企业利用财务杠杆时，即使债务成本本身不变，但由于加大了权益资本的风险，也会促使权益资本上升，于是加权平均资本成本不会因为负债比率的提高而降低，而是维持不变。因此，资本结构与公司价值无关，决定公司价值的应是其净营业收益。净营业收益理论可用图 4-3 描述。

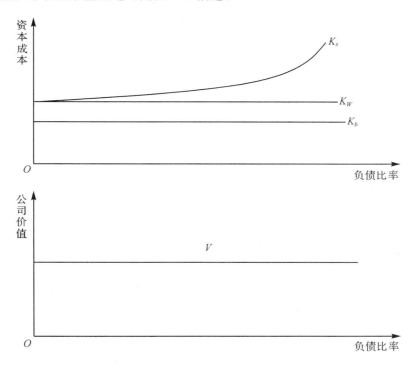

图 4-3 净营业收益理论

这是另一种极端的资本结构理论。这种理论虽然认识到债务资本比例的变动会产生财务风险，也可能影响公司的权益资本成本率，但实际上公司的综合资本成本率不可能是一个常数。公司的净营业收益的确会影响公司价值，但公司价值也不完全取决于净营业收益的多少。

（三）传统资本结构理论

传统资本结构理论是一种介于净收益理论和净营业收益理论之间的理论。传统资本结构理论认为利用财务杠杆尽管会导致权益资本成本上升，但在一定程度内却不能完全抵消利用成本率低的债务所获得的好处，因此会使加权平均资本成本下降，企业价值上升。但是，超过一定程度利用财务杠杆，权益资本成本的上升就不再能为债务的低成本所抵消，加权平均资本成本便会上升。以后债务资本成本也会上升，它和权益资本的上升共同作用，使加权平均资本成本上升速度加快。加权平均资本成本从下降变为上升的转折点，是加权平均资本成本的最低点，这时的负债比率就使企业形成最佳资本结构。这种理论可以用图 4-4 描述。

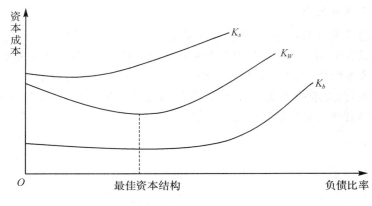

图 4-4　传统资本结构理论

上述关于资本结构理论的早期观点是建立在对投资者行为的假设基础之上的,由于其片面性和缺陷,还没有形成系统的资本结构理论,只是对资本结构的一些初级认识,对企业应用资本结构理论没有多大实际意义。

二、MM 资本结构理论

(一)MM 资本结构理论的基本观点

MM 资本结构理论是现代资本结构理论的起点。所谓 MM 理论是指美国两位财务学者莫迪利亚尼(Franco Modigliani)和米勒(Mertor Miller)提出的学说。1958 年,莫迪利亚尼和米勒合作发表了《资本成本、公司价值与投资理论》一文。在该文中他们深入探讨了公司资本结构与公司价值的关系,创立了 MM 资本结构理论,并开创了现代资本结构理论的研究,这两位学者也因此荣获诺贝尔经济学奖。自 MM 资本结构理论创立以来,迄今为止几乎所有的资本结构理论研究都是围绕它进行的。

MM 资本结构理论的基础观点可以简要地归纳为:在符合该理论的假设之下,公司的价值与其资本结构无关。公司的价值取决于其实际资产,而不是其各类债权和股权的市场价值。

MM 资本结构理论的假设主要包括 9 条,但是,在现实经济生活中,部分假设是不成立的,因此早期 MM 资本结构理论推导出的结论并不完全符合现实情况,只能作为资本结构理论研究的起点。此后,两位学者在早期 MM 资本结构理论的基础上不断放宽假设条件,继续研究。

(二)权衡理论

MM 资本结构理论只考虑了负债带来的减税利益,却忽视了负债带来的风险和额外费用。1963 年,莫迪利亚尼和米勒合作发表了另外一篇论文《公司所得税与资本成本:一项修订》。该文取消了原来 MM 理论公司所得税的假设,提出修正后的新 MM 理论,即税负利益—破产成本的权衡理论,该理论可以用图 4-5 描述。

图 4-5 中,V_L 为只有负债税额庇护而没有破产成本的企业价值(破产成本是指与破产成本有关的成本);V_U 为无负债时的企业价值;V_L' 为同时存在负债税额庇护、破产成本的企业价值;TB 为负债税额庇护利益的现值;FA 为破产成本;D_1 为破产成本变得重要时的负债

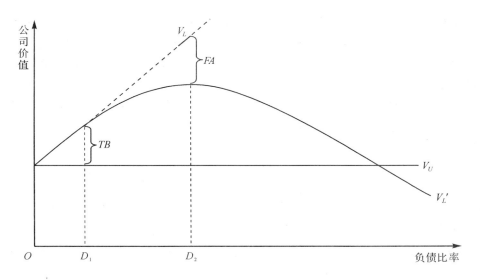

图 4-5　MM 资本结构理论

水平；D_2 为最佳资本结构。

图 4-5 说明：①负债可以为企业带来税额庇护利益。②最初的 MM 理论假设在现实中不存在，事实是各种负债成本随着负债比率的提高而上升，当负债比率达到某一程度时，息税前利润会下降，同时企业负担破产成本的概率会增加。③当负债比率未超过 D_1 点时，破产成本不明显；当负债比率达到 D_1 点时，破产成本开始变得重要，负债税额庇护利益开始被破产成本所抵消；当负债比率达到 D_2 点时，边际负债税额庇护利益恰好与边际破产成本相等，企业价值最大，达到最佳资本结构；负债比率超过 D_2 点后，破产成本大于负债税额庇护利益，导致企业价值下降。

权衡理论既考虑负债带来的减税利益，也考虑负债带来的各种成本，并对它们进行适当平衡来确定资金结构。权衡理论是对 MM 资本结构理论的发展，但是因其考虑了更多的现实因素，因此更符合实际情况。

权衡理论建立了财务拮据成本（也称为破产成本）和代理成本的概念。

财务拮据成本是指当企业没有足够的偿债能力，不能及时偿还到期债务时产生的额外费用和机会成本。它是由负债造成的，会降低企业的价值。研究企业财务拮据所造成的直接和间接费用成本问题，是继 MM 资本结构理论之后在企业资本结构理论中研究最多的一个问题，其代表人物有博克斯特、克劳斯、利兹伯格、斯科特、戈登和马尔基尔等。

代理成本是指由于企业所有者将企业交给经理人员代管而产生的额外费用和机会成本。它的存在会提高企业的债务成本，降低负债带来的利益。

三、新的资本结构理论

20 世纪七八十年代以后又出现了一些新的资本结构理论，主要有代理成本理论、信号传递理论和啄序理论等。

（一）代理成本理论

代理成本理论是经过研究代理成本与资本结构的关系而形成的。这种理论通过分析指出，公司债务的违约风险是财务杠杆系数的增函数；随着公司债务资本的增加，债权人的监督成本随之提升，债权人会要求更高的利率。这种代理成本最终要由股东来承担，公司资本结构中债务比率过高会导致股东价值的降低。根据代理成本理论，债务资本适度的资本结构会增加股东的价值。

上述资本结构的代理成本理论仅涉及债务的代理成本。除此之外，还有一些代理成本涉及公司的雇员、消费者和社会等，在资本结构的决策中也应该予以考虑。

(二)信号传递理论

信号传递理论认为，公司可以通过调整资本结构来传递有关获利能力和风险方面的信息，以及公司如何看待股票市价的信息。

按照资本结构的信号传递理论，公司价值被低估时会增加债务资本；反之，公司价值被高估时会增加股权资本。当然，公司的筹资选择并非完全如此。例如，公司有时可能并不希望通过筹资行为告知公众公司的价值被高估的信息，而是模仿被低估价值的公司去增加债务资本。

(三)啄序理论

资本结构的啄序理论认为，公司倾向于首先采用内部筹资，比如留存收益，因为这样不会传导任何可能对股价不利的信息；如果需要外部筹资，公司将先选择债务筹资，再选择其他外部股权筹资，这种筹资顺序的选择也不会传递对公司产生不利的信息。

按照啄序理论，不存在明显的目标资本结构，因为虽然留存和增发股票均属于股权筹资，但前者最先选择，后者最后选择。获利能力较强的公司之所以安排较低的债务资本比例，并不是由于已确立较低的目标债务比例，而是由于不需要外部筹资；获利能力较弱的公司选择债务筹资是由于没有足够的留存收益，而且外部筹资选择中债务资本为首选。

资本结构理论为企业筹资决策提供了有价值的参考，可以指导其决策行为。但是也应注意，由于筹资活动本身和外部环境的复杂性，目前仍难以准确地揭示出财务杠杆、每股收益、资本成本以及企业价值之间的关系，所以筹资决策在一定程度上还是要靠专业人员的经验和主观判断。

第四节 资本结构决策

一、资本结构概述

(一)资本结构的概念

资本结构是指企业各种资本的构成及其比例关系。资本结构是企业筹资决策的核心内容。企业应综合考虑有关影响因素，运用适当的方法确定最优资本结构，实现企业价值最大化目标。当企业现实资本结构不合理时，企业财务人员应通过筹资活动进行调整，使其趋向合理化。

在企业筹资管理活动中，资本结构有广义与狭义之分。广义的资本结构是指企业全部资本的构成及其比例关系。它不仅包括长期资本，还包括短期资本，主要是短期债权资本。

狭义的资本结构是指企业各种长期资本的构成及其比例关系,尤其是指长期的股权资本与债权资本的构成及其比例关系。

　　企业的资本结构是由企业采用的各种筹资方式筹集资本而形成的,各种筹资方式的不同组合类型决定着企业资本结构及其变化。企业筹资方式虽然很多,但总体来看可分为负债资本与权益资本两类,因此,资本结构问题总的来说就是负债资本的比例问题,即负债在企业全部资本中所占的比重。

　　(二)资本结构中负债资本的影响

　　在企业资本结构中,合理地利用负债资本,科学地安排债务筹资对企业有着重要的影响。

　　1.负债筹资在一定程度上有利于降低企业综合资本成本

　　企业利用负债资本要定期支付利息并按时还本,所以债权人承担的风险比股东要小。企业利用负债筹资所支付的利息率可以略低于支付给股东的股息率。另外,负债利息从税前利润中扣除,可以减少交纳所得税的数额。以上因素使得负债资本成本明显低于权益资本成本。因此,在一定限度内增加负债,就可降低企业加权平均资本成本;而减少负债,则会使加权平均资本成本上升。

　　2.负债筹资具有财务杠杆作用

　　不论企业利润多少,负债的利息通常都是固定不变的。息税前利润增大时,每一元收益所负担的固定利息就会相对减少,这样能给每一股普通股带来更多的收益。这就是本章第二节中提到的财务杠杆效应。因此,在公司息税前利润较多时,适当地利用负债资本,发挥财务杠杆的作用,可增加每股收益,从而使企业股票价格上涨。

　　3.负债资本会加大企业的财务风险

　　财务风险是指由于财务杠杆的使用,增加了破产的机会或普通股每股收益大幅度变动的机会所带来的风险。企业为取得财务杠杆利益而增加负债,必然增加利息等固定费用的负担。另外,由于财务杠杆的作用,在息税前利润下降时,普通股的每股收益会下降得更快。这些风险都是利用负债资本带来的。

　　(三)最优资本结构

　　从上述分析可知,利用负债资本具有双重作用,适当利用负债,可以降低企业资本成本,但当企业负债比率太高时,会带来较大的财务风险。为此,企业必须权衡财务风险和资本成本的关系,确定最优资本结构。所谓最优资本结构是指在一定条件下使企业加权平均资本成本最低,同时使企业价值最大的资本结构。从理论上讲,最优资本结构是存在的,但是由于企业内部条件和外部环境经常发生变化,寻求最优资本结构是十分困难的。下面我们要探讨的是确定资本结构的方法,它可以有效地帮助财务管理人员确定合理的资本结构。但是,这些方法并不能被当作绝对的判断标准,在应用这些方法时,还应该结合其他因素,以便使资本成本结构趋于最优。

　　二、资本结构的决策方法

　　根据现代资本结构理论分析,企业综合资本成本最低时的资本结构与企业价值最大时的资本结构是一致的。

资本结构的决策方法包括：每股收益分析法、公司价值确定法、比较资本成本法和因素分析法。

（一）每股收益分析法

判断资本结构合理与否，其一般方法是用每股收益的变化来衡量。能够提高每股收益的资本结构是合理的；相反则不够合理。由此前的分析已经知道，每股收益的高低不仅受资本结构的影响，还受到销售水平的影响。处理以上三者的关系，可以采用每股收益分析法来进行。

这种方法因为要确定每股收益无差别点，所以又称为每股收益无差别点法。所谓每股收益无差别点，指每股收益不受融资方式影响的销售水平。根据每股收益无差别点，就可以判断在什么销售水平下，适合采用何种筹资方式来安排资本结构和调整资本结构。

现举例说明如下：

【例 4-19】 华源公司原有资本 700 万元，其中债务资本 200 万元（每年负担利息 24 万元），普通股资本 500 万元（发行普通股 10 万元，每股面值 50 元）。由于扩大业务需要追加筹资 300 万元，其筹资方式有两种：

一是全部发行普通股，增发 6 万股，每股面值 50 元；

二是全部发行公司债券，债务利率仍为 12%，利息为 36 万元。

公司的变动成本率为 60%，固定成本为 180 万元，所得税税率为 33%。

每股收益分析法实际上是分析资本结构对普通股每股收益的影响。要确定合理的资本结构，就要知道销售水平为多少时发行普通股有利，销售水平为多少时发行公司债券有利。这就要测算每股收益无差别点处的销售水平。在每股收益无差别点上，无论采用负债筹资还是采用权益资本筹资，每股收益都是相等的。若以 EPS_1 代表负债融资，以 EPS_2 代表权益资本融资，则在每股收益无差别点上有下列等式关系：

$$EPS_1 = EPS_2$$

$$\frac{(S_1 - V - F_1 - I_1)(1-T) - D_1}{N_1} = \frac{(S_2 - V - F_2 - I_2)(1-T) - D_2}{N_2}$$

在每股收益无差别点上，$S_1 = S_2$，则有：

$$\frac{(S - V - F_1 - I_1)(1-T) - D_1}{N_1} = \frac{(S - V - F_2 - I_2)(1-T) - D_2}{N_2}$$

式中，S 为每股收益无差别点处的销售额；I_1、I_2 为两种筹资方式的年利息；D_1、D_2 为两种筹资方式的年优先股股利；N_1、N_2 为两种筹资方式发行在外普通股股数。

能使得上述条件公式成立的销售额（S）即为每股收益无差别点处的销售额。将上述资料中的有关数据代入公式得

$$\frac{(S - 0.6S - 180 - 24)(1 - 33\%)}{N_1} = \frac{(S - 0.6S - 180 - 24 - 36)(1 - 33\%)}{N_2}$$

$$S = 750（万元）$$

此时的每股收益为

$$\frac{(750 - 0.6 \times 750 - 180 - 24)(1 - 33\%)}{16} = 4.02$$

上述的每股收益无差别点分析可用图 4-6 描述。

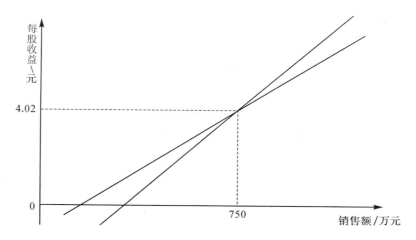

图 4-6 每股收益无差别点分析

从图 4-6 可以看出，每股收益无差别点的销售额 750 万元的意义在于：当销售收入大于 750 万元时，运用负债筹资可获得较高的每股收益；而当销售收入小于 750 万元时，运用权益资本可获得较高的每股收益；当销售收入等于 750 万元时，采用两种筹资方式无差别。

假设华源公司预计下一年度的销售收入为 1200 万元，则该公司采用发行公司债券的筹资方式有利于增加普通股每股收益。

以上每股收益无差别点的计算，建立在债务永久存在的假设前提下，没有考虑债务本金偿还问题。实际上，尽管企业可随时借入新债以偿还旧债，努力保持债务规模的延续，但也不能不安排债务本金的清偿。这是因为很多债务合同要求企业设置偿债基金，强制企业每年投入固定的金额。设置偿债基金后的每股收益称为每股自由收益（VEPS），是建立偿债基金的企业可自由支配的资金，既可用于支付红利，也可以用于进行其他新的投资。这种情况下的每股收益无差别点分析公式可改为

$$\frac{(S_1-V-F_1-I_1)(1-T)-D_1-SF_1}{N_1}=\frac{(S_2-V-F_2-I_2)(1-T)-D_2-SF_2}{N_2}$$

式中，SF_1、SF_2 分别为企业在两种筹资方案下提取的偿债基金金额。

应当指出的是，每股收益分析法虽然能作为衡量企业筹资方式和资本结构的重要指标，但这种方法的缺陷在于没有考虑风险因素。从根本上说，财务管理的目标在于追求公司价值最大化或股东财富最大化。然而只有在风险不变的情况下，每股收益的增长才会直接导致股价的上升，实际上经常是随着每股收益的增长，风险也加大。如果每股收益的增长不足以补偿风险增加所需的报酬，尽管每股收益增加，股票价格仍会下降。

（二）公司价值确定法

公司的最佳资本结构应该是使公司的总价值最高，而不是每股收益最大的资本结构。同时，在这样的资本结构下，公司的资本成本也是最低的。

公司的市场总价值 V 应该等于其股票总价值 S 加上债券的价值 B，即

$$V=S+B$$

为简化起见，假设债券的市场价值等于它的面值。假如净投资为 0，净利润全部作为股利发放，股票的市场价值则可能通过下式计算：

$$S=\frac{(\text{EBIT}-I)(1-T)}{K_s}$$

式中,EBIT 为息税前利润;I 为年利息额;T 为公司所得税税率;K_s 为权益资本成本。

采用资本资产定价模型计算股票的资本成本 K_s:

$$K_s=R_s=R_f+\beta(R_m-R_F)$$

式中,R_f 为无风险报酬率;β 为股票的贝塔系数;R_m 为平均风险股票必要报酬率。

而公司的资本成本,则应用加权平均资本成本(K_W)来表示。其公式为

$$K_W=K_b\left(\frac{B}{V}\right)(1-T)+K_s\left(\frac{S}{V}\right)$$

式中,K_b 为债务资本成本。

【例 4-20】 某股份有限公司年息税前利润为 500 万元,资本全部由普通股组成,股票账面价值为 2000 万元,所得税税率为 40%。该公司认为目前的资本结构不够合理,准备用发行债券购回部分股票的办法予以调整。经咨询调查,目前的债务利息率和权益资本成本情况如表 4-11 所示。

表 4-11　不同债务水平对公司债务资本成本和权益资本成本的影响

债券的市场价值 B/百万元	债务资本成本 K_b/%	股票 β 值/元	无风险报酬率 R_f/%	平均风险股票必要报酬率 R_m/%	权益资本成本 K_s/%
0		1.20	10	14	14.8
2	10	1.25	10	14	15.0
4	10	1.30	10	14	15.2
6	12	1.40	10	14	15.6
8	14	1.55	10	14	16.2
10	16	2.10	10	14	18.4

根据表 4-11,运用上述公式,可以计算出筹措不同金额的债务时的公司市场价值和加权平均资本成本,见表 4-12。

表 4-12　公司市场价值和资本成本

债券的市场价值 B/百万元	股票的市场价值 S/百万元	公司的市场价值 V/百万元	债务资本成本 K_b/%	权益资本成本 K_s/%	加权平均资本成本 K_W/%
0	20.27	20.27		14.8	14.80
2	19.20	21.20	10	15.0	14.15
4	18.16	22.16	10	15.2	13.54
6	16.46	22.46	12	15.6	13.36
8	14.37	22.37	14	16.2	13.41
10	11.09	21.09	16	18.4	14.23

从表 4-12 可以看出,在没有债务资本的情况下,公司的总价值是原有股票的市场价值。当公司用债务资本部分地替换权益资本时,一开始公司总价值上升,加权平均资本成本下降;当债务资本达到 600 万元时,公司总价值最高,加权平均资本成本最低;债务超过 600 万元后,公司总价值开始下降,加权平均资本成本上升。因此,债务资本为 600 万元时的资本结构是该公司的最佳资本结构。

（三）比较资本成本法

比较资本成本法是指在适度财务风险的条件下,测算可供选择的不同资本结构或筹资组合方案的加权平均资本成本,并以此为标准确定最佳资本结构的方法。

企业筹资决策分为创立初期的初始筹资和发展过程中的追加筹资两种情况。与此相适应,企业的资本结构决策可分为初始筹资的资本结构决策和追加筹资的资本结构决策。下面分别说明资本成本比较法在这两种情况下的运用。

1.初始筹资的资本结构决策

在企业筹资实务中,企业为了获得拟订的筹资金额,可以采用多种筹资方案组合来实现,而且每种组合都可以采用不同的构成比例,由此,会形成若干预选资本结构方案或筹资组合方案。在比较资本成本法下,可以通过加权平均资本成本的测算及比较来做出选择。

【例 4-21】　某股份有限公司在初创时需要资本总额为 5000 万元,有三个筹资组合方案可供选择,有关资料经测算如表 4-13 所示。

表 4-13　公司市场价值和资本成本

筹资方式	筹资方案Ⅰ		筹资方案Ⅱ		筹资方案ⅡⅢ	
	初始筹资额/万元	资本成本/%	初始筹资额/万元	资本成本/%	初始筹资额/万元	资本成本/%
长期借款	400	6	500	6.5	800	7
长期债券	1000	7	1500	8	1200	7.5
优先股	600	12	1000	12	500	12
普通股	3000	15	2000	15	2500	15
合计	5000		5000		5000	

假设Ⅰ、Ⅱ、Ⅲ三种筹资方案的财务风险相当,都是可以接受的,则最佳资本结构确定步骤如下:

第一步,测算各种筹资方案的筹资额占筹资总额的比重以及加权平均资本成本。

方案Ⅰ中各种筹资方式的筹资额比重如下:

长期借款: $\frac{400}{5000}=8\%$

长期债券: $\frac{1000}{5000}=20\%$

优先股: $\frac{600}{5000}=12\%$

普通股: $\frac{3000}{5000}=60\%$

方案Ⅰ的加权平均资本成本为

$$6\%\times8\%+7\%\times20\%+12\%\times12\%+15\%\times60\%=12.32\%$$

方案Ⅱ中各种筹资方式的筹资额比重如下:

长期借款: $\frac{500}{5000}=10\%$

长期债券: $\frac{1500}{5000}=30\%$

优先股：$\dfrac{1000}{5000}=20\%$

普通股：$\dfrac{2000}{5000}=40\%$

方案Ⅱ的加权平均资本成本为

$$6.5\%\times10\%+8\%\times30\%+12\%\times20\%+15\%\times40\%=11.45\%$$

方案Ⅲ中各种筹资方式的筹资额比重如下：

长期借款：$\dfrac{800}{5000}=16\%$

长期债券：$\dfrac{1200}{5000}=24\%$

优先股：$\dfrac{500}{5000}=10\%$

普通股：$\dfrac{2500}{5000}=50\%$

方案Ⅲ的加权平均资本成本为

$$7\%\times16\%+7.5\%\times24\%+12\%\times10\%+15\%\times50\%=11.62\%$$

第二步，比较各个筹资组合方案的加权平均资本成本并做出选择：筹资组合方案Ⅰ、Ⅱ、Ⅲ的加权平均资本成本分别为12.32%、11.45%和11.62%。经比较，方案Ⅱ的加权平均资本成本最低，在适度财务风险的条件下，应选择筹资组合方案Ⅱ作为最佳筹资组合方案，由此形成的资本结构可确定为最佳资本结构。

2.追加筹资的资本结构决策

企业在持续的生产经营过程中，由于经营业务或对外投资的需要，有时会追加筹措新资，即追加筹资。因为追加筹资以及筹资环境的变化，企业原定的最优资本结构未必仍是最优的，需要进行调整。因此，企业应在有关情况的不断变化中寻求最佳资本结构，实现资本结构的最优。

企业追加筹资也可能有多个筹资组合方案供选择。按照最优资本结构的要求，在适度风险的前提下，企业选择追加筹资组合方案可用两种方法：一种方法是直接测算各种备选追加筹资组合方案的边际资本成本，从中比较选择最佳资本组合方案；另一种方法是分别将各种备选方案与原有最佳资本结构汇总，测算比较各个备选方案下汇总资本结构的加权平均资本成本，从中选择最佳筹资方案。下面举例说明。

【例 4-22】　明德股份有限公司拟追加筹资 1000 万元，现有两个追加筹资方案可供选择。有关资料经测算整理后如表 4-14 所示。

表 4-14　公司追加筹资方案测算结果

筹资方式	筹资方案Ⅰ		筹资方案Ⅱ	
	追加筹资额/万元	资本成本/%	追加筹资额/万元	资本成本/%
长期借款	500	7	600	7.5
优先股	200	13	200	13
普通股	300	16	200	16

下面分别按上述两种方法测算追加筹资成本。

（1）备选追加筹资方案的边际资本成本比较法。

首先，测算备选追加筹资方案 I 的边际资本成本。

$$7\% \times 500/1000 + 13\% \times 200/1000 + 16\% \times 300/1000 = 10.9\%$$

然后，测算备选追加筹资方案 II 的边际资本成本。

$$7.5\% \times 600/1000 + 13\% \times 200/1000 + 16\% \times 200/1000 = 10.3\%$$

最后，比较两个追加筹资方案，方案 II 的边际资本成本为 10.3%，低于方案 I 的边际资本成本。因此，在适度财务风险的情况下，方案 II 优于方案 I，应选择追加筹资方案 II，从而，追加筹资方案 II 为最佳筹资方案，由此形成的新的资本结构为该公司的最优资本结构。若该公司原有资本总额为 5000 万元，资本结构是：长期借款 500 万元、长期债券 1500 万元、优先股 1000 万元、普通股 2000 万元。则追加筹资后的资本总额为 6000 万元，资本结构是：长期借款 1100 万元、长期债券 1500 万元、优先股 1200 万元、普通股 2200 万元。

（2）备选追加筹资方案和原有资本结构，形成备选追加筹资后的资本结构，如表 4-15 所示。

表 4-15　备选追加筹资方案和原有资本结构资料汇总

筹资方式	原资本结构/万元	资本成本/%	筹资方案 I		筹资方案 II	
			追加筹资额/万元	资本成本/%	追加筹资额/万元	资本成本/%
长期借款	500	6.5	500	7	600	7.5
长期债券	1500	8				
优先股	1000	13	200	13	200	13
普通股	2000	16	300	16	200	16
合计	5000		1000		1000	

然后，测算汇总资本结构下的综合资本成本。

追加筹资方案 I 与原有资本结构汇总后的加权平均资本成本为

$$\left(\frac{6.5\% \times 500}{6000} + \frac{7\% \times 500}{6000}\right) + \frac{8\% \times 1500}{6000} + \frac{13\% \times (1000 + 200)}{6000}$$
$$+ \frac{16\% \times (2000 + 300)}{6000} \approx 11.86\%$$

追加筹资方案 II 与原有资本结构汇总后的加权平均资本成本为

$$\left(\frac{6.5\% \times 500}{6000} + \frac{7.5\% \times 600}{6000}\right) + \frac{8\% \times 1500}{6000} + \frac{13\% \times (1000 + 200)}{6000}$$
$$+ \frac{16\% \times (2000 + 200)}{6000} \approx 11.76\%$$

在例 4-22 中，根据股票的同股同利原则，原有股票应按新发行股票的资本成本计算，即全部股票按新发行股票的资本成本计算其总的资本成本。

最后，比较两个追加筹资方案与原有资本结构汇总后的综合资本成本，方案 II 与原有资本结构汇总后的综合资本成本为 11.76%，低于方案 I 与原资本结构汇总后的综合资本成本。因此，在适度财务风险的前提下，追加筹资方案 II 优于方案 I，由此形成的新的资本结构为明德股份有限公司的最优资本结构。

利用比较资本成本法确定最优资本结构计算比较简单，但是以资本成本最低为决策标准,没有具体测算财务风险的大小,其决策目标实质上是利润最大化而不是公司价值最大化。一般这种方法只适用于资本规模较小、资本结构较为简单的非股份制企业。

（四）因素分析法

最优资本结构的确定是一项非常复杂的工作,在实际财务管理实践中,完全依靠定量分析实际上很难保证确定的资本结构是最优的,定性分析是十分必要的、确定最优资本结构的方法。定性分析要认真考虑影响资本结构的各种因素,并根据这些因素,结合上述资本结构决策的方法,科学、合理地进行资本结构决策。

一般来讲,影响企业资本结构的因素主要包括以下几种:

1.企业销售的增长情况以及盈利的稳定性

预计未来销售的增长率,决定财务杠杆在多大程度上扩大每股盈余,如果销售以 8%～10%或更高的速度增长,使用具有固定财务费用的债务筹资,就会扩大普通股的每股收益,这一点已经在实践中得到证实。

除了销售的增长外,盈利的稳定性对资本结构也有着非常重要的影响。如果企业的盈利状况比较稳定,则可以较多地负担固定的财务费用;如果销售与盈利有非常明显的周期性与波动性,则负担固定的财务费用将会冒较大的财务风险。

2.企业所有者和管理人员的态度

企业的所有者和管理人员的态度对资本结构也有重大影响,因为企业资本结构的决策最终是由他们做出的。

一个企业的股票如果被众多投资者持有,谁也没有绝对的控制权,这个企业可能会更多地采用发行股票的方式来筹集资本,因为企业的所有者并不担心控制权的分散。反之,有的企业被少数股东所控制,股东们很重视控制权问题,企业为了保证少数股东的绝对控制权,一般会尽量避免普通股筹资,而是采用优先股或负债方式筹集资本。

管理人员对待风险的态度也是影响资本结构的重要因素。喜欢冒险的财务管理人员,可能会安排较高的负债比例;反之,一些持稳健态度的管理人员,则会安排较少的债务。

3.贷款人和信用评级机构的影响

每位公司的财务经理对如何运用财务杠杆都有自己的分析,但是贷款人和信用评级机构的态度实际上往往成为决定资本结构的关键因素。

一般而言,公司财务管理人员会与贷款人和信用评级机构商讨其资本结构,并充分听取他们的意见。大部分贷款人都不希望公司的负债比例太大,如果公司坚持安排过多的债务,则贷款人可能拒绝贷款。同样,如果企业债务太多,信用评级机构可能会降低企业的信用等级,这样会影响企业的筹资能力,提高企业的资本成本。

4.资本结构的行业差别

不同行业,资本结构有很大差别。在资本结构决策中,财务经理必须考虑本企业所处行业的特点以及该行业资本结构的一般水准,并以此作为确定本企业资本结构的参照,分析本企业与同行业其他企业相比的特点和差别,以便更有效地决定本企业的资本结构。

5.企业规模

一般而言,企业规模越大,筹资资本的方式也越多,如通过证券市场发行股票、吸收国家和法人单位投资等,因此,负债比率一般较低。而一些中小型企业筹资方式比较单一,主要靠银行借款来解决资本需求,因此,负债比率一般较高。

6.资产结构

资产结构会以多种方式影响企业的资本结构:①拥有大量固定资产的企业主要通过长期负债和发行股票来筹集资本。②拥有较多流动资产的企业,则更多依赖流动负债来筹集资本。③资产适用于抵押贷款的公司举债额较多,如房地产公司的抵押贷款就相当多;高新技术企业以技术研究开发为主,负债就相对较少。

7.企业财务状况

获利能力越强、财务状况越好、变现能力越强的公司,就越有能力负担财务上的风险。因而,随着企业变现能力、财务状况和盈利能力的改善,举债融资就越具有吸引力。当然,有些企业因为财务状况不好,无法顺利发行股票,只好以高利率发行债券来筹集资本。衡量企业财务状况的指标主要有流动比率、利息周转倍数、固定资产周转率、投资报酬率、每股收益等。

8.税收政策的影响

按照税收政策的规定,企业债务的利息可以抵税,而股票的股利不能抵税。一般而言,企业所得税税率越高,借款举债的好处就越大。由此可见,税收政策能够对企业债权资本的安排产生一种刺激作用。

9.利率水平的变动趋势

利率水平的变动趋势也会影响企业的资本结构,如果公司财务管理人员认为利息率暂时较低,但不久的将来有可能上升,便会大量发行长期债券,从而在若干年内把利率固定在较低的水平上。

以上因素都可能影响企业的资本结构,财务管理人员应在认真分析以上因素的基础上,根据经验来确定企业的资本结构。

【案例】

厦华电子的高负债率及其资本结构的优化策略

2005—2007 年,以生产"厦华"牌(英文为"Prima")电视机为主营业务的厦门华侨电子股份有限公司(简称"厦华电子",600870.SH)的资产负债率呈逐年递增的趋势:2005 年为 77.73%,2006 年为 91.51%,截至 2007 年 9 月为 96.63%。

厦华电子较高的资产负债率主要受累于其业绩的下滑。厦华电子方面认为,平板电视竞争加剧,加上原材料价格的上涨,导致公司毛利率下降,由此导致公司财务负担沉重。2007 年第三季度公告显示:该季度公司净利润为 -3941 万元,同比下降 -519.58%;营业利润则同比下滑 -510.60%,现金流下滑 -594.23%。

大量负债使公司承担了巨额筹资成本,截至 2007 年第三季度,厦华电子的财务费用为 7686.55 万元,2007 年约在 1 亿元上下。此前 3 年厦华电子的财务费用分别为:2006 年 9438.40 万元、2005 年 9183.33 万元和 2004 年 6466.57 万元。

2008 年 2 月 28 日,厦华电子发布公告,称董事会通过决议,非公开发行股票(又称"定向增发"),募集不超过 7 亿元人民币,数量区间为 3000 万股到 12000 万股,其中 6 亿元用于归还银行贷款,1 亿元用于补充流动资金。公司称,目前平板电视需求已经进入快速增长期,公司有机会凭借长期的技术积累、产能的扩张、管理效率的提升以及丰富的海外销售经验在平板电视领域领先一步,但过高的负债率给公司的进一步发展造成了极大的负担。因此,公司迫切需要降低资产负债率,使公司资本结构得到优化,减少财务费用,从而改善公司业绩,并促进公司在生产经营方面的快速发展。此举将帮助厦华电子改善财务数据,预计增发完成后,厦华电子的资产负债率将从 2007 年第三季度的 96.63% 降至 76% 左右,年减少财务费用约 4500 万元。通过本次非公开发行,将能增强公司的抗风险能力,进一步提高生产经营能力。

【思考题】

1. 厦华电子是如何调整资本结构的?

2. 这样的调整为厦华电子带来了什么影响?

【本章思考题】

1. 何为资本成本? 资本成本包括什么?

2. 决定资本成本的高低的因素有哪些?

3. 何为边际资本成本? 计算边际资金成本有何作用?

4. 经营风险与经营杠杆之间的关系如何? 是不是在任何情况下,企业的经营杠杆系数越大,经营风险都越大?

5. 经营风险的高低是不是主要受固定成本占总成本比重大小的影响?

6. 影响财务杠杆的因素有哪些? 不同的资本结构对财务杠杆系数有何影响?

7. 影响企业资本结构的因素主要包括哪些?

本章自测

第五章　项目投资管理

　　项目投资活动是企业生产经营活动的起点,它和生产经营活动互为条件,相互促进。企业的生产与发展决定并制约着企业的项目投资,而项目投资则促进和影响生产经营。因此,为加强投资管理,提高效率,需对其有一个全面的认识。本章介绍企业项目投资概况,阐述怎样运用贴现现金流量指标和非贴现现金流量指标进行项目投资决策,以及在风险条件下如何进行项目投资决策。

第一节　项目投资管理概述

一、项目投资概述

（一）项目的特征

　　"项目"现已成为人们越来越频繁使用的词。项目种类繁多,涉及社会生活的各个领域。项目指在特定条件下,具有特定目标的一次性工作任务。一般说来,项目具有以下基本特征。

　　1.一次性、独特性

　　这是项目与其他重复性操作工作最大的区别。项目有明确的起点和终点,通常都没有可以完全照搬的先例,将来也不可能重复,这使得项目具有一次性的特征。正是基于这一特征,大多数项目具有某种创业和创新的性质。有些项目即使所提供的产品和服务是类似的,但它们在时间和地点、内部环境和外部环境、自然和社会条件等方面都会存在差别,因而项目的过程总是具有它自身的独特性。

　　2.目标的确定性

　　项目必须有明确的目标,即必须明确实施项目预期要达到什么样的结果,其不仅指时间目标,也包括成果性目标、约束性目标,以及其他需要满足的条件。当然,目标也允许修改,一旦项目目标发生实质性改变,它就不再是原来的项目,修改后的目标也就成了新项目的目标。

　　3.项目实施的高风险性

　　项目必须确保成功,这主要是因为在项目特定的条件下资源是有限的,一旦项目失败,就可能永远失去重新实施项目的机会;即使可以卷土重来,也可能因时过境迁,再也没有可能实现预期的项目目标了。这些都决定了项目的实施具有较大的不确定性,存在各种潜在的风险。

（二）项目投资的特点

实施任何项目都需要个人或组织投入资金及其他资源。没有不需要投资的项目,而资金要实现增值也必须落实到具体项目的实施上,从这个意义上讲,项目与投资之间存在密切的关系,所有项目都可以归结为投资项目。

个人或组织为了实现预期的目标,通过投入人力、物力、财力和信息等资源,实施某一项目的活动就称为项目投资。为确保预期的项目目标得以实现,就必须对项目投资的全过程进行管理。

由于项目投资的单位价值较大,使用期限较长,又是决定公司生产能力和技术水平的投资,因此项目投资有以下一些特征。

1. 资金量大

资本投资涉及固定资产、新产品投产和研究开发等项目,投入的资金量一般很大。如果企业在固定资产方面的投资太大,造成投资过剩,就会产生两个后果。其一,设备陈旧,失去竞争能力;其二,生产量不足,失去一部分市场份额。

2. 建设周期长,回收速度慢

固定资产投资从资金投入到取得投资成果往往需要几年,甚至更长一段时间。投资结果的实现需要一段时间,一旦项目开始实施,一般情况下不可能中途撤销。如果决策失误,将使企业蒙受巨大的损失,不但造成投入资金的浪费,更重要的是影响了企业战略目标的实现。

3. 风险大

项目投资时间长,投资额大,在进行投资决策时,需要考虑的因素比较多,需要对各种影响因素进行预测,包括市场情况、销售、成本、价格、竞争对手和政治经济环境等。由于未来是不确定的,预测值和实际值不能避免发生偏差。因此,在项目投资时必须充分考虑这些不确定因素。

4. 时效性差

项目投资决策的投资支出与其产生的报酬发生在不同的时期。投资时往往需要一次性投入大量资金,而产生的收益却在一段比较长的时期分期获得,因此必须考虑货币的时间价值。同时,在进行资本预算决策时,必须详细规划投入资金的筹集,这笔资金往往需要多年的预先准备。

二、项目投资的分类

项目投资是直接投资中最重要的一种。这种投资的结果是形成了企业的经营性资产,它是企业维持简单再生产和扩大再生产的基础。对于不同的企业而言,项目投资的内容是多种多样的,但概括地说,企业进行的项目投资可以按照下列不同的标准进行分类。

（一）固定资产投资、无形资产投资和长期资产投资

项目投资按其投资对象不同可分为固定资产投资、无形资产投资和长期资产投资。固定资产投资是指对企业固定资产,特别是生产经营用固定资产的投资,如对房屋及建筑物、

机器设备、运输设备、工具器皿等的投资都属于固定资产投资;无形资产投资是指对企业长期使用但没有实物形态的资产的投资,如对著作权、专利权、商标权、土地使用权、商誉和非专利技术的投资等均属于无形资产投资;长期资产投资是指对长期资产的投资,如开办费、投产前职工培训费等费用支出等。

(二)维持性投资和扩大生产能力投资

项目投资按其与企业未来经营活动的关系可分为维持性投资和扩大生产能力投资。维持性投资是指为维持企业正常经营,保持现有能力而进行的投资,如固定资产的更新投资等;扩大生产能力投资是指企业为扩大生产规模、增加生产能力或改变企业经营方向、对企业今后的经营与发展有重大影响的各种投资。

(三)战术性投资和战略性投资

项目投资按其对企业前途的影响可分为战术性投资和战略性投资。战术性投资是指不牵涉整个企业前途的投资,如为提高劳动生产率而进行的投资、为改善工作环境而进行的投资等;战略性投资是指对企业全局有重大影响的投资,例如,企业转产投资、增加新产品投资等。战略性投资一般所需资金多,回收时间长,风险大。

(四)相关性投资和非相关性投资

项目投资按其相互关系可分为相关性投资和非相关性投资。如果采纳或放弃某一投资项目并不显著地影响另一投资项目,则可以说这两个投资项目在经济上是不相关的,对两者的投资互为非相关性投资,如一个设备制造公司在专用机床上的投资和它在某些办公设施上的投资,就是两个非相关性投资。如果采纳或放弃某个投资项目,可以显著地影响另外一个投资项目,则可以说这两个项目在经济上是相关的,对两者的投资互为相关性投资,如对油田和输油管道的投资便属于相关性投资。

(五)采纳与否投资和互斥选择投资

项目投资按其决策角度可分为采纳与否投资和互斥选择投资。采纳与否投资是指决定投资于某一项目可行性与否,如是否要购入办公电脑、是否要引进一条生产线、是否要建一栋厂房等都属于采纳与否投资;在两个或两个以上的项目中,只能选择其中之一的投资,叫互斥选择投资。

三、项目投资财务可行性评估的基本程序

(一)项目投资进行财务可行性评估的步骤

(1)提出拟实现投资目标的各个备选项目投资方案。

(2)计算出各方案投资有效期内各年的现金流量。

(3)估计预期现金流量的风险。

(4)确定资本成本的一般水平或必要报酬率。

(5)计算备选方案的评价指标。

(6)将评价指标与可接受标准进行比较,进行方案取舍。

(二)财务可行性评估的注意点

(1)一个投资项目在财务上可行,并不意味着这个方案一定能被采纳。因为决定投资于

一个项目,除了考虑该项目的财务可行性外,还需要综合考虑其他各方面的评估结果,这一点在学习时务必清楚。

(2)在投资项目的财务评价中,现代财务管理是以现金流量作为基础指标进行研究的,因而准确地估算投资项目的预期现金流量便成为投资评价的重要环节,必须采用科学方法,全面、合理地估算投资项目的现金流量。

第二节　现金流量及其估算

一、现金流量的概念及其重要性

(一)现金流量的概念

投资项目的现金流量指的是在投资活动过程中,由于引进一个项目而引起的现金流出或现金流入数量的统称。投资决策分析中所说的"现金"是一个广义的概念,它不仅包括货币资金,同时也包含了与项目有关的非货币资源的变现价值。比如在投资某项目时,使用了企业原有的固定资产,这时的"现金流出"就包含了该固定资产的变现价值或其重置成本,而事实上使用原有固定资产并没有发生货币支付。

(二)现金流量在评价投资方案中的重要性

投资项目现金流量是企业进行投资项目决策评价的重要信息和主要依据之一。企业之所以以现金流量作为投资项目评价的重要价值信息,而将投资项目的利润信息放在次要位置,主要是基于以下考虑。

(1)现金流量的增加是企业生存、发展的基础。一个企业要生存,必须要有足够的现金。因为企业生存的直接威胁是破产,破产的直接动因是不能清偿到期债务。企业要避免清算,就必须具有一定的偿债能力,而一定的偿债能力是以足够的现金流量作为保证的。另外,现金净增量是企业实现规模扩张的重要资金来源。企业债权人、投资者最关心的是企业经过一段时间的经营,是否有足够的现金来支付利息和股利,是否有足够的现金清偿到期债务以及扩大生产经营规模。而且,经营活动中现金净流量的增加表明企业具有良好的盈利质量,可以增强债权人和投资者对企业投资的信心,为企业规模扩张提供良好的资金保证。

(2)使用现金流量评价投资项目,能使决策更符合客观实际情况。在项目投资决策中,应用现金流量能科学、客观地评价投资方案的优劣,因为将现金流量指标代替利润指标作为反映投资项目经济效益的信息,可以避免计算利润时采用权责发生制带来的主观随意性问题。现金流量比利润具有刚性,它一般不会随着会计处理方法的变化而变化,即现金流量很难造假。企业日常的经济交易和会计事项有许多是与现金流量无关的,如采用不同的方法计提固定资产折旧、计提资产减值准备、采用不同的存货计价方法等,它们一般不会影响企业的现金流量净额,但通常会影响企业在某一时期的利润。从这一点说,利润不仅与企业的经营活动有关,在很大程度上它是会计处理的结果;而现金流量净额则是企业经营活动的沉淀,它与会计处理方法一般没有什么必然的联系。

(3)现金流量有利于科学地应用货币时间价值。由于投资项目的时间较长,所以资金时间价值的作用和影响不容忽视。现金流量信息反映了每笔预期收支款项的具体时间,因而与项目计算期的各个时点密切结合,有助于在计算投资项目决策评价指标时,应用货币时间价值进行动态投资效果的综合评价。

(4)在投资分析中,现金流转状况比盈亏状况更重要。有利润的年份不一定能产生多余的现金用来进行其他项目的再投资。一个项目能否持续下去,并不取决于其一定期间是否盈利,而取决于有没有足够的现金用于各种支付。现金一旦支出,不管是否消耗,都不能用于别的目的,只有将现金收回后,才能用于再投资,因此,在投资决策中更要重视现金流量的分析。

二、现金流量的内容及其计算

(一)现金流量的内容

投资项目的现金流量通常包括初始现金流量、营业现金流量和终结现金流量三个部分。

(1)初始现金流量。初始现金流量是指开始投资时发生的现金流量,一般包括以下四个部分。

①固定资产投资支出。固定资产作为企业的一种劳动资料,它所需的投资往往是投资项目最重要的一项现金流出。固定资产投资包括建筑工程费、设备购置费、安装工程费、工程建设其他费用等。

②垫支流动资金支出。长期投资项目除了会在筹建阶段发生大量的固定资产投资支出外,通常还需要在投产后将一部分资金垫支在现金应收账款和存货等流动资产上。这些资金一经投入,便在整个投资期限里围绕着企业的生产经营活动进行周而复始的循环与周转,直至项目终结时才能退出收回,并转作他用。

③其他投资费用。其指与长期投资项目有关的职工培训费、谈判费、注册费等。

④原有固定资产的变价收入。这主要是指固定资产更新时因原有固定资产的变卖所得的现金收入。

(2)营业现金流量。营业现金流量是指投资项目投入使用后,在其寿命周期内生产经营所带来的现金流入和流出的数量。营业现金净流量是指一定期间现金流入量和现金流出量的差额。这里所说的"一定期间",有时是指一年内,有时是指投资项目持续的整个年限内。流入量大于流出量时,净流量为正值;反之,净流量为负值。

营业现金净流量的计算一般有三种方法。

①根据营业现金净流量的定义计算。考虑企业的所得税因素以后,根据营业现金净流量的定义,所得税是一种现金支付,应当作为每年营业现金净流量的一个减项。

$$营业现金净流量 = 营业收入 - 付现成本 - 所得税 \tag{1}$$

②根据年末营业成果来计算。企业每年现金流量增加主要来自两个方面:一是当年增加的净利;二是计提的折旧,以现金形式从销售收入中扣回,留在企业里。这里的折旧是指广义的折旧,包括各种长期资产的摊销和减值准备提取。

$$营业现金净流量 = 税后净利 + 折旧 \tag{2}$$

式(2)与式(1)是一致的,因为付现成本是指每年支付现金的成本,成本中不需要每年支付现金的部分称为非付现成本,其中主要是折旧。于是付现成本可以用营业成本减折旧来估计。我们对式(1)进行直接推导,便可得到式(2)。

$$营业现金净流量=营业收入-付现成本-所得税$$
$$=营业收入-(营业成本-折旧)-所得税$$
$$=营业利润+折旧-所得税=税后净利+折旧$$

③根据所得税对收入、付现成本和折旧的影响计算。

$$营业现金净流量=税后收入-税后成本+折旧抵税 \qquad (3)$$

这个公式可以根据式(2)直接推导出来:

$$营业现金净流量=税后净利+折旧$$
$$=(营业收入-营业成本)\times(1-所得税税率)+折旧$$
$$=(营业收入-付现成本-折旧)\times(1-所得税税率)+折旧$$
$$=营业收入\times(1-所得税税率)-付现成本$$
$$\times(1-所得税税率)-折旧\times(1-所得税税率)+折旧$$
$$=营业收入\times(1-所得税税率)-付现成本$$
$$\times(1-所得税税率)+折旧\times所得税税率$$
$$=税后收入-税后成本+折旧抵税$$

上述三个公式,最常用的是式(3),因为企业的所得税是根据企业总利润计算的。当投资项目决策方案无法测算出利润即无法利用前两个公式时,可以使用式(3)估计现金流量,以做出正确的决策,在设备更新决策中更是如此。

(3)终结现金流量。终结现金流量是指投资项目完结时发生的现金流量,主要包括以下内容。

①固定资产报废时的残值收入或变价收入。即投资项目终了所收回的固定资产清理净值,通常是一次性收入。

②原有垫支在各种流动资产上的资金的收回。特定投资项目终了,垫支在流动资产上的流动资金便可收回移作他用,因而构成企业在当年的一项重要的现金流入。

③停止使用的土地的变价收入。

(二)现金流量的计算

为了正确评价投资项目的优劣,必须正确地计算现金流量。

【例 5-1】 某公司准备购入一设备以扩充生产能力,现有甲、乙两个方案可供选择。甲方案需投资 10000 元,使用寿命为 5 年,采用直线法计提折旧,5 年后设备无残值。5 年中每年销售收入为 6000 元,每年的付现成本为 2000 元。乙方案需投资 12000 元,另外在第 1 年垫付营运资金 3000 元,采用直线法计提折旧,使用寿命也为 5 年,5 年后有残值收入 2000元。5 年中每年的销售收入为 8000 元,付现成本第 1 年为 3000 元,以后随着设备的陈旧,逐年将增加修理费 400 元。假设所得税税率为 40%,试计算两个方案的现金流量。

解 为计算现金流量,先计算两个方案每年的折旧额:

$$甲方案每年的折旧额=10000/5=2000(元)$$
$$乙方案每年的折旧额=(12000-2000)/5=2000(元)$$

下面先用表 5-1 计算两个方案的营业现金流量,然后,再结合初始现金流量和终结现金流量编制两个方案的全部现金流量表,如表 5-2 所示。

在表 5-1 和表 5-2 中,$t=0$ 代表第 1 年年初,$t=1$ 代表第 1 年年末,$t=2$ 代表第 2 年年末……在现金流量的计算中,为了简化计算,一般都假定各年投资在年初一次进行,把各年营业现金流量看作各年年末一次发生,把终结现金流量看作最后一年年末发生。

表 5-1 投资项目的营业现金流量计算 单位:元

t	1	2	3	4	5
甲方案:					
销售收入(1)	6000	6000	6000	6000	6000
付现成本(2)	2000	2000	2000	2000	2000
折旧(3)	2000	2000	2000	2000	2000
税前净利(4)=(1)-(2)-(3)	2000	2000	2000	2000	2000
所得税(5)=(4)×40%	800	800	800	800	800
税后净利(6)=(4)-(5)	1200	1200	1200	1200	1200
营业现金流量(7)=(1)-(2)-(5)=(3)+(6)	3200	3200	3200	3200	3200
乙方案:					
销售收入(1)	8000	8000	8000	8000	8000
付现成本(2)	3000	3400	3800	4200	4600
折旧(3)	2000	2000	2000	2000	2000
税前净利(4)=(1)-(2)-(3)	3000	2600	2200	1800	1400
所得税(5)=(4)×40%	1200	1040	880	720	560
税后净利(6)=(4)-(5)	1800	1560	1320	1080	840
营业现金流量(7)=(1)-(2)-(5)=(3)+(6)	3800	3560	3320	3080	2840

表 5-2 投资项目的现金流量计算 单位:元

t	0	1	2	3	4	5
甲方案:						
固定资产投资	-10000					
营业现金流量		3200	3200	3200	3200	3200
现金流量合计		3200	3200	3200	3200	3200
乙方案:						
固定资产投资	-12000					
营运资金垫支	-3000					
营业现金流量		3800	3560	3320	3080	2840
固定资产残值						2000
营运资金回收						3000
现金流量合计	-15000	3800	3560	3320	3080	7840

【例 5-2】 某公司经过初步测算分析,拟在总装车间增设一条新工艺生产线,其投资额定为 125 万元,其中固定资产投资 100 万元,开办费投资 5 万元,流动资金投资 20 万元。建设期为 1 年,建设期与购建固定资产有关的资本化利息为 10 万元。固定资产投资和开办费投资于建设起点投入,流动资金投资于完工时投入。该生产线计划使用 5 年,固定资产按直

线法提折旧,期满有 10 万元净残值;开办费于投产当年一次摊销完毕。预计投产后第 1 年获营业利润 8 万元,以后连续每年递增 50%,最后 2 年每年获利 80 万元,所得税税率为 33%,流动资金投资于终结点一次收回。要求计算该投资项目的各年现金流量。

首先,计算该项目的年折旧额。

$$年折旧额＝(100＋10－10)/5＝20(万元)$$

注意:固定资产原值＝固定资产投资＋建设期资本化利息。

其次,计算营业现金流量,如表 5-3 所示。

表 5-3　营业现金流量计算　　　　　　　　　　单位:万元

项目	第 2 年	第 3 年	第 4 年	第 5 年	第 6 年
营业利润	8	12	18	80	80
减:所得税	2.64	3.96	5.94	26.4	26.4
税后利润	5.36	8.04	12.06	53.6	53.6
加:折旧	20	20	20	20	20
开办费摊销	5				
营业现金流量	30.36	28.04	32.06	73.6	73.6

注意:这里营业利润也就是税前利润。因为有建设期 1 年,所以营业期是从第 2 年到第 6 年。

最后,计算该项目的全部现金流量,如表 5-4 所示。

表 5-4　现金流量计算　　　　　　　　　　单位:万元

项目	第 0 年	第 1 年	第 2 年	第 3 年	第 4 年	第 5 年	第 6 年
固定资产投资	－100						
开办费投资	－5						
流动资金投资		－20					
营业现金流量			30.36	28.04	32.06	73.6	73.6
固定资产净残值							10
流动资金回收							20
现金流量合计	－105	－20	30.36	28.04	32.06	73.6	103.6

在例 5-2 中,资本化利息计入固定资产原值,但没有作为现金流量对待,这是因为本书为简化现金流量的计算过程,特做全投资假设,即假定在确定项目的现金流量时,只考虑全部投资的运动情况,而不具体区分自有资金和借入资金等具体形式的现金流量。即使实际存在借入资金,也将其作为自有资金对待。

三、估计投资项目现金流量应注意的几个问题

估计投资项目相关现金流量的基本准则是:只有增量现金流量才是与项目相关的现金

流量。所谓增量现金流量是指接受或拒绝某个方案后，企业总现金流量因此而发生的变动。为了正确估计投资项目的现金流量，还应注意以下几点。

（1）要区分相关成本与非相关成本。相关成本是指与特定决策有关的，在分析时必须加以考虑的成本，例如差额成本、未来成本、重置成本和机会成本等都属于相关成本。而与特定决策无关的，在分析时不必加以考虑的成本是非相关成本，例如沉没成本、过去成本和账面成本等往往是非相关成本。

例如，中原公司在 2010 年曾经打算新建一座厂房，并请一家会计师事务所做过可行性分析，支付咨询费 4 万元。后来由于本公司有了更好的投资机会，该项目被搁置下来，但这笔咨询费作为费用已经入账了。2013 年旧事重提，在重新进行项目投资分析时，这笔咨询费是否仍是相关成本呢？答案应当是否定的。该笔支出已经发生，不管本公司是否采纳新建厂房的方案，它都已无法收回，与公司未来的总现金流量无关。

如果将非相关成本纳入投资方案的总成本，则一个有利的方案可能因此变得不利，一个较好的方案可能变为较差的方案，从而造成决策错误。

（2）不要忽视机会成本。在投资方案的选择中，如果选择了一个投资方案，则必须放弃投资于其他途径的机会。其他投资机会可能取得的收益是实行本方案的一种代价，被称为本方案的机会成本。

例如，上述中原公司新建厂房的投资方案，需要使用公司拥有的一块土地。在进行投资分析时，虽然公司不必动用资金去购置土地，但此土地的成本却不能不考虑在内，因为该公司若不利用这块土地兴建厂房，则可将这块土地移作他用，并取得一定的收入。公司由于要在这块土地上兴建厂房，才放弃了这笔收入，这笔收入即成为兴建厂房方案的机会成本。但值得注意的是，不管该公司当初是以什么价格购进这块土地的，都应以现行市价作为机会成本。

机会成本不是我们通常意义上的"成本"，它不是一种支出或费用，而是失去的收益。这种收益不是实际发生的而是潜在的，它总是针对具体方案而言的。机会成本在决策中的意义在于它有助于决策者全面考虑可能采取的各种方案，以便为既定资源寻求最为有利的使用途径。

（3）要考虑投资方案对公司其他部门的影响。当我们采纳一个新的项目后，该项目可能对公司的其他部门造成有利或不利的影响。

例如，1991 年美国通用食品公司推出了 Dino Pebbles 软糖新品种，其目的是抢占 Kellogg 公司的果汁软糖市场，但不可避免地也抢占了本公司的相同类型的 Gruity Pebbles 软糖的市场。所以在计算 Dino Pebbles 软糖项目的现金流量时，应扣除其使 Gruity Pebbles 软糖现金流量减少的量。当然，也可能发生相反的情况，即新产品上市后促进了其他部门的销售增长，这要看新项目和原有部门是竞争关系还是互补关系。

事实上，诸如此类的交互影响很难被准确计量，但决策者在进行投资分析时仍要将其考虑在内。

（4）要重视投资方案对净营运资金的影响。在一般情况下，当公司开办一项新业务并使销售额扩大后，对于存货和应收账款等流动资产的需求也会增加，公司必须筹措新的资金以满足这种额外需求；另一方面，公司扩充的结果是，应付账款与一些应付费用等流动负债也会同时增加，从而降低公司流动资金的实际需要。所谓净营运资金的需要，是指增加的流动资产与增加的流动负债之间的差额。

　　当投资方案的寿命周期快要结束时,公司将与项目有关的存货出售,应收账款变为现金,应付账款和应付费用也随之偿付,净营运资金恢复到原有水平。通常,在进行投资分析时,要假定开始投资时筹措的净营运资金在项目结束时能收回。

　　估计投资方案所需的资本支出以及该方案每年能产生的现金净流量,会涉及很多变量,并且需要企业有关部门的参与:销售部门负责预测售价和销量等;产品开发和技术部门负责估计投资方案的资本支出等;生产和成本管理部门负责估计制造成本等。而财务人员的主要任务是:为销售、生产等部门预测建立共同的基本假设条件,如物价水平、贴现率、可供资源的限制条件等;协调参与预测工作的各部门人员,使之能相互衔接与配合;防止预测者因个人偏好或部门利益而高估或低估收入和成本。

第三节　项目投资决策指标及其应用

　　在项目投资决策中,估算项目的现金流量固然是最重要的工作,但是现金流量的多少,并不能告诉管理者该项目是否可行。因此,企业还需要采用一定的项目投资评价方法,对项目进行认真的分析和评价,从而使管理者做出决策。项目投资评价有许多种方法,在不考虑风险时,根据方法是否考虑货币时间价值因素,将其区分为两类:一类是贴现现金流量法,即计算时考虑时间价值因素的方法,主要包括净现值、内含报酬率、现值指数等指标;另一类是非贴现现金流量法,即没有考虑时间价值因素的方法,主要包括平均报酬率、投资回收期等指标。

一、贴现现金流量法

(一)净现值法

　　这种方法使用净现值(net present value,简称 NPV)作为评价方案优劣的指标。所谓净现值法,就是根据某一方案未来现金流入量现值与未来现金流出量现值之间的差额来评价投资方案的一种方法。按照这种方法,首先要预测每年的现金流量,然后按一定的贴现率把未来现金流入量和现金流出量折算为现值,最后计算它们的差额。如果净现值为正数,说明方案未来报酬的现值大于投资额的现值,则可接受此方案;反之,应拒绝此方案。在多个方案的互斥选择中,应选择净现值最大的方案。

　　计算净现值的公式为

$$NPV = \sum_{t=0}^{n} \frac{I_t}{(1+i)^t} - \sum_{t=0}^{n} \frac{O_t}{(1+i)^t}$$

式中,n 为项目的寿命期;I_t 为在项目实施第 t 年的现金流入量;O_t 为在项目实施第 t 年的现金流出量;i 为预定的贴现率。

　　投资项目净现值的计算包括以下步骤:

　　(1)估算投资项目每年的现金流量,包括现金流入量和现金流出量。

　　(2)选用适当的贴现率,通过查表将投资项目各年的折现系数确定下来。

　　(3)将各年现金流量乘以相应的折现系数求出现值。

(4)汇总各年现金流量的现值,得出投资项目的净现值。

在具体计算 NPV 值时,分两种情况:

(1)各年现金净流量相等

$$\text{NPV}=\text{年现金净流量}\times\text{年金现值系数}-\text{原始投资额}=\text{NCF}\times(P/A,i,n)-I_0$$

(2)各年现金净流量不相等

$$\text{NPV}=\sum_{t=1}^{n}(\text{各年的现金净流量}\times\text{各年的复利现值系数})-\text{原始投资额}$$
$$=\sum_{t=1}^{n}\text{NCF}_t\times(P/F,i,n)-I_0$$

需注意以上公式中如果原始投资是分次投入的,则也需按一定的折现率折成现值,折现方法同现金流量一样。

【例 5-3】　某企业现有 A、B 两个投资方案,假设折现率为 10%,有关资料如表 5-5 所示。

表 5-5　投资方案资料　　　　　　　　　　　　　　　单位:万元

方案	原始投资	现金净流量				
		第 1 年	第 2 年	第 3 年	第 4 年	第 5 年
A	100000	40000	40000	40000	40000	40000
B	100000	25000	35000	45000	50000	60000

现要求确定 A、B 方案的净现值,并选出最优方案。

解　A、B 两方案的净现值计算如下:

$$\text{NPV}_A=40000\times(P/A,10\%,5)-100000$$
$$=40000\times3.791-100000=51640(\text{元})$$
$$\text{NPV}_B=25000\times(P/F,10\%,1)+35000\times(P/F,10\%,2)$$
$$+45000\times(P/F,10\%,3)+50000\times(P/F,10\%,4)$$
$$+60000\times(P/F,10\%,5)-100000$$
$$=25000\times0.909+35000\times0.826+45000\times0.751$$
$$+50000\times0.683+60000\times0.621-100000$$
$$=56840(\text{元})$$

根据上面的计算,若这两个项目相互独立,则均可接受;但是若两者互斥,则接受 B 方案。

应当指出的是,在项目评价中,正确地选择折现率至关重要,它直接影响项目评价的结论。如果选择的折现率过低,则会导致一些经济效益较差的项目得以通过,从而浪费有限的社会资源;如果选择的折现率过高,则会导致一些效益较好的项目不能通过,从而使有限的社会资源不能充分发挥作用。在实务中,一般按以下几种方法确定项目的折现率:

(1)以投资项目的资金成本作为折现率。

(2)以投资的机会成本作为折现率。

(3)根据不同阶段采用不同的折现率。在计算项目建设期现金流量的现值时,以贷款的实际利率作为折现率;在计算项目经营期现金流量的现值时,以全社会资金的平均收益率作为折现率。

（4）以行业平均资金收益率作为项目的折现率。

采用净现值法进行项目财务可行性评价的优点表现为以下三方面：

（1）考虑了资金时间价值因素，增强了投资经济性的评价。

（2）考虑了项目计算期的全部现金流量，体现了流动性与收益性的统一。

（3）考虑了投资风险，因为折现率的大小与风险大小有关，风险越大折现率越大。

净现值法的缺点也是明显的，主要表现为以下两方面：

（1）不能从动态的角度直接反映投资项目的实际收益率水平，当各项目投资额不等时，仅用净现值无法确定投资方案的优劣。

（2）现金流量的估算和折现率的确定比较困难，而它们的正确性对计算净现值有着重要影响。

（二）内含报酬率法

内含报酬率（internal rate of return，简称 IRR），也称为内部收益率。内含报酬率法是指根据方案本身的内含报酬率来评价方案优劣的一种方法。所谓内含报酬率，是指能够使未来现金流入量现值等于未来现金流出量现值的折现率，或者说是使投资方案净现值为 0 的折现率，即投资项目的实际报酬率，显然内含报酬率是使下式成立的折现率：

$$\sum_{t=1}^{n} \frac{I_t}{(1+i)^t} = \sum_{t=1}^{n} \frac{O_t}{(1+i)^t}$$

式中，n 为投资涉及的年限；I_t 为第 t 年的现金流入量；O_t 为第 t 年的现金流出量。

其计算方法具体分两种：

如果投资方案每年的现金净流量相等，可按下列步骤计算。

（1）计算年金现值系数。

$$年金现值系数 = \frac{初始投资额}{每年现金净流量}$$

（2）查阅"年金现值系数表"，寻找在相同年限内与上述年金现值系数接近的较小的和较大的两个贴现率。

（3）用内插法计算该方案的内含报酬率。

【例 5-4】 某公司有一个投资方案，寿命期为 3 年，初始投资需 12000 元，投资完每年有 4500 元现金净流量，试计算该方案的内含报酬率。

由于该方案每年的现金流入量相等，符合年金形式，可按如下方法计算内含报酬率：

$$年金现值系数 = \frac{初始投资额}{每年的现金净流量} = \frac{12000}{4500} \approx 2.667$$

查"年金现值系数表"，当 $n=3$ 时与 2.667 接近的现值系数 2.673 和 2.624 分别指向 6% 和 7%，再用内插法计算如下：

$$IRR = 6\% + \left(1\% \times \frac{2.673 - 2.667}{2.673 - 2.624}\right) \approx 6.12\%$$

如果每年的现金净流量不相等，需要逐步测试内含报酬率，计算步骤如下：

（1）估计一个贴现率，用它来计算净现值。如果净现值为正数，说明方案的实际内含报酬率大于估计的贴现率，应提高贴现率再进一步测试；如果净现值为负数，说明方案本身的报酬率小于估计的贴现率,应降低贴现率再进行测算。如此逐步测试,寻找出使净现值由正到负且接近于 0 的两个贴现率。

(2)根据上述相邻的贴现率用内插法求出该方案的内含报酬率。

可按下列具体公式计算内含报酬率:

$$\text{IRR}=低折现率+\frac{低折现率计算的净现值(即正数)}{两个折现率计算的净现值之差}\times高低两个折现率之差$$

$$\text{IRR}=r_m+\frac{\text{NPV}_m-0}{\text{NPV}_m-\text{NPV}_{m+1}}\times(r_{m+1}-r_m)$$

【例 5-5】　设必要报酬率为 12%,现有三个投资项目,具体资料见表 5-6。试计算甲方案、乙方案、丙方案的内含报酬率。

表 5-6　甲、乙、丙方案各期现金流量资料　　　　　　　　　　　　单位:万元

期间	甲方案现金流量	乙方案现金流量	丙方案现金流量
0	(30000)	(18000)	(40230)
1	13000	9000	17900
2	14000	6000	17500
3	11000	4100	17000
合计	8000	1100	12170

在这里我们只求一下甲方案的内含报酬率,乙方案、丙方案的内含报酬率可仿造此方法求得。按照"逐步测试法"的要求,自行设定折现率并计算净现值,据此判断、调整折现率,得到以下数据(计算过程略),见表 5-7。

表 5-7　逐步测试法计算资料

测试次数	设定折现率/%	净现值/万元	测试次数/次	设定折现率/%	净现值/万元
1	8	2770	3	12	599
2	10	1642	4	14	−595

因为当 $r_m=12\%$ 时,$\text{NPV}_m=599$(万元);当 $r_{m+1}=14\%$ 时,$\text{NPV}_{m+1}=-595$(万元)。所以可以断定 IRR 一定在 12% 和 14% 之间,即

$$12\%<\text{IRR}<14\%$$

应用"内插法",求内含报酬率的近似值:

$$\text{IRR}=12\%+\frac{599}{599+595}\times(14\%-12\%)\approx13\%$$

内含报酬率反映投资项目本身的收益能力,是其内在的实际收益率。计算出各方案的内含报酬率后,可以将这一比率与其资金成本或要求的必要报酬率对比。如果方案的内含报酬率大于其资金成本或要求的必要报酬率,该方案为可行方案;如果方案的内含报酬率小于其资金成本或要求的必要报酬率,该方案为不可行方案。

内含报酬率法考虑了货币的时间价值,反映了投资项目的真实报酬率,但这种方法的计算过程较复杂,当各年现金净流量不等时,一般要经过多次测算才能算出,而且当经营期大量追加投资时,内含报酬率法往往会出现多重解的问题,缺乏实际意义。

（三）现值指数法

这种方法使用现值指数作为评价方案的指标。所谓现值指数（profitability index，简称PI），是指未来现金流入量的现值与现金流出量的现值的比率，亦称现值比率、获利指数、折现后收益—成本比率等。

计算现值指数的公式为

$$PI = \sum_{k=0}^{n} \frac{I_k}{(1+i)^k} / \sum_{k=0}^{n} \frac{O_k}{(1+i)^k}$$

式中，n 为投资涉及的年限；I_k 为第 k 年的现金流入量；O_k 为第 k 年的现金流出量；i 为资金成本或要求的必要报酬率。

根据表 5-6 的资料，三个方案的现值指数如下：

现值指数（甲）＝30599/30000≈1.02

现值指数（乙）＝15739.8/18000≈0.87

现值指数（丙）＝42034.5/40230≈1.04

现值指数也是一个折现的相对量评价指标。利用这一指标进行投资项目评价的标准是：如果投资方案的现值指数小于 1，该方案为不可行方案；如果几个方案的现值指数均大于1，那么现值指数越大，投资方案越好。但在采用现值指数法进行互斥方案的选择时，其选择原则不是选择现值指数最大的方案，而是在保证现值指数大于 1 的条件下，使追加投资所得的收入最大的方案。

甲、丙两个投资机会的现值指数均大于1，说明其收益超过成本，即实际投资报酬率超过预定的折现率。乙投资机会的现值指数小于1，说明其实际报酬率没有达到预定的折现率。如果现值指数为1，说明折现后现金流入量等于现金流出量，投资的实际报酬率与预定的折现率相同。

与净现值相比，现值指数是一个相对数，因此克服了不同投资方案间的净现值缺乏可比性的问题。其他优缺点与净现值法相同。

（四）三种评价方法的比较

三种评价方法中，在对某一独立方案可行性的判定中，结论往往都是一致的。即 NPV＞0，则 PI＞0，IRR＞期望报酬率。因此，我们不难看出其内在联系：若某方案的净现值大于 0，其获利指数必然大于 1，其内含报酬率必然大于计算净现值和获利指数时所用的折现率；反之，若某方案的净现值小于 0，则其获利指数小于 1，其内含报酬率小于计算净现值和获利指数时所用的折现率；若某方案净现值为 0，那么其获利指数为 1，所用折现率即为内含报酬率。

然而，若进行不同方案之间优劣的排序，则三种评价方法有时会出现不一致的结论。净现值法与获利指数法在大多数情况下均不会发生冲突，而净现值法与内含报酬率法可能出现项目评价结论不一致的现象。这是由于净现值法和内含报酬法的再投资假设不同。净现值法对不同项目进行比较时用相同的折现率（通常用市场决定的资金成本），而内含报酬率法对不同项目进行比较时，假设每个项目用各自的内含报酬率进行再投资。一般来说，净现值法的假设要合理一些。所以，当用两种方法对互斥项目进行选择时，若两种方法得到的结论相互矛盾，应以净现值法的结论为准。

二、非贴现现金流量法

(一)平均报酬率法

平均报酬率(average rate of return,简称 ARR)是指投资方案寿命周期内平均每年的净利润与初始投资的比率,又称投资利润率。其计算公式如下:

$$平均报酬率=\frac{年平均利润}{初始投资额}\times100\%$$

【例 5-6】　某项目预计投产后每年可获利润 20 万元,建设期为 2 年,固定资产投资为 100 万元,每年借款利息为 12 万元,则其平均报酬率计算如下:

$$平均报酬率(ARR)=\frac{20}{100+12\times2}\times100\%\approx16.13\%$$

平均报酬率的决策标准是:投资项目的投资利润率越高越好,低于无风险投资利润率的方案为不可行方案。

平均报酬率法的优点是简单明了,易于掌握,且该指标不受建设期的长短、投资方式、回收额的有无以及净现金流量的大小等条件的影响,能够说明各投资方案的收益水平。

平均报酬率法的缺点是:第一,没有考虑资金时间价值因素,不能正确反映建设期长短及投资方式不同对项目的影响;第二,该指标的分子、分母的时间特征不一致(分子是时期指标,分母是时点指标),因而在计算口径上可比基础较差;第三,该指标的计算无法直接利用净现金流量信息。

(二)投资回收期法

投资回收期(payback period,简称 PP)是指自投资方案实施起,至收回初始投入资本所需要的时间,即能够使与此方案相关的累计现金流入量等于累计现金流出量的时间。投资回收期法是根据回收期的长短来确定项目的优劣,回收期最短的方案被认为是最好的方案。根据年现金净流量是否相等,投资回收期的计算方法有两种。

年现金净流量相等时,投资回收期的计算公式如下:

$$投资回收期=\frac{原始投资总额}{年现金净流量}$$

年现金净流量不相等时,投资回收期可按累计现金净流量计算,累计现金净流量达到与原始投资达到相等时所需的时间,即为投资回收期。

【例 5-7】　某企业现有 A、B 两个投资方案,有关资料如表 5-8 所示。

表 5-8　投资方案资料　　　　　　　　　　　　　　　　单位:万元

方案	原始投资	现金净流量				
		第 1 年	第 2 年	第 3 年	第 4 年	第 5 年
A	100000	40000	40000	40000	40000	40000
B	100000	25000	35000	45000	50000	60000

现要求确定 A、B 方案的投资回收期,并选出最优方案。

解　A 方案每年的现金净流量相等,故

投资回收期＝100000/40000＝2.5(年)

B方案每年的现金净流量不相等,故需按其累计净现金流量计算投资回收期。计算结果如表5-9所示。

表5-9　B投资方案累计现金流量计算

单位:万元

项目	第1年	第2年	第3年	第4年	第5年
现金净流量	25000	35000	45000	50000	60000
累计现金净流量	25000	60000	105000	155000	215000

从表5-9可见,回收期应在2~3年之间。B方案的第2年年末的累计现金净流量为60000元,尚有40000元投资没回收,而第3年的现金净流量为45000元,故投资回收期为

投资回收期＝2＋40000/45000≈2.89(年)

投资回收期法容易理解,计算也比较简单,但因其没有考虑时间价值因素,没有考虑回收投资后项目的获利情况,因而缺点也是显而易见的。事实上,有战略意义的长期投资往往早期收益较低,而中后期收益较高。投资回收期法容易导致先考虑急功近利的项目,有可能放弃长期有利的方案。该方法是过去评价投资方案最常用的方法,目前是作为辅助方法使用的,主要用来测定方案的流动性而非营利性。

在实际的项目投资评价中,以贴现现金流量分析评价方法为主,而将非贴现现金流量分析方法作为辅助方法使用,实践证明将两类分析评价方法结合使用,可收到较好的评价效果。

第四节　项目投资决策实例分析

为了更好地掌握投资项目财务评价方法在实际工作中的应用,本节将介绍项目投资决策分析中的几个典型实例。

一、扩充型投资方案的决策

扩充型投资方案是指一个企业需要投入新设备才能增加销售的投资方案。扩充型投资方案的决策通常包括为增加现有产品的产量或扩大现有的销售渠道所做的投资决策,以及为生产新产品或打入新的市场所做的投资决策。下面举例说明。

【例5-8】　大华公司考虑购买一套新的生产线,公司投资部对该项目进行可行性分析时估计的有关数据如下:

(1)初始投资为3000万元,该生产线能使用5年。

(2)按税法规定该生产线在5年内折旧(采用平均年限法),净残值率为5%,在此会计政策下,预期第一年可产生400万元的税前利润,以后4年每年可产生600万元的税前利润。

(3)已知公司所得税税率为25%,公司要求的最低投资报酬率为12%。

公司董事会正在讨论该投资项目的可行性问题。

董事长认为,按照投资部提供的资料,该投资项目属于微利项目。理由是:投资项目在5年的寿命期内只能创造2800万元的税前利润,扣除25%左右的所得税,税后利润约为2100

万元,即使加上报废时的净残值 150 万元,也根本不能收回最初的投资额 3000 万元,更不用说实现 12％的期望报酬率。

总经理则认为,按照该类生产线国外企业的使用情况来看,使用寿命达不到 5 年,一般只能使用 4 年;如果该生产线 4 年后确实淘汰,该项目的报酬率可能达不到公司要求的最低投资报酬率。

要求:根据以上资料通过计算分析后回答下列问题:

(1)公司董事长的分析为何是错误的?

(2)如果该生产线能使用 5 年,折现率为 12％,请你按净现值法评价该项目是否可行?

(3)如果该生产线的实际使用寿命只有 4 年,假设折旧方法和每年的税前利润等均不变(注:此时需要考虑提前报废造成净损失减少所得税的影响),请你通过计算后回答:公司总经理的担忧是否有理? 此时,该项目的内含报酬率有多高?

解　(1)公司董事长的分析是以利润作为依据,这是错误的。

因为利润指标中已扣除了固定资产折旧,而折旧也是投资的收回,应该以投资项目的现金流量作为评价的主要依据。

本项目中每年的折旧额为 570 万元,其经营活动的税前现金流量第一年为 970 万元,以后每年为 1170 万元。

(2)如该生产线能使用 5 年,净现值为

$$
\begin{aligned}
NPV(5) = & [400 \times (1-25\%) + 570] \times 0.8929 + [600 \times (1-25\%) + 570] \\
& \times 3.0373 \times 0.8929 + 150 \times 0.5674 - 3000 \\
\approx & 3628.18 - 3000 \\
= & 628.18(万元)
\end{aligned}
$$

净现值大于 0,说明该项目可行。

(3)如果该生产线的实际使用寿命为 4 年,报废当年会计账面上将出现 570 万元的损失,该损失将减少公司的所得税,从而产生现金流入。按 12％的折现率计算该生产线的净现值如下:

$$
\begin{aligned}
NPV(4) = & [400 \times (1-25\%) + 570] \times 0.8929 + [600 \times (1-25\%) + 570] \\
& \times 2.4018 \times 0.8929 + 150 \times 0.6355 + 570 \times 25\% \times 0.6355 - 3000 \\
\approx & 3150.17 - 3000 = 150.17(万元)
\end{aligned}
$$

由于净现值仍然大于 0,故总经理的担忧是多余的。

再取贴现率为 14％,计算都得到净现值为 13.59(计算过程省略,下同);再提高贴现率至 15％,净现值为 -51.12。运用内插法,计算得到该项目的内含报酬率如下:

$$
IRR = 14\% + \frac{13.59}{13.59 - (-51.12)} \times (15\% - 14\%) \approx 14.21\%
$$

按照前面的假设,如果该生产线的实际使用寿命为 4 年,该项目的内含报酬率将达到 14.21％。

二、固定资产更新决策

(一)固定资产的平均年成本

一般来说,固定资产更新不改变公司的生产能力,不增加公司的现金流入,因此在更新

决策中的现金流量主要是现金流出。这样,使用贴现分析法就有了很大难度。一个普遍的方法是计算继续使用旧设备和进行更新的平均年成本,以其中较低者为好方案。

固定资产的平均年成本是未来使用年限内与该资产相关的现金流出量总现值与年金现值系数的比值,即平均每年的现金流出量。

【例 5-9】 某公司进行固定资产更新决策时有两个方案可以选择。A 方案:继续使用旧设备,旧设备的变现价值为 800 元,尚可使用 6 年,每年运行成本为 600 元,预计净残值为 250 元;B 方案:更新旧设备,新设备买价为 2500 元,预计使用 10 年,每年运行成本为 350 元,预计净残值为 300 元。假定该公司的预期报酬率为 15%,应选择哪个方案?

解 方法 1:计算现金流出的总现值,再分摊给每一年。

$$旧设备平均年成本 = \frac{800 + 600 \times (P/A, 15\%, 6) - 250 \times (P/F, 15\%, 6)}{(P/A, 15\%, 6)}$$

$$= \frac{800 + 600 \times 3.784 - 250 \times 0.432}{3.784}$$

$$\approx 782.9(元)$$

$$新设备平均年成本 = \frac{2500 + 350 \times (P/A, 15\%, 10) - 300 \times (P/F, 15\%, 10)}{(P/A, 15\%, 10)}$$

$$= \frac{2500 + 350 \times 5.019 - 300 \times 0.247}{5.019}$$

$$\approx 833.3(元)$$

方法 2:将原始投资和残值摊销到各年,再与各年相等的运行成本求和,得出年平均成本。

$$旧设备平均年成本 = \frac{800}{(P/A, 15\%, 6)} + 600 - \frac{250}{(F/A, 15\%, 6)}$$

$$= \frac{800}{3.784} + 600 - \frac{250}{8.754}$$

$$\approx 782.9(元)$$

$$新设备平均年成本 = \frac{2500}{(P/A, 15\%, 10)} + 350 - \frac{300}{(F/A, 15\%, 10)}$$

$$= \frac{2500}{5.019} + 350 - \frac{300}{20.304}$$

$$\approx 833.3(元)$$

以上计算可以看出,B 方案的年平均成本大于 A 方案,因此不宜进行设备更新。

(二)考虑所得税的更新决策

上述投资决策未讨论所得税问题,实际上所得税是公司的一种现金流出,对现金净流量会产生影响。因此,在固定资产更新决策中应考虑所得税对方案决策的影响。

【例 5-10】 某公司准备用一台新设备代替 5 年前购置的旧设备。旧设备原购置成本为 20000 元,估计还可以使用 5 年,累计折旧 10000 元,期满后无残值,目前变现价值为 5000 元,每年付现成本为 15000 元。新设备的购价为 30000 元,使用年限为 5 年,期满后有残值 5000 元。使用新设备比使用旧设备每年可增加销售收入 15000 元,每年付现成本为 20000 元,该公司的资金成本率为 10%,所得税税率为 40%。用直线法计提折旧。

我们用增量现金流量来分析是继续使用旧设备,还是购置新设备。

先计算现金流量的差量(用 △ 表示)。

$$\Delta 初始投资 = 30000 - 5000 = 25000(元)$$
$$\Delta 付现成本 = 20000 - 15000 = 5000(元)$$
$$\Delta 折旧额 = 5000 - 2000 = 3000(元)$$

各年营业现金流量的差量见表 5-10。

$$净现值差量(以新换旧)\Delta NPV = 7200 \times (P/A,10\%,4) + (7200+5000)$$
$$\times (P/F,10\%,5) - 25000$$
$$= 7200 \times 3.170 + 12200 \times 0.621 - 25000$$
$$= 5400.2(元)$$

可见,应用新设备替代旧设备。

表 5-10　差量营业现金量的计算　　　　单位:元

△ 销售收入	15000
△ 付现成本	5000
△ 折旧额	3000
△ 税前净利	7000
△ 所得税	2800
△ 税后净利	4200
△ 营业现金流量	7200

我们在前面研究了所得税对现金流量的影响,分别讨论了税后收入、税后成本和折旧抵税问题,下面举一个例子来说明三者在固定资产更新决策中的应用。

【例 5-11】　某公司打算用新设备取代一台已使用 3 年的旧设备。旧设备原价为 30000 元,估计尚可使用 5 年,每年运行成本为 4300 元,预计最终残值为 3500 元,目前变现价值为 5000 元。新设备购入价为 25000 元,预计使用 5 年,每年运行成本为 2500 元,预计最终残值为 3500 元,预计期满残值为 5000 元。公司预期报酬率为 10%,适用所得税税率 40%。按税法规定该种设备采用直线法折旧,使用年限为 6 年,残值率为 10%。

我们假设新、旧设备的生产能力相同,因此可以通过比较其现金流出的总现值来评价方案的优劣,计算见表 5-11 和表 5-12。

表 5-11　继续使用旧设备净现值分析

继续使用旧设备	现金流量/元	时间/年次	系数(10%)	现值/元
旧设备变现价值	(5000)	0	1	(5000)
旧设备变现损失减税	$[5000-(30000-3\times4500)]$ $\times 0.4 = (4600)$	1	1	(4600)
每年付现操作成本	$4300\times(1-0.4)=(2580)$	1~5	3.791	(9780.8)
每年折旧抵税	$4500\times0.4=1800$	1~3	2.487	4476.6
残值变现收入	3500	5	0.621	2173.5
残值变现净收入纳税	$(3500-3000)\times0.4=(200)$	5	0.621	(124.2)
合计				(12854.9)

表 5-12　更新设备净现值分析

更新设备	现金流量/元	时间/年次	系数(10%)	现值/元
设备投资	(25000)	0	1	(25000)
每年付现操作成本	2500×(1−0.4)=(1500)	1～5	3.791	(5686.5)
每年折旧抵税	3750×0.4=1500	1～5	3.791	5686.5
残值变现收入	5000	5	0.621	3105
残值变现净收入纳税	(5000−2500)×0.4=(1000)	5	0.621	(621)
合计				(22516)

更新设备的现金流出总现值 22516 元比继续使用旧设备的现金流出总现值 12854.9 元多，所以应继续使用旧设备。

三、资本限量决策

资本限量决策是指在企业投资资金已定的情况下所进行的投资决策。也就是说，尽管存在很多有利可图的投资项目，但由于无法筹集到足够的资金，只能在已有资金的限制下进行决策。这种情况在许多企业都存在，尤其在以内部融资为经营策略或外部融资受到限制的企业经常发生。在资金有限量的情况下，决策的原则是使企业获得最大的利益，即将有限的资金投放于一组能使净现值最大的项目组合。这样的项目组合决策通常主要结合获利指数和净现值进行分析。

【例 5-12】　某公司有 A、B、C、D、E 五个投资项目，有关资料如表 5-13 所示。

表 5-13　投资项目的初始投资、获利指数和净现值

项目	初始投资额/万元	获利指数	净现值/万元
A	300	1.5	150
B	200	1.2	40
C	200	1.6	120
D	100	1.3	30
E	100	1.55	55

要求：分别就以下不相关情况做出方案组合决策：

(1)投资总额不受限制。

(2)投资总额受到限制，分别为 200 万元、500 万元和 800 万元。

解　依题意按各方案获利指数的大小排序，并计算累计原始投资额和累计净现值数据，其结果如表 5-14 所示。

表 5-14　累计原始投资额与累计净现值计算　　　　单位:万元

顺序	项目	初始投资额	累计原始投资额	净现值	累计净现值
1	C	200	200	120	120
2	E	100	300	55	175
3	A	300	600	150	325
4	D	100	700	30	355
5	B	200	900	40	395

（1）当投资总额不受限制或者限制大于或者等于 900 万元时，最优投资组合方案为 A＋C＋E＋B＋D。

（2）当限定投资总额为 200 万元时，只能上 C 项目，可获得 120 万元净现值，比另两组 E＋D 或 B 的净现值都大。

当限定投资总额为 500 万元时，最优投资组合为 C＋A（因为 E 和 A 可以交换），净现值为 270 万元，大于其他组合：E＋A＋D、C＋E＋B 以及 A＋B。

当限定投资总额为 800 万元时，最优投资组合为 C＋E＋A＋B，净现值为 365 万元，大于其他投资组合：C＋A＋D＋B。

从以上分析中我们可以看出，在资金总量不受限制的情况下，可按每一项目的净现值大小排队，确定优先考虑的项目顺序。在资金总量受到一定限制时，则需按获利指数的大小顺序，结合限定投资总额和净现值进行各种组合，从中选出能使净现值达到最大的组合，即为最优投资组合。

第五节　项目投资的风险分析

项目投资涉及的时间较长，对未来收益和成本很难准确预测，即有不同程度的不确定性或风险性。前面的论述避开了风险问题，本节将专门讨论风险投资问题。有风险情况下进行项目投资财务评价的方法很多，常用的方法有按风险调整折现率法和按风险调整现金流量法两种。

一、按风险调整折现率法

按风险调整折现率法是投资项目风险分析的常用方法。这种方法的基本思想就是在计算评价指标时，对于高风险的项目，采用较高的折现率；对于低风险的项目，采用较低的折现率。通常是将与投资项目风险相当的风险报酬率加到无风险情况下的企业资本成本或必要的报酬率中去，从而形成与项目风险相当的折现率，并据以进行投资的财务评价。

按风险调整折现率法的关键在于风险调整折现率的确定，通常有以下两种方法。

（一）按风险报酬率模型调整折现率

前已指出，一项投资的总报酬可分为无风险报酬率和风险报酬率两部分，如公式所示：

$$K＝R_f＋bV$$

因此，特定项目按风险调整的折现率可按下式计算：

$$K_i＝R_f＋b_iV_i$$

式中，K_i 为项目 i 按风险调整的折现率；R_f 为无风险报酬率；b_i 为项目 i 的风险报酬系数；V_i 为项目 i 的预期标准离差率。

【例 5-13】　假定国库券的年利率为 6％，某项目投资的标准离差率为 3％，其风险报酬系数为 0.6，则该项目投资考虑风险因素后的预期报酬率为

$$K＝R_f＋bV＝6％＋0.6×3％＝7.8％$$

（二）按资本资产定价模型调整折现率

资本资产定价模型确定折现率的公式为

$$K_j = R_f + \beta_j \times (R_m - R_F)$$

式中, K_j 为项目 j 按风险调整的折现率; R_f 为无风险报酬率; β_j 为项目 j 不可分散风险的 β 系数; R_m 为所有项目平均的折现率或必要的报酬率。

资本资产定价模型是在有效的证券市场中建立的,在实物资本市场中不可能像在证券市场中那样有效,但其基本逻辑关系是一样的。我们可以借助这个模型按项目风险的大小将项目要求的收益率确定下来。

【例 5-14】 假定国库券的年利率为 6%,市场平均报酬率为 14%,甲项目的风险报酬系数为 2,乙项目风险报酬系数为 1.2,则

甲项目的风险调整折现率 = 6% + 2 × (14% − 6%) = 22%

乙项目的风险调整折现率 = 6% + 1.2 × (14% − 6%) = 15.6%

按风险调整的折现率确定下来后,便可以结合具体投资项目预期的带有不确定性的现金流量,通过计算相应指标对投资项目做出评价。

按风险调整的折现率调整以后,具体的评价方法与无风险的情况基本相同。这种方法,对风险高的项目采用较高的折现率,对风险低的项目采用较低的折现率,简单明了,便于理解,因此被广泛采用。但这种方法把时间价值和风险报酬混在一起,并据此对现金流量进行折现,意味着风险随着时间推移而加大,这种人为的假定风险一年比一年大,是不合理的。

二、按风险调整现金流量法

这种方法的基本思路是不确定性或风险的客观存在使得投资项目各年的现金流量变得不确定,这时可以按照一定方法将有风险情况下的现金流量调整为无风险情况下的现金流量,然后根据无风险折现率进行折现,计算有关的评价指标,进行财务评价。

按风险调整现金流量最常用的方法是肯定当量法。

使用肯定当量法,关键就是利用肯定当量系数,将各年不肯定现金流量折算成肯定现金流量。肯定当量系数通常用 d 表示。在进行项目评价时,可根据各年现金流量风险的大小,选用不同的肯定当量系数。当现金流量确定时,可取 $d = 1.00$;当现金流量的风险很小时,可取 $1.00 > d \geqslant 0.80$;当现金流量的风险一般时,可取 $0.80 > d \geqslant 0.40$;当现金流量的风险很大时,可取 $0.40 > d > 0$。

肯定当量系数的选用因人而异,敢于冒险的分析者会选用较低的肯定当量系数,而不愿冒险的投资者可能会选用较高的肯定当量系数。为了防止因决策者的偏好不同而造成决策失误,有些企业根据标准离差率来确定肯定当量系数。因为标准离差率是衡量风险大小的一个好指标,因而,用它来确定肯定当量是合理的。标准离差率与肯定当量系数的经验对照关系详见表 5-15。

表 5-15   标准离差率与肯定当量系数的经验对照关系

标准离差率	肯定当量系数	标准离差率	肯定当量系数
0.00~0.07	1.00	0.33~0.42	0.60
0.08~0.15	0.90	0.43~0.54	0.50
0.16~0.23	0.80	0.55~0.70	0.40
0.24~0.32	0.70	……	……

当肯定当量系数确定后,就可根据经计算取得的投资项目未来各年现金流量的标准离差率资料,将各年的不肯定的现金流量转化成肯定的现金流量,然后根据前面介绍的分析方法进行评价分析。

【例 5-15】 某房地产开发企业拟投资一处商品房开发项目,建设期为 3 年,商品房销售期为 2 年,各年的现金流量分布如图 5-1 所示。

图 5-1 现金流量分布(单位:万元)

已知无风险报酬率为 12%,用 d_i 表示肯定当量系数,其中 i 表示年份,各年的肯定当量系数分别为:$d_0=1.00$,$d_1=0.70$,$d_2=0.68$,$d_3=0.65$,$d_4=0.60$,$d_5=0.55$。试分析实施该项目在财务上是否可行。

$$\begin{aligned}
NPV &= 600 \times d_5 \times (P/F,12\%,5) + 500 \times d_4 \times (P/F,12\%,4) - 150 \times d_2 \\
&\quad \times (P/F,12\%,2) - 300 \times d_1 \times (P/F,12\%,1) - 300 \times d_0 \\
&= 600 \times 0.55 \times 0.567 + 500 \times 0.60 \times 0.636 - 150 \times 0.68 \times 0.797 \\
&\quad - 300 \times 0.70 \times 0.893 - 300 \times 1.0 \\
&\approx -190.91 (万元)
\end{aligned}$$

项目未来现金流量的净现值小于 0,说明如果实施该项目,企业会亏损 190.91 万元,因而在财务上是不可行的。

采用肯定当量法对现金流量进行调整,进而做出相应的决策,克服了调整折现率夸大远期风险的缺点。

【案例】

项目投资决策——伟达相机新建项目投资决策

伟达相机制造厂是生产相机的中型企业。该厂生产的相机质量优良,价格合理,长期以来供不应求。为扩大生产能力,厂家准备新建一条生产线。负责这项投资决策工作的总会计师经过调查研究后,得到如下有关资料。

(1)该生产线的初始投资额为 12.5 万元,分 2 年投入。第 1 年年初投入 10 万元,第 2 年年初投入 2.5 万元。第 2 年年末项目完工可正式投产使用。投产后每年可生产相机 1000 部,每部销售价格为 300 元,每年可获销售收入 30 万元,投资项目可使用 5 年,5 年后残值可忽略不计。在投资项目经营期间要垫支流动资金 2.5 万元,这笔资金在项目结束时可全部收回。

(2)该项目生产的产品成本的构造如下:材料费用 20 万元,制造费用 2 万元,人工费用 3 万元,折旧费用 2 万元。

总会计师通过对各种资金来源进行分析,得出该厂加权平均资金成本为 10%;同时还计算出该项目的营业现金流量、现金流量、净现值,并根据其计算的净现值,认为该项目可行。有关数据见表 5-16、表 5-17、表 5-18。

表 5-16　投资项目的营业现金流量　　　　　　　　　　　单位:元

项目	第 1 年	第 2 年	第 3 年	第 4 年	第 5 年
销售收入	300000	300000	300000	300000	300000
付现成本	250000	250000	250000	250000	250000
其中:材料费用	200000	200000	200000	200000	200000
人工费用	30000	30000	30000	30000	30000
制造费用	20000	20000	20000	20000	20000
折旧费用	20000	20000	20000	20000	20000
税前利润	30000	30000	30000	30000	30000
所得税(33%)	9900	9900	9900	9900	9900
税后利润	20100	20100	20100	20100	20100
现金流量	40100	40100	40100	40100	40100

表 5-17　投资项目的现金流量　　　　　　　　　　　　单位:元

项目	投资建设期		生产期				
	第 1 年	第 2 年	第 1 年	第 2 年	第 3 年	第 4 年	第 5 年
初始投资	100000	25000					
流动资金垫支		25000					
营业现金流量			40100	40100	40100	40100	40100
设备残值							25000
流动资金收回							25000
现金流量合计	100000	50000	40100	40100	40100	40100	90100

表 5-18　投资项目的净现值计算　　　　　　　　　　　单位:元

时间	现金流量	折现系数(10%)	现值
—1	—100000	1.000	—100000
0	—50000	0.9091	—45455
1	40100	0.8264	33138.64
2	40100	0.8513	34137.13
3	40100	0.6830	27388.30
4	40100	0.6209	24898.09
5	90100	0.5645	50861.45
净现值			24968.61

（3）厂部中层干部意见：

①经营副总经理认为，在项目投资和使用期间，通货膨胀率在10％左右，将对投资项目各有关方面产生影响。

②基建处处长认为，由于受物价变动的影响，初始投资额将增加10％，投资项目终结后，设备残值也将增加到37500元。

③生产处处长认为，由于受物价变动影响，材料费用每年将增加14％，人工费用也将增加10％。

④财务处处长认为，扣除折旧后的制造费用每年将增加4％，折旧费用每年仍为20000元。

⑤销售处处长认为，产品销售价格预计每年可增加10％。

【思考题】

1. 分析、确定影响伟达相机投资项目决策的各因素。

2. 根据影响伟达相机投资项目决策的各因素，重新计算投资项目的现金流量、净现值等。

3. 根据分析、计算结果，确定伟达相机项目投资决策。

【本章思考题】

1. 什么是项目？其基本属性如何？

2. 什么是项目投资？项目投资管理的基本内容是什么？

3. 什么是项目投资的贴现分析方法？基本的方法有哪些？

4. 什么是项目投资的非贴现分析方法？基本的方法有哪些？

5. 什么是现金流量？如何估算一个投资项目的现金流量？

6. 什么是按风险调整折现率法？其基本思路是什么？有何不足？

7. 什么是肯定当量法？其基本思路是什么？有何长处？

本章自测

第六章　证券投资管理

投资于股票或债券均会产生风险问题,如何评估股票、债券的价值与风险就显得非常必要。本章主要阐述证券投资的基本理论和方法,学生应熟练掌握债券投资收益评价、股票投资价值评估与计算方法,学会运用资本资产定价模型评估投资的风险。

第一节　证券投资概述

广义地讲,证券是证明或设定民事、经济权益的法律凭证,是相应的各类财产所有权或债权凭证的统称,是用来证明证券持有人有权取得相应权益的凭证。证券也称有价证券,它通常分为三类:货币证券,如票据、存款单等;资本证券,如股票、债券、认股权证等;商品证券,如货运单、提单等。狭义的有价证券仅指资本证券,即本章所指的证券。

一、证券的种类

根据不同的投资目的,企业可采用不同的证券投资方式。证券投资方式主要是由不同性质的证券所决定的,它可能会对企业的投资决策和未来的预期收益产生很大影响。因而证券投资方式与证券的种类直接相关。证券按照不同的标准可做如下几种分类。

(一)债权性证券、权益性证券和混合性证券

按证券的性质不同,证券可以分为债权性证券、权益性证券和混合性证券。

债权性证券是由企业或政府机构发行,承诺按规定时间和方式还本付息的债务证书。它表明持有人拥有证券发行单位的债权,这种证券的持有人一般无权对发行单位进行管理和控制。当发行单位破产时,债权证券要优先清偿,如国库券、金融债券、公司债券等。

权益性证券是一种既不定期支付利息,也无偿还期的证券。此种证券表明持有者拥有证券发行公司的所有权,证券持有者一般对发行单位具有一定的管理和控制权,如普通股股票,其收益的高低取决于发行公司的股利支付水平和股票市场价格。

混合性证券是同时具有债权性证券和权益性证券性质的证券。其典型代表是优先股股票,它是介于普通股股票和债券之间的一种混合性有价证券,兼有普通股股票和债券的某些特点。一方面它可以像债券那样,定期获得固定的收入;另一方面它又像普通股股票,没有偿还期限。除优先股股票外,可转换债券也是一种混合性证券。

当然,上述这三种证券的性质并非一成不变,如可转换债券和优先股股票在规定的条件

下可转换为普通股股票。

（二）固定收益证券和不固定收益证券

按购入证券收益的稳定与否，证券可以分为固定收益证券和不固定收益证券。

固定收益证券是指投资者可定期获得稳定收益的证券，即投资者在购买该种证券时，预先已知该证券的收益率，其在整个证券寿命期中固定不变，如优先股股票、债券等。

不固定收益证券是指投资者事先并不知道其到底有多高的收益率，持有该种证券的收益因时而异，且不一定按期获得，普通股股票属于典型的不固定收益证券。

企业选择固定收益证券还是不固定收益证券进行投资更为有利，主要根据公司投资的目的和各种证券的风险和收益情况而定。

必须指出，上述固定收益证券和不固定收益证券的划分并非是绝对的，在某些特定情况下，也会有所改变。如在通货膨胀较严重的情况下，债券发行单位为了补偿投资者所蒙受的损失，并使自己的债券易于推销，规定其发行的债券可按市场利率变动，在一定时间按一定利率加以调整，这种债券便称为浮动利率债券，属于一种收益不固定的证券。

（三）短期证券和长期证券

按投出资金的收回期限长短不同，证券有短期证券和长期证券之分。

短期证券是指持有期限在一年以内的有价证券。短期证券投资的目的是利用生产经营暂时闲置的资金谋求收益。

长期证券一般是指持有期限在一年以上的有价证券，如股票、债券等。对短期证券与长期证券的划分并不完全取决于所投资金收回期限的长短，主要取决于投资的目的。例如，投资股票、债券，既可以是长期持有，也可以是短期持有。企业究竟购入何种证券更为有利，则要根据企业的投资目的、投资策略和证券的风险程度而定。

由此可见，证券的种类是多种多样的。由于各种证券的性质、期限、偿还条件、各期收益等各有差异，因此，企业在进行证券投资时，应根据不同的投资目的、一定时期证券市场的变化情况和企业投资的风险承受能力等因素，合理组合各种证券投资，以获得最佳的投资收益。

二、证券的特征

证券作为一种金融资产，具有一般金融资产的特征，同时也具有自身的特征。一般地说，证券具有如下基本特征。

（一）证券的产权性

证券的产权性是指有价证券记载着权利人的财产权内容，代表着一定的财产所有权，拥有证券就意味着享有财产的占有、使用、收益和处置的权利。在现代经济社会里，财产权利和证券已密不可分，证券已成为财产权利的一般形式。虽然证券持有人并不实际占有财产，但可以通过持有证券，拥有有关财产的所有权或债权。

（二）证券的收益性

证券的收益性是指持有证券本身可以获得一定数额的收益，这是投资者转让资本使用权的回报。证券代表的是对一定数额的某种特定资产的所有权，它要在社会经济运行中不断运动、不断增值,最终形成高于原始投入价值的价值。由于这种资产的所有权属于证券投资者,投资者持有证券也就同时拥有取得这部分资产增值收益的权利,因此,证券本身具有收益性。有价证券的收益表现为利息收入、红利收入和买卖证券的差价(资本利得)等。

(三)证券的流通性

证券的流通性,又称变现性,是指证券持有人可按自己的需要灵活地转让证券,以换取现金的属性。流通性是证券的生命力所在,流通性不但可以使证券持有人随时把证券转变为现金,而且还可以使持有人根据自己的偏好选择持有证券的种类。证券的流通是通过承兑、贴现、交易等方式实现的。

(四)证券的风险性

证券的风险性是指证券持有者面临着预期投资收益不能实现,甚至使本金受到损失的可能。风险由未来经济状况的不确定性所致,在现有的社会生产条件下,未来经济的发展变化有些是投资者可以预测的,而有些则无法预测,因此,投资者难以确定他所持有的证券将来能否获得收益以及能获得多少收益,从而使持有证券具有风险。

三、证券投资的分类

证券投资的种类是多种多样的。按不同的标准,可以对证券投资进行不同的分类。下面根据证券投资的对象,将证券投资分为债券投资、股票投资、组合投资和基金投资四类。

(一)债券投资

债券投资是指企业将资金投向各种各样的债券。例如,企业购买国库券和公司债券等都属于债券投资。与股票投资相比,债券投资能获得稳定的收益,投资风险较小。

(二)股票投资

股票投资是指企业将资金投向其他企业所发行的股票。例如,企业将资金投向优先股、普通股等都属于股票投资。企业投资于股票,尤其是投资于普通股票,要承担较大的风险,但在通常情况下,也会获得较高的收益。

(三)组合投资

组合投资,又称证券投资组合,是指企业将资金同时投资于多种证券,如既投资于国库券,又投资于企业债券,还投资于企业股票。组合投资可以有效地分散证券投资的风险,是企业进行证券投资时最常用的方式。

(四)基金投资

基金就是许多投资者的钱合在一起,然后由基金公司的专家负责管理,用来投资于多家公司的股票或者债券。基金按其受益凭证可否赎回分为封闭式基金与开放式基金。封闭式基金在信托契约期限未满时,投资者不得向发行人要求赎回。开放式基金就是投资者可以随时要求基金公司收购所买基金(即赎回),当然目标应该是卖出价高于买入价,同时在赎回的时候,要承担一定的手续费。投资者的收益主要来自基金分红,与封闭式基金普遍采取的年终分红所不同,根据行情和基金收益状况的"不定期分红"是开放式基金的主流分红方式。基金投资由于由专家经营管理,风险相对较小,正越来越受广大投资者的青睐。

四、证券投资的目的

(一)暂时存放闲置资金

企业一般都持有一定量的有价证券,以替代数量较大的非盈利的现金余额,并在现金流出量超过现金流入量时,出售有价证券,增加现金。企业对短期证券的投资在多数情况下都是出于预防的需要,因为大多数企业都依赖银行信用来应付短期交易对现金的需要,而银行信用有时是不可靠的或不稳定的,所以企业必须持有一定的有价证券,以防银行信用的短缺。

(二)与筹集长期资金相配合

处于成长期或扩张期的企业一般每隔一段时间就会发行长期证券(股票或公司债券),但发行长期证券所筹集的资金一般并不是一次用完,而是逐渐地、分次使用。这样,暂时不用的资金就可以投资于有价证券,以获取一定的收益。当企业需要资金时,也可以卖出有价证券,获得现金。

(三)满足未来的财务需求

假如企业在不久的将来有一笔现金需求,如修建一座厂房或归还到期债务,则可以将现有的现金投资于有价证券,以便到时售出有价证券后获得所需要的现金。

(四)满足季节性经营对现金的需求

从事季节性经营的企业在一年内的某些月份可能会有剩余现金,在另几个月可能会出现现金短缺,这些企业通常在现金充裕时购入有价证券,而在现金短缺时出售有价证券。

(五)获得对相关企业的控制权

有些企业往往会从战略上考虑去控制另外一些企业,而这可以通过股票投资来实现。例如,一家钢铁公司欲控制一家矿山企业,以便获得稳定的材料供应。这时,该钢铁公司便可以动用一定的资金去购买这家矿山企业的股票,直到其所拥有的股权能控制这家矿山企业为止。

五、证券投资的一般程序

(一)合理选择投资对象

合理选择投资对象是证券投资成败的关键。企业应根据一定的投资原则,认真分析投资对象的收益水平和风险程度,合理选择投资对象,将风险降到最低限度,取得较好的投资收益。

(二)委托买卖

由于投资者无法直接进场交易,买卖证券业务需委托证券商代理。企业可通过电话委托、计算机终端委托、递单委托等方式委托券商代为买卖有关证券。

(三)成交

证券买卖双方通过中介券商的场内交易员分别出价委托,若买卖双方的价位与数量合适,交易即可达成,这个过程叫成交。

（四）清算与交割

企业委托券商买入某种证券成功后，即应解交款项，收取证券。清算，即证券买卖双方结清价款的过程。

（五）办理证券过户

证券过户只限于记名证券的买卖业务。当企业委托买卖某种记名证券成功后，必须办理证券持有人的姓名变更手续。

第二节   股票投资

股票投资是企业进行证券投资的一个重要方面。预计随着我国股票市场的发展，股票投资将变得越来越重要。

一、股票估价

股票的估价是投资者对某种股票进行分析以后确定的估计价值，也称为股票的内在价值或投资价值。对于股票价值的计算，我们可以结合前面所学的知识，先进行现金流量分析，然后利用净现值法将未来股票给投资者带来的现金流入折算成现值，即可得到股票的价值。衡量股票价值有各种不同的方式，下面介绍几种常见的股票估价模型。

（一）股票的一般估价模型

股票给投资者带来的现金流入包括两部分：股利收入和出售时的资本利得。股票的内在价值由发行股票的公司未来支付给股东的一系列股利的现值和将来出售股票的售价的现值所构成。

1. 长期持有的股票估价模型

如果股东准备永远持有股票，他只获得股利，是一个永续的现金流入。这个现金流入的现值就是股票的价值，此时的股票估价模型为

$$V_0 = \frac{D_1}{(1+K)^1} + \frac{D_2}{(1+K)^2} + \cdots + \frac{D_t}{(1+K)^t} = \sum_{t=1}^{\infty} \frac{D_t}{(1+K)^t}$$

式中，V_0 为股票内在价值；D_t 为第 t 年的股利；K 为贴现率，即必要的收益率；t 为年份。

2. 短期持有的股票估价模型

在一般情况下，投资者将资金投资于股票，不仅希望得到股利收入，更重要的是希望在未来出售股票时从股票价格的上涨中得到利益。这时其未来现金流入是若干次股利收入和出售时收回的价款。此时的股票估价模型为

$$V_0 = \sum_{t=1}^{n} D_t/(1+K)^t + V_n/(1+K)^n$$

式中，V_n 为未来出售时预计的股票价格；n 为预计持有股票的期限；其他字母的意义与前面相同。

【例 6-1】 港大公司欲购买天地股份有限公司的股票，预计今后 2 年该公司分配的（每股）股利分别为 0.3 元和 0.4 元，预计 2 年后该股票的市场价格将为 20 元。假设该投资者

要求的报酬率为 12%。

我们可以根据公式来估计天地股份有限公司的股票价值：

$$V_0 = 0.3/(1+12\%) + (0.4+20)/(1+12\%)^2 \approx 16.53(元)$$

通过计算可知，股票内在价值约为 16.53 元，也就是说，只要目前该股票的价格低于 16.53 元，该投资者就可以考虑买进。

（二）固定股利的股票估价模型

由长期持有的股票估价模型可知，如果投资者准备长期持有股票，那么股票的价值取决于公司分配的股利的多少。现在，我们对此模型做进一步的假设，假定公司未来每年提供的股利是固定不变的，即 D_t 是一个常数，其支付过程就是一个永续年金。运用永续年金现值的计算公式，可得出此时的股票估价模型为

$$V_0 = D/K$$

式中，D 为每年固定的股利额；其他字母的意义与前面相同。

【例 6-2】　铭心股份有限公司每年分配股利为每股 0.5 元，投资者要求的必要报酬率为 10%，则该公司股票的价值为

$$V_0 = 0.5/10\% = 5(元)$$

这就是说，如果该股票每年给你带来 0.5 元的股利收益，而你准备长期持有该股票，在 10% 的期望报酬率下，0.5 元的股利相当于 5 元资本的收益，所以股票的理论价值为 5 元。当然，市场上的股票的市场价格可能高于 5 元，也可能低于 5 元。按照前面的计算，该公司的股票市价若低于 5 元，投资者就可以考虑购买该股票；股票市价若高于 5 元，投资者就不应购买该股票。

（三）股利固定增长的股票估价模型

公司的股利不应当是固定不变的，而应当不断增长。股利固定增长是指发行公司每年分配的股利以固定的增长率长期增长。在这种情况下，公司未来每年提供的股利是呈等比级数增长的，这种股票的估价模型为

$$V_0 = \frac{D_0 \times (1+g)}{K-g} = \frac{D_1}{K-g}$$

式中，D_0 为发行公司上年的股利；D_1 为第一年的股利；g 为股利增长率。

【例 6-3】　承前例，假设铭心股份有限公司上年的股利为每股 0.5 元，以后每年股利按 5% 的固定增长率稳定增长，投资者要求的必要报酬率仍为 10%。计算该公司股票的每股价值。

解　根据股利固定增长的股票估价模型，$D_0 = 0.5$，$g = 5\%$，$K = 10\%$，则

$$V_0 = 0.5 \times (1+5\%)/(0.10-0.05) = 10.5(元)$$

计算结果表明，由于该公司每年发放的股利成固定比率增长，其股票的理论价格为 10.5 元，高于固定股利假设下的股票价值。

（四）非固定成长的股票估价模型

前面介绍的股票估价模型都是在公司的股利呈某种规则变化的假设下推出的结果，但实际上大多数公司的股利分配并无规律可循，既不是绝对的固定不变，也不是严格的固定增长，而是一种不规则的变化。例如，公司未来股利的增长分成几个阶段，不同阶段的股利增

长率是不固定的,有的阶段内高速增长,有的阶段内正常固定增长或固定不变。这就涉及股利非固定成长的股票估价问题。在这种情况下,股票价值的计算必须分段进行。

【例 6-4】 钢联股份有限公司未来 3 年内盈利水平将大幅增加,其每年分配的股利也将高速增长,增长率为 20%,此后转为正常的增长,增长率为 12%,公司最近 1 年的股利分配额为每股 0.75 元,同时投资者要求的必要报酬率为 15%。试计算该公司股票的内在价值。

解 这是非正常增长股票的估价问题。

首先,计算高速增长期的各年股利,并计算出其现值。

第 1 年的股利=0.75×(1+20%)=0.90(元)

其现值=0.90×(P/F,15%,1)≈0.78(元)

第 2 年的股利=0.90×(1+20%)=1.08(元)

其现值=1.08×(P/F,15%,2)≈0.82(元)

第 3 年的股利=1.08×(1+20%)=1.296(元)

其现值=1.296×(P/F,15%,3)≈0.85(元)

前三年股利现值合计=0.78+0.82+0.85=2.45(元)

其次,计算第 3 年年底该股票的内在价值及现值。

$$V_3=D_4/(K-g)=D_3×(1+g)/(k-g)=1.296×1.12/(0.15-0.12)$$
$$≈48.38(元)$$
$$其现值=48.38×(P/F,15\%,3)≈31.81(元)$$

最后,计算出该股票目前的内在价值。

$$V_0=2.45+31.81=34.26(元)$$

(五)股利增长率的估计

鉴于股利增长速度在股票价值评估中的重要作用,这里我们介绍两种常见的计算方法,分别是历史增长率法和可持续增长率法。

历史增长率法是基于过去年份上市公司年报中公开的股利数据,利用算术平均数或几何平均数计算股利增长率的一种方法。

假设某投资者搜集 ABC 公司的历史年报数据获取了该公司在 2010—2018 年的股利数据,同时分别计算出每个年份的股利增长率,如表 6-1 所示。

表 6-1 股利增长率计算

年份	2010	2011	2012	2013	2014	2015	2016	2017	2018
每股股利/元	0.2	0.23	0.28	0.22	0.26	0.3	0.31	0.26	0.28
股利增长率/%		15.00	21.74	−21.43	18.18	15.38	3.33	−16.13	7.69

根据算术平均法,2010—2018 年这 8 年间的平均股利增长率就是这 8 年股利增长率的算数平均值 5.47%。

根据几何平均法,假设这 8 年间股利的平均增长速度为 g,根据几何平均数的计算方法得到 $g=\sqrt[8]{0.28/0.2}-1≈4.3\%$。

可持续增长率法是基于企业财务报表数据来预测股利增长率的方法。该方法假设未来保持当前的经营效率和财务政策不变。在该假设下股利增长率与股东权益增长率是一致的。根据相关的财务比率可知：

$$股利增长率＝股东权益增长率＝股东权益增长/期初股东权益$$
$$＝本期新增留存收益/期初股东权益$$
$$＝净利润×（1－股利支付率）/期初股东权益$$
$$＝（1－股利支付率）×期初权益预期净利率$$

假设 ABC 公司预计未来保持经营效率、财务政策不变，预计的股利支付率为 20％，期初权益预期净利率为 6％，则股利的增长率为（1－20％）×6％＝4.8％。

当然上述假设的股票预期股价和报酬率，可能与日后的实际发展情况有差异，甚至可能有较大差异。这是因为我们使用的数据都是预计的，不可能十分准确，而且影响股市的因素又是多方面的，如未来的利率变化、整个股市兴衰等，这些因素在计算时都被忽略了。尽管如此，我们还是应该充分认识到这种方法在股票投资的预测和分析中的必要性和有用性。因为我们是根据股票的价值差异来进行决策的，预测的误差通常只影响其绝对值，而不影响股票投资中对各种股票选择的优先次序；同时，被忽略的不可预见因素通常影响所有的股票，而不是个别的股票，因此对决策的正确性往往不会产生太大的影响。

二、股票投资收益率的计算

前面我们主要讨论了如何估计股票的价值，以判断某种股票的价值是否被市场高估或低估。现在我们来介绍与股票估价密切相关的问题——股票投资收益率的计算。我们假设股票价格是公平的市场价格，证券市场处于均衡状态；在任一时点的证券价格都能完全反映有关该公司的任何可获得的公开信息，而且证券价格对新信息能迅速做出反应。在这种假设条件下，股票的期望收益率就是其必要报酬率。

（一）短期持有的股票收益率的计算

投资者短期持有股票，其收益由发行公司分配的股利以及出售股票实现的资本利得组成。因此，股票的收益率包括两部分：股利收益率和资本利得收益率。

$$股票收益率＝股利收益率＋资本利得收益率$$

股利收益率是获得的股票股利除以投资者的买入价格，资本利得收益率是买卖价差除以买入价格，则股票收益率为

$$K＝D/V_0＋(V_n－V_0)/V_0$$

式中，D 为获得的股利；V_0 为股票的买入价格；V_n 为股票的卖出价格。

（二）股利固定增长、长期持有的股票收益率的计算

根据股利固定增长、长期持有的股票的估价模型，我们知道

$$V_0＝D_1/(K－g)$$

把公式移项整理，可以得到：

$$K＝D_1/V_0＋g$$

这个公式说明，股票收益率可以分为两个部分：第一部分是 D_1/V_0，叫作股利收益率，它是根据预期股利除以当前股价计算出来的。第二部分是增长率 g，叫作股利增长率。g 的数值可以根据上文提到的两种方法计算而得。V_0 是股票市场形成的价格，只要能预计出下一期的股利，我们就可以估计出股东预期报酬率，在有效市场中它就是与股票风险相适应的必

要报酬率。

【例6-5】 某股份有限公司目前的股票市价为10元,预计下一期每股股利为0.3元,该公司股利将以大约8%的速度持续增长。该股票的期望报酬率为

$$K=0.3/10+8\%=11\%$$

计算结果表明,投资该公司股票的预期收益率为11%。

三、市盈率分析法

前述股票价值的计算方法,在理论上比较健全,计算的结果使用也很方便,但股利的预计很复杂并且要求比较高,一般投资者往往很难办到。有一种粗略衡量股票价值的方法,就是市盈率分析法。它易于掌握,被许多投资者使用。

市盈率是股票市价和每股盈利之比,以股价是每股盈利的倍数表示,利用市盈率可以估计股价高低和股票风险。

（一）用市盈率估计股价高低

市盈率可以粗略反映股价的高低,表明投资者愿意用盈利的多少倍的价格购买股票,是市场对该股票的评价。

因为　　　市盈率＝股票市价÷每股盈利

因此有

股票价格＝该股票市盈率×该股票每股盈利

股票价值＝该股票所处行业平均市盈率×该股票每股盈利

根据证券机构或刊物提供的同类股票过去若干年的平均市盈率,将其乘以当前的每股盈利,可以得出股票的平均价值。用它和当前市价比较,可以看出所付价格是否合理。如果计算结果显示股票价格低于价值,说明股价有一定吸引力。

（二）用市盈率估计股票风险

一般认为,股票的市盈率比较高,表明投资者对公司的未来充满信心,这种股票的风险较小。但当股市受到不正常因素干扰时,某些股票的市价被哄抬到不应有的高度,市盈率会很高。若股票的市盈率比较低,表明投资者对公司的未来缺乏信心,这种股票的风险较大。通常认为,市盈率在5以下的股票,前景比较暗淡。

一般来讲,过高或过低的市盈率都不是好兆头,平均市盈率在10～11之间,市盈率在5～20之间是比较正常的,但各行业的正常值是有区别的。应研究拟投资股票市盈率的长期变化,估计其正常值,作为分析的基础。另外,预期将发生通货膨胀或提高利率时市盈率会普遍下降,预期公司利润增长时市盈率会上升,债务比重大的公司市盈率较低。

四、股票投资的特点

股票投资的特点是相对债券投资而言的。投资者在进行证券投资时,首先遇到的问题是选择债券投资还是选择股票投资,这就要求充分了解两者的特点,以便根据投资者自身的情况进行选择。与债券投资相比,股票投资一般具有以下特点。

（一）股票投资是股权性投资

股票投资与债券投资虽然都是证券投资,但投资的性质不同。股票投资属于股权性投

资,股票是代表所有权的凭证,购买了股票就成为发行公司的股东,可以参与公司的经营决策,有选举权和表决权;而债券投资属于债权性投资,债券是债权、债务的凭证,购买了债券就成为发行公司的债权人,可以定期获取利息,但无参与公司经营决策的权利。

(二)股票投资的风险大

与债券投资相比,股票投资的风险较大。投资者购买股票之后,不能要求股份公司偿还本金,只能在证券市场上转让。股票投资的收益主要取决于股票发行公司的经营状况和股票市场的行情。如果公司的经营状况较好,盈利能力强,股票价格会上涨,投资者的收益就会较大;如果公司的经营状况不佳,整个经济形势不景气,股票价格就会下跌,投资者就会遭受较大的损失。如果公司破产,股东的求偿权位于债权人之后,因此,股东可能不能收回部分甚至全部投资。而债券投资是要定期还本付息的,所以风险要比股票投资小。即便公司破产,因其求偿权位于股东之前,也能收回部分投资,不至于血本无归。

(三)股票投资的收益不稳定

股票投资的收益主要是公司发放的股票股利和股票出让的价差收益,其稳定性较差。股票股利直接与公司的经营状况相关。公司的盈利多,就可能多发放股利;公司的盈利少,就可能少发放或不发放股利。股票转让的价差收益主要取决于股票市场的行情。股市行情好,出售股票就可以得到较大的价差收益;股市低迷时,出售股票不仅得不到价差收益,反而会遭受损失。而债券投资的收益就比较稳定,可以定期得到利息收入。但是,一般而言,股票投资的收益要比债券投资的收益大。

(四)股票价格的波动性大

进行股票投资一定要了解股票价格的波动性是很大的。股票价格受多种因素影响,波动性极大。自从有股市以来,股价暴涨暴跌的例子屡见不鲜。这一特点决定了股票市场具有极大的投机性,投资者既可以在这个市场上赚取高额利润,也可能会损失惨重,甚至血本无归。而债券的市场价格尽管也有一定的波动性,但债券的价格毕竟不会偏离其价值太多,因此,其波动性相对较小。这一特点决定了不宜冒险的资金最好不要用于股票投资,而应选择风险较小的债券投资。

第三节　债券投资

债券投资是投资者通过购买各种债券进行的对外投资,它是企业证券投资的一个重要组成部分。债券投资与股票投资相比具有风险小、投机能力不强的特点,因此比较适合于资金性质不宜冒险的投资。

一、债券估价

债券估价是对某种债券进行分析以后确定的估计价值,债券估价在融资决策中具有重要的实际意义。从发行企业的角度看,企业运用债券从资本市场上筹集资金,必须要对它合理定价。定价偏低会导致发行方筹资成本的增加,而定价偏高则可能会使筹资失败。同样,投资者进行债券投资,首先必须分析债券本身所具有的价值,然后将债券价值与当前该债券的价格进行对比,以确定是否购买。只有当债券的价值大于债券的价格时,才值得购买;反之表示该债券投资不可取。

同股票价值一样,债券价值也是债券未来现金流入量的现值。债券未来现金流入量包括债券的利息收入及到期归还的本金。因此,影响债券价值的主要因素有:债券的票面利率和发行时的市场利率的高低、债券的期限长短以及规定的付息方式等。对于债券价值的计算,我们可利用前面所介绍的方法,先进行现金流量分析,确定合适的贴现率,然后利用净现值法将其折算成现值,即可得到债券的价值。下面介绍几种债券的估价模型。

（一）分期付息到期还本的债券估价模型

典型的债券是固定利率,每年计算并支付利息,到期归还本金。这种债券的估价模型如下:

$$V_0 = I \times (P/A, K, n) + M \times (P/F, K, n)$$

式中,V_0 为债券价值;I 为每年的利息;M 为债券面值;K 为贴现率,一般取金融市场中与该债券风险相适应的市场利率或投资者要求的最低报酬率;n 为债券到期前的期限。

【例 6-6】 宏达公司 1999 年 12 月 21 日欲购买丰达公司发行的 5 年期债券。每张面值为 1000 元,其票面利率为 10%,规定每年的 12 月 21 日支取一次利息,到期一次还本。设当时的市场利率为 12%,宏达公司准备以每张 920 元的价格买入丰达公司的债券。问:宏达公司是否应该购买该债券?

解 本例中,$I = 1000 \times 10\% = 100, M = 1000, K = 12\%$,则

$$\begin{aligned}V_0 &= 100 \times (P/A, 12\%, 5) + 1000 \times (P/F, 12\%, 5)\\ &= 100 \times 3.605 + 1000 \times 0.567\\ &= 927.5(元) > 920(元)\end{aligned}$$

该债券的价值大于该债券的价格,宏达公司应该购入该债券。

但是在有些国家(如美国),债券是每半年支付一次利息,一年付息两次。为了计算每年付息两次的债券的价值,就必须修改上述公式。因此上述公式可变化如下:

$$V_0 = I/2 \times (P/A, K/2, 2n) + M \times (P/F, K/2, 2n)$$

【例 6-7】 ABC 公司发行一种债券,票面利率为 10%,期限为 10 年,每半年支付一次利息,投资者要求的年报酬率为 14%,求面值 1000 元的债券的价值。

解 债券每半年支付的利息为 $1000 \times 10\% \div 2 = 50$ 元,那么 ABC 公司债券的价值为

$$\begin{aligned}V_0 &= 50 \times (P/A, 7\%, 20) + 1000 \times (P/F, 7\%, 20)\\ &= 50 \times 10.594 + 1000 \times 0.258\\ &= 787.7(元)\end{aligned}$$

（二）一次还本付息的单利债券估价模型

在我国,公司发行债券通常规定到期一次还本付息(利随本清),且不计复利,这种债券的估价模型是

$$V_0 = (I \times n + M) \times (P/F, K, n)$$

【例 6-8】 三元公司于 1999 年 1 月 5 日以每张 1020 元的价格购买三箭公司发行的利随本清的企业债券。该债券每张的面值为 1000 元,期限为 3 年,票面年利率为 10%,不计复利。购买时市场年利率为 8%。要求:利用债券的价值估价模型,评价三元公司购买此债券

是否合算。

解　本例中，$I=1000\times10\%=100,M=1000,K=8\%$，则
$$V_0=[100\times3+1000]\times(P/F,8\%,3)$$
$$=1032.20(元)$$

由于该债券价值（1032.20 元）大于购买价格（1020 元），故三元公司购买此债券合算。

（三）零息债券的估价模型

零息债券是指期内不计息、到期按面值偿还的债券。由于零息债券在到期前的各个期间都不向债券持有人支付利息，所以其发行价格大大低于面值。其估价模型为
$$V_0=M\times(P/F,K,n)$$

【例 6-9】　某公司于 2002 年 5 月 1 日发行面值为 1000 元、期限为 5 年、期内不付息、到期按面值偿还的公司债券，发行当时的市场利率为 6%，计算该债券的理论价格。

解　该债券属于零息债券，根据公式，其理论价格为
$$V_0=1000\times(P/F,6\%,5)=1000\times0.747=747(元)$$

（四）债券价值与贴现率和到期日的关系

债券投资者购买债券的时间可以在债券发行之后的某个时点，例如 5 年期的债券发行 2 年之后被投资者甲从投资者乙手中购入。投资者乙评估该债券的价值需要以债券在到期日之前的这段时间内所获得的现金流为基础。

【例 6-10】　某公司 2016 年 1 月 1 日发行面值为 1000 元、票面利率为 10% 的 5 年债券。该债券一年付一次息，期末还本。市场年贴现率为 12%。2018 年 1 月 1 日投资者至多以多少元的价格购买该债券才划算？

解　该债券还剩 3 年到期，从购入之日起到债券到期时所产生的现金流的现值就是债券的价值：
$$1000\times0.1\times(P/A,12\%,3)+1000\times(P/F,12\%,3)=952.2 元$$

如果此时市场以高于 951.96 元出售该债券，投资者购买就不划算。

从一般意义上看，已知一种票息为 I、面值为 M 的 n 期债券，某投资者在该债券发行 m 年后购入，在贴现率为 K 时债券的估价公式为
$$V=I\times(P/A,K,n-m)+M\times(P/F,K,n-m)$$

通过对相关参数赋值，我们可以得到债券到期日、贴现率和债券价值之间的关系。我们以票面价值为 1000 元、票面利率为 8%、每年末付一次利息、到期还本的 30 年期债券为例，分别在贴现率为 5%、8% 和 10% 的情况下，模拟了该债券在不同时间点的价值（见图 6-1）。我们发现，贴现率为 5% 时，距离债券到期日越近，债券的价值呈现下降的趋势，最终趋近于债券面值；贴现率为 10% 时，距离债券到期日越近，债券的价值呈现上升的趋势，最终趋近于债券面值；贴现率为 8% 时，债券价值在面值水平附近呈现周期性波动。在债券发行之日（时间 0 点位置）我们发现：贴现率为 5%，即低于票面利率 8% 时，债券的发行价格高于面值，我们称之为溢价发行；贴现率为 10%，即高于票面利率 8% 时，债券的发行价格低于面值，我们称之为折价发行；贴现率为 8%，即等于于票面利率时，债券的发行价格等于面值，我们称之为平价发行。

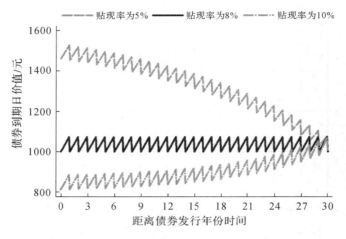

图 6-1　债券到期日、贴现率和债券价值之间的关系

二、债券投资收益率的计算

任何投资活动最终都是为了取得投资收益,在进行债券投资时,有必要比较各类债券的收益情况,计算出投资收益率,以便做出正确的投资决策。在计算收益率时,需要考虑资金时间价值。根据债券投资者持有债券的期限不同,收益率可以分为到期收益率、持有期间收益率和到期一次还本付息的单利债券收益率。

(一)债券的到期收益率

到期益率一般是指购进债券后一直持有至到期日止可获得的收益率。根据投资债券时的现金流出和持有债券至到期日为止的现金流入,求解含有贴现率的方程,即得到债券的到期收益率。

【例 6-11】　联中公司在 2018 年 4 月 1 日以 1100 元的价格发行新债券,每张面值 1000元,票面利率为 10%,5 年后到期,每年 4 月 1 日付息。购买该债券的到期收益率是多少?

解　债券购买价格应该等于购入债券后的现金流入,记该债券的到期收益率为 K,有
$$1100=100\times(P/A,K,5)+1000\times(P/F,K,5)$$
根据插值法
$$K=7\%\text{时},100\times(P/A,7\%,5)+1000\times(P/F,7\%,5)=1123$$
$$K=8\%\text{时},100\times(P/A,8\%,5)+1000\times(P/F,8\%,5)=1080.3$$
解方程
$$\frac{7\%-8\%}{1123-1080.3}=\frac{7\%-K}{1123-1100}$$
得到 $K\approx7.538\%$,即投资者购买该债券的到期收益率。

(二)债券的持有期间收益率

持有期间期益率一般是指购进债券一段时期后,在到期日之前就将债券卖出可获得的收益率。

【例 6-12】　一张面值为 1000 元、票面利率为 10% 的 8 年期债券,某投资者在债券发行 2 年后以 2000 元的价格购入该债券,持有该债券 2 年后,以 2100 元的价格卖出。求该投资

者持有该债券期间的收益率。

解　债券持有期间现金流入分为两部分,一是票息收入,二是卖出所获得的收入。市场竞争的结果是,现金流入的现值之和等于债券的购买价格,这里的贴现率就是债券持有期间的收益率。

$$2000 = 100 \times (P/A, K, 2) + 2100 \times (P/F, K, 2)$$

根据插值法

$$K = 7\% \text{时}, 100 \times (P/A, 7\%, 2) + 2100 \times (P/F, 7\%, 2) = 2014.1$$

$$K = 8\% \text{时}, 100 \times (P/A, 8\%, 2) + 2100 \times (P/F, 8\%, 2) = 1978$$

解方程

$$\frac{7\% - 8\%}{2014.1 - 1978} = \frac{7\% - K}{2014.1 - 2000}$$

得到 $K \approx 7.39\%$,即投资者持有该债券期间的收益率。

(三)到期一次还本付息的单利债券收益率

到期一次还本付息债券的收益率,就是在债券到期之前的期数内,使得债券到期时票面价值与利息的现值和购买债券价格相等的贴现率。

【例6-13】　伟业公司2009年3月1日平价发行面额为1000元的债券,2014年3月1日到期,其票面利率为8%,规定按单利计息,到期一次还本付息。甲投资者于2009年3月2日平价买入此债券,随后银行利率大幅度下调,债券价格大幅上涨。乙投资者于2012年3月2日以1280元的市场价格购进此债券。

要求:分别计算甲投资者和乙投资者投资该债券的到期收益率。

解　该债券到期日的票面价值与票息之和为 $1000 \times (1 + 5 \times 8\%) = 1400$ 元。

甲投资者购买债券时距离债券到期还有5年,到期收益率 $K_甲$ 通过计算以下方程而得:

$$1000 = 1400 \times (P/F, K_甲, 5)$$

通过插值法计算得出: $K_甲 \approx 6.96\%$

乙投资者购买债券时距离债券到期还有2年,到期收益率 $K_乙$ 通过计算以下方程而得:

$$1280 = 1400 \times (P/F, K_乙, 2)$$

通过插值法计算得出: $K_乙 \approx 4.58\%$

从上述计算结果可以看出,由于债券价格大幅度上涨,债券投资的到期收益率大幅下降。

三、债券投资的风险

债券投资的风险主要有以下几种。

(一)违约风险

违约风险是指债券发行人无法按时支付债券利息和偿还本金的风险。一般来说,财政部发行的国库券,没有违约风险,其他债券或多或少都有违约风险。因此,信用评估机构要对中央政府以外的地方政府和公司发行的债券进行评级,以反映其违约风险。避免违约风险的方法是不买质量差的债券。

(二)利率风险

利率风险是指由于利率变动而使投资者遭受损失的风险。一般说来,债券的利率风险与债券的到期时间成正比,即债券的到期时间越长,利率风险越大。因此,同类债券如期限较长,利率也应较高。减少利率风险的办法是分散债券的到期日。

(三)购买力风险

购买力风险是指由于通货膨胀而使货币购买力下降的风险。一般来说,预期报酬率会上升的资产,其购买力风险会低于报酬率固定的资产。例如,房地产、普通股等投资受通货膨胀的影响较小,而收益长期固定的债券受通货膨胀的影响较大,前者更适合作为减少通货膨胀损失的避险工具。

(四)变现力风险

变现力风险是指无法在短期内以合理价格卖掉资产的风险。这就是说,如果投资者遇到一个更好的投资机会,他必须在一定期限内出售现有的资产,以便进行新的投资,但他找不到愿意出合理价格的买主,要么把价格压得很低,要么等很长时间。这样,投资者不是丧失新的投资机会,就是蒙受降价损失。一般来说,冷门债券变现力较差,国库券有活跃的市场,变现力较强。

(五)再投资风险

再投资风险是指债券到期时由于利率变动而使投资者遭受的风险。购买短期债券,而没有购买长期债券,会有再投资风险。例如,长期债券的利率为15%,短期债券的利率为13%,为减少利率风险,投资者购买的是短期债券。当短期债券到期收回本金时,如果利率降到11%,此时投资者只能找到报酬率大约为11%的投资机会;而当初如果投资于长期债券,现在仍可获得15%的收益。

四、债券投资的优缺点

(一)债券投资的优点

1.投资风险较小

与股票投资相比,债券投资的风险比较小。政府债券有国家财力作后盾,其本金的安全性非常强,通常被视为无风险证券。企业债券的持有者拥有优先求偿权,即当企业破产时,可以先于股东分得企业资产,因此,其本金损失的可能性小。

2.收益比较稳定

债券的票面上一般都标有固定利息率,债券的发行人有按时支付利息的法定义务。因此,在正常情况下,投资于债券能获得比较稳定的收益。

3.变现力较强

由于许多债券都具有较强的流动性,因此,投资于债券,一般可以在市场上迅速出售,及时变现。

(二)债券投资的缺点

1.购买力风险较大

债券的面值和利息率在发行时就已确定,如果投资期间的通货膨胀率比较高,则本金和利息的购买力将不同程度地受到侵蚀。在通货膨胀率非常高时,投资者虽然名义上仍有收益,但实际上不可避免会遭受损失。

2.没有经营管理权

投资于债券,只能获得一定的收益,而无权对债券发行单位施以影响和控制,没有经营管理权。

第四节 证券投资风险理论

任何投资都存在风险,投资者购买证券也不例外。第二章从一般意义上介绍了风险的原理。本节我们结合证券投资自身的特点进一步学习证券投资中的风险知识。

一、无风险利率

国债通常被认为是没有违约风险的,其利率可以代表无风险利率。现实中,政府发行的国债有不同的期限,有短期和长期之分,对应的利率也不同。考虑到短期国债利率波动性较大,故选择利率波动性较小的长期国债作为无风险证券。最常见的做法是选择 10 年期的国债利率代表无风险利率。

在第三节里介绍了债券的票面利率与到期收益率不是一个概念,二者经常不同。在确定无风险利率时,我们采用长期国债的到期收益率计算无风险利率。

无风险利率的通常用 r_f 表示,在理论上将其看作一个常数,意味着没有波动性,即 $\mathrm{var}(r_f)=0$;同时其与其他证券的收益率之间不存在相关关系,即 $\mathrm{cov}(r_f,r_i)=0$,这里 r_i 表示证券 i 的收益率。

二、市场收益率

以股票市场为例,在某个证券交易市场中有成百上千种股票在交易。为了衡量整个股票市场中总体价格水平及其变动趋势,人们编制了股票市场价格指数,反映报告期的股票平均价格与选定的基期股票平均价格的变化情况。常见的股票价格指数有道·琼斯股票价格指数、标准·普尔股票价格指数、恒生股票价格指数、上证股票指数和深证综合股票指数。

基于股票价格指数我们可以计算股票的市场收益率。通常选取 5 年的数据,时间间隔可以建立在每年、每月、每周或者每天的基础上。计算方法上可以采用算数平均或几何平均等方法。通常用 r_m 表示股票的市场收益率,根据时间间隔的不同可以分为市场年收益率、月收益率、日收益率等。

【例 6-14】 某股票市场近 5 年年末的市场价格指数分别为 3000、3100、2900、3300 和 3400,分别利用算数平均法和几何平均法计算市场收益率。

解 用算数平均法先计算每年的市场收益率,然后取平均值。

第一年的收益率＝(3100－3000)/3000≈3.33％

第二年的收益率＝(2900－3100)/3100≈－6.45％

第三年的收益率＝(3300－2900)/2900≈13.79％

第四年的收益率＝(3400－3300)/3300≈3.03％

股票市场年平均收益率为 3.43％。

用几何平均数法计算的收益率为

$$(3400/3000)^{1/4} - 1 \approx 3.18\%$$

三、市场收益率与股票收益率的协方差

市场收益率代表整个股票市场的收益率,可以看作整个股票市场所有股票构成的投资组合的收益率。我们可以计算市场收益率的方差及其与其他单只股票收益率的协方差,相关资料如表 6-2 所示。

表 6-2 股票收益率、市场收益率及其概率

股票 i 的收益率	市场收益率	概率
-13%	-15%	0.3
1%	-1%	0.1
6%	9%	0.4
24%	19%	0.1

根据表 6-2,我们可以计算得出:

股票 i 的期望收益率 $E(r_i) = 1.1\%$,标准差 $\sigma_i = 8.76\%$。

股票市场期望的收益率 $E(r_m) = 0.8\%$,标准差 $\sigma_m = 8.61\%$,方差 $\sigma_m^2 = 0.74\%$。

二者收益率的协方差 $\sigma_{im} = \mathrm{cov}(r_i, r_m) = 0.73\%$。

进一步可以求出相关系数 $\rho_{im} = 0.97$。

结果表明股票 i 的收益率与市场收益率同方向变化,且相关程度较高,反映了股票收益率与市场系统风险存在一定程度的关联。

四、股票的系统风险度量

基于上述结果,我们可以构造衡量股票系统风险的指标贝塔系数。计算公式为

$$\beta_i = \frac{\sigma_{im}}{\sigma_m^2} = \rho_{im} \times \frac{\sigma_i}{\sigma_m}$$

股票 i 的贝塔系数 β_i 等于股票 i 的收益率与市场收益率的协方差除以市场收益率的方差,或者二者收益率的相关系数乘以股票 i 收益率的标准差除以市场收益率的标准差。

续上例,股票 i 的贝塔系数为

$$\beta_i = \frac{0.73\%}{0.74\%} \approx 0.99 \quad \text{或者} \quad 0.97 \times \frac{8.76\%}{8.61\%} \approx 0.99$$

β_i 反映了股票的系统风险。不同的股票,贝塔系数不同,β 越高表明该股票风险越大。

投资组合的贝塔系数(β_p)等于组合内各个证券贝塔系数的加权平均值。计算公式为

$$\beta_p = \sum \omega_i \beta_i$$

式中,ω_i 是证券 i 在投资组合中的比重。

【例 6-15】 某投资人持有组合证券投资共 200 万元,其中 A 股票 60 万元,B 股票 100 万元,C 股票 40 万元,三种股票的贝塔系数分别为 1、2 和 0.5,则投资组合的贝塔系数为

$$\frac{60}{200} \times 1 + \frac{100}{200} \times 2 + \frac{40}{200} \times 0.5 = 1.4$$

另外,长期国债是一种无风险资产,收益率的标准差为 0,根据贝塔系数公式,可以求得无风险资产的贝塔系数 $\beta_f = 0$。同样根据贝塔系数公式,可以得到市场收益率的贝塔系数 $\beta_m = 1$。

五、风险溢价与风险收益率

风险溢价是指证券的期望收益率高于无风险资产的部分,风险收益率是指用证券的系统风险平摊后的风险溢价。计算公式为

$$股票 i 的风险溢价 = E(r_i) - r_f$$

$$股票 i 的风险收益率 = \frac{E(r_i) - r_f}{\beta_i}$$

例如,股票 A 的期望收益率为 25%,贝塔系数为 4;股票 B 的期望收益率为 10%,贝塔系数为 2。已知无风险收益率 5%,分别计算股票 A 和 B 的风险收益率。

$$股票 A 的风险收益率 = \frac{E(r_A) - r_f}{\beta_A} = \frac{25\% - 5\%}{4} = 5\%$$

$$股票 B 的风险收益率 = \frac{E(r_B) - r_f}{\beta_B} = \frac{10\% - 5\%}{2} = 2.5\%$$

结果表明,对于每一单位的系统风险,股票 A 的风险溢价是 5%,股票 B 的风险溢价是 2.5%,小于股票 A 的。但是这个情况不会长久,在竞争的市场中,收益率的差异引起投资者的重新选择,像股票 A 这样风险收益率高的投资品必定受到投资者青睐,导致股票 A 的价格上升,股票 B 的价格下降,进而引起风险收益的变化,市场竞争最终的结果是市场上每一种投资的风险收益率必定相等。即

$$\frac{E(r_A) - r_f}{\beta_A} = \frac{E(r_B) - r_f}{\beta_B} = \cdots$$

六、资本资产定价模型

我们考虑市场上所有证券组成的投资组合,其收益率就是我们前文提到的市场收益率 r_m,根据风险收益率的定义,我们可以得到市场风险溢价 $E(r_m) - r_f$,竞争市场结果导致每一种资产的风险收益率都是相同的,即

$$\frac{E(r_i) - r_f}{\beta_i} = \frac{E(r_m) - r_f}{\beta_m}$$

股票 i 的风险收益率与市场组合的风险收益率相同。

前文提到 $\beta_m = 1$,我们可以将上式进一步简化为

$$E(r_i) = r_f + \beta_i \times [E(r_m) - r_f]$$

这个结果称为资本资产定价模型(capital asset pricing model,CAPM),资本资产定价模型表明,证券的收益率取决于三个条件:一是无风险利率 r_f,二是市场风险溢价 $E(r_m) - r$,三是证券自身系统风险的大小 β_i。

【例 6-16】　股票的贝塔系数为 2,无风险利率为 5%,市场期望收益率为 15%,求股票的期望收益率。

解　根据 CAPM 计算公式,股票期望收益率 $= 5\% + 2 \times (15\% - 5\%) = 25\%$

根据风险溢价的定义,结合 CAPM 公式,可以得到风险溢价的计算公式:

$$E(r_i) - r_f = \beta_i \times [E(r_m) - r_f]$$

例 6-16 中，股票的风险溢价为 20%。

七、证券组合投资类型

证券组合投资的目的在于规避风险，投资者不应把资金全部投放在一种证券上，否则一旦有变，可能使投资者遭受巨大损失。投资者选择什么样的投资组合主要取决于投资者对风险的偏好程度以及承受能力。由于投资者厌恶风险的程度不同，所以形成了各种不同类型的证券投资组合。常见的证券投资组合类型有以下三种。

(一)保守型证券投资组合

保守型证券投资组合尽量模拟证券市场的某种市场指数，以求分散掉全部可分散风险，获得与市场平均报酬相同的投资报酬。这种证券投资组合所承担的风险主要是市场上的系统性风险，非系统性风险基本上能够消除，其投资收益也不会高于市场的平均收益，因此是比较保守的投资组合类型。保守型证券投资组合的优点是：①能分散掉全部可分散风险。②不需要高深的证券投资专业知识，只要尽可能地模仿某种市场指数就可以。③证券投资管理费用较低。缺点是收益较低。

(二)冒险型证券投资组合

冒险型证券投资组合以资本升值为主要目标，尽可能多地选择一些成长性较好的股票，而少选择低风险、低报酬的股票，这样就可以使投资组合的收益高于证券市场的平均收益，但风险也高于证券市场的平均风险。所以，采用这种投资组合，如果做得好，可以取得远远高于市场平均报酬的投资收益；但是如果失败，会造成较大的损失。采用冒险型证券投资组合，不仅要求投资者具备较专业的证券投资知识，还要求其对企业进行深入细致的分析，如行业发展前景、产品的市场需求状况与竞争情况、企业经营状况与财务状况等。

(三)收入型证券投资组合

收入型证券投资组合，也称稳健型证券投资组合，它是一种比较常见的证券投资组合类型。这种投资组合以追求低风险和稳定的收益为主要目标。收入型证券投资组合通常选择一些风险不大、效益较好的公司的股票。这些股票虽然不是高成长股票，但能够给投资者带来稳定的股利收益。因此，收入型证券投资组合风险较低，但收益却比较稳定。选择这种投资组合的投资者通常认为，股票的价格主要是由企业的经营业绩决定的，只要企业的经济效益好，股票的价格终究会体现其优良的业绩。所以在进行股票投资时要全面深入地进行证券投资分析，选择一些品质优良的股票组成证券组合，这样既可以获得较高的投资收益，又不会承担太大的投资风险。

【本章思考题】

1.假定市场利率保持不变，溢价发行的债券其理论价值会随着时间的推移而逐渐下降。请问这一结论是否正确？

2.债券的发行价格高低受票面利率和市场利率高低的影响。如果债券票面利率高于发行时的市场利率，该债券一定是溢价发行；反之该债券一定是折价发行。这种说法有何不妥?

3.某公司准备进行股票投资,现有 A、B、C 三只股票作为备选品种,反映这三只股票风险大小的有关数据如表 6-3 所示。

表 6-3　反映 A、B、C 三只股票风险大小的有关数据

指标	股票 A	股票 B	股票 C
期望报酬率	25%	20%	18%
报酬率的标准差	18%	20%	16%
贝塔系数	−1.30	1.20	1.50

该公司证券部的甲、乙、丙三位职员的分析如下:甲认为 A 股票的期望报酬率最高,高收益意味着高风险,所以 A 股票的风险最大。乙认为 B 股票的风险最大,因为其报酬率的标准差最大。丙则认为 C 股票的风险最大,理由是 C 股票的贝塔系数最大。请你分别指出该公司证券部的三位职员对 A、B、C 三种股票的风险分析有何不妥。你认为哪一种股票的风险最大? 请说明你的理由。

4.证券组合投资的主要目的是什么?

本章自测

第七章 营运资金管理

营运资金管理是企业财务管理的重要组成部分。本章主要介绍营运资金的内容、特点和管理要求;营运资金的筹资组合策略以及对企业报酬和风险的影响;现金管理的主要内容以及最佳现金余额的确定方法;应收账款管理的目标以及信用政策的制定方法;存货管理的目标以及经济订货量的确定方法。

第一节 营运资金管理概述

营运资金是指企业生产经营活动过程中占用在流动资产上的资金。营运资金有广义与狭义之分,广义的营运资金又称毛营运资金,是指一个企业的流动资产的总额;狭义的营运资金又称净营运资金,是指流动资产减去流动负债后的余额。营运资金的管理既包括流动资产的管理,又包括流动负债的管理。

一、营运资金的内容

广义上来说,营运资金包括流动资产和流动负债。

(一)流动资产

流动资产是指可以在1年或超过1年的一个营运周期内变现或运用的资产。流动资产具有占用时间短、周转快、易变现等特点。企业拥有较多的流动资产,可在一定程度上降低财务风险。

(1)按占用形态不同,流动资产分为现金、以公允价值计量且其变动计入当期损益的金融资产、应收及预付款项和存货等。

(2)按在生产经营过程中所处的环节不同,流动资产分为生产领域中的流动资产、流通领域中的流动资产以及其他领域中的流动资产。

(二)流动负债

流动负债是指需要在1年或者超过1年的一个营业周期内偿还的债务。流动负债又称短期负债,具有成本低、偿还期短的特点,必须加强管理。流动负债按不同标准可做不同分类,最常见的分类方式如下。

(1)以应付金额是否确定为标准,可以分成应付金额确定的流动负债和应付金额不确定的流动负债。应付金额确定的流动负债是指根据合同或法律规定到期必须偿付并有确定金额的流动负债,如短期借款、应付票据、应付短期融资券等;应付金额不确定的流动负债是指要根据企业生产经营状况,到一定时期或具备一定条件时才能确定金额的流动负债,或应付金额需要估计的流动负债,如应交税费、应付产品质量担保债务等。

(2)以流动负债的形成情况为标准,可以分成自然性流动负债和人为性流动负债。自然性流动负债是指不需要正式安排,由于结算程序或有关法律法规的规定等而自然形成的流动负债;人为性流动负债是指由财务人员根据企业对短期资金的需求情况,通过人为安排所形成的流动负债,如短期银行借款等。

(3)以是否支付利息为标准,可以分为有息流动负债和无息流动负债。

二、营运资金的特点

为了有效地管理企业的营运资金,必须研究营运资金的特点,以便有针对性地进行管理。

营运资金一般具有如下特点:

(1)营运资金的来源具有多样性。企业筹集长期资金的方式较少,只有吸收直接投资、发行股票、发行债券等方式。与筹集长期资金的方式相比,企业筹集营运资金的方式较为灵活多样,通常有银行短期借款、短期融资券、商业信用、应交税费、应付股利、应付职工薪酬等多种内外部融资方式。

(2)营运资金的数量具有波动性。流动资产的数量会随企业内外部条件的变化而变化,时高时低,波动很大。季节性企业如此,非季节性企业也如此。随着流动资产数量的变动,流动负债的数量也会相应发生变动。

(3)营运资金的周转具有短期性。企业占用在流动资产上的资金,通常会在1年或超过1年的一个营业周期内收回,对企业影响的时间比较短。根据这一特点,营运资金可以用商业信用、银行短期借款等短期筹资方式来加以解决。

(4)营运资金的实物形态具有变动性和易变现性。企业营运资金的占用形态是经常变化的,营运资金的每次循环都要经过采购、生产、销售等过程,一般按照现金、材料、在产品、产成品、应收账款、现金的顺序转化。为此,在进行流动资产管理时,必须在各项流动资产上合理配置资金数额,做到结构合理,以促进资金周转顺利进行。同时,以公允价值计量且其变动计入当期损益的金融资产、应收账款、存货等流动资产一般具有较强的变现能力,如果企业遇到意外情况,如出现资金周转不灵、现金短缺时,便可迅速变卖这些资产,以获取现金,这对财务上应付临时性资金需求具有重要意义。

三、营运资金的管理要求

企业的营运资金在全部资金中占有相当的比重,而且由于其周转速度快、形态易变等特点,在财务管理工作中是非常重要的组成部分。实证研究也证明,财务经理的大量时间都用于营运资金的管理。为了实现财务管理的总体目标,企业进行营运资金管理必须遵循以下要求。

(一)认真分析生产经营状况,合理确定营运资金的需要数量

企业营运资金的需要数量与企业生产经营活动有直接关系。当企业产销两旺时,流动

资产会不断增加,流动负债也会相应增加;而当企业产销量不断减少时,流动资产和流动负债也会相应减少。因此,企业财务人员应认真分析生产经营状况,采取一定的方法预测营运资金的需要数量,以便合理使用营运资金。

(二)加速营运资金的周转,提高资金的利用效率

营运资金周转是指企业的营运资金从现金投入生产开始,到最终转化为现金的过程。在其他因素不变的情况下,加速营运资金的周转,也就相应地提高了资金的利用效率。因此,企业要千方百计地加速存货、应收账款等流动资产的周转,以便以有限的资金取得最大的经济效益。

(三)在保证生产经营需要的前提下,节约使用资金

在营运资金管理中,必须正确处理保证生产经营需要和节约使用资金两者之间的关系。要在保证生产经营需要的前提下,遵守勤俭节约的原则,挖掘资金潜力,精打细算地使用资金。

(四)合理安排流动资产与流动负债的比例,保证企业有足够的短期偿债能力

流动资产、流动负债以及两者之间的关系能较好地反映企业的短期偿债能力。流动负债是在短期内需要偿还的债务,而流动资产是在短期内可以转化为现金的资产。因此,如果一个企业的流动资产比较多,流动负债比较少,说明企业的短期偿债能力较强;反之,则说明短期偿债能力较弱。但如果企业的流动资产太多,流动负债太少,也并不是正常现象,这可能是流动资产闲置或流动负债利用不足所致。根据惯例,流动资产是流动负债的两倍是比较合理的。因此,在营运资金管理中,要合理安排流动资产与流动负债的比例,以便既节约使用资金,又保证企业有足够的偿债能力。

四、营运资金的管理政策

从营运资金的特点出发,营运资金的管理内容涉及如何确定营运资金的数量、如何筹措营运资金、如何合理安排好流动资产与流动负债之间的关系等问题。围绕营运资金管理所制定的方针政策,称为营运资金的管理政策。

一般而言,在其他条件不变的情况下,流动资产较多,将会使企业有足够的现金及现金等价物用于偿还到期债务,到期不能偿债的风险较小。然而,由于流动资产的获利能力低于长期资产,因而在流动资产上过多地占用资金,会使企业的收益能力下降。反之,流动资产较少,企业的收益能力增强,而到期不能偿债的风险也会加大。因此,营运资金的管理政策,也必须把它们放在风险与收益相结合的模型中加以讨论。

企业营运资金的筹资组合一般有三种策略。

(一)正常的筹资组合策略

正常情况下的筹资组合策略遵循的原则是短期资产由短期资金来融通,长期资产由长期资金来融通。这里短期资产是指流动资产,而长期资产主要是指固定资产,当然,也包括无形资产与长期投资。另外,在流动资产中,有一部分库存商品和原材料由于积压与储备等原因是经常被占用的,也属于长期占用的资产,称为长期流动资产。正常的筹资组合策略如图 7-1 所示。

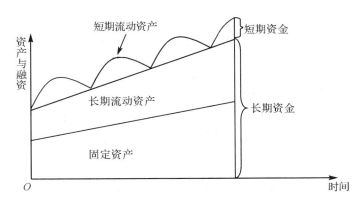

图 7-1　正常的筹资组合策略

(二)冒险的筹资组合策略

有的企业不是遵循短期资产由短期资金来融通、长期资产由长期资金来融通的原则,而是将部分长期资产由短期资金来融通,这便属于冒险的筹资组合策略,如图 7-2 所示。

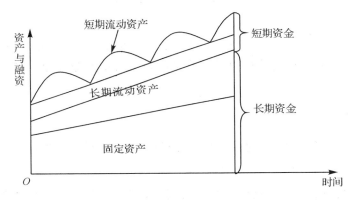

图 7-2　冒险的筹资组合策略

这种类型的企业用长期资金来购置部分长期流动资产和固定资产,用短期资金来购置另外一部分长期流动资产和全部短期流动资产。这种策略的资金成本较低,因而能减少利息支出,增加企业收益;但是短期资金融通了一部分长期资产,风险比较大。喜欢冒险的财务人员在融通资金时多使用此策略。

(三)保守的筹资组合策略

有的企业将部分短期资产用长期资金来融通,这便属于保守的筹资组合策略,如图 7-3所示。

在这种类型的企业中,短期资产的一部分和全部固定资产都用长期资金来融通,而只有一部分短期资产用短期资金来融通。这种策略的风险较小,但成本较高,会使企业的利润减少。较为保守的财务人员多使用此种策略。

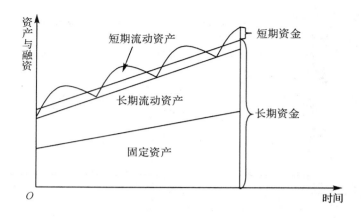

图 7-3　保守的筹资组合策略

第二节　现金管理

现金有广义、狭义之分。广义的现金是指在生产经营过程中以货币形态存在的资金,包括库存现金、银行存款和其他货币资金等。狭义的现金仅指库存现金。这里所讲的现金是指广义的现金。

一、现金持有动机

持有现金是出于三种动机:支付性动机、预防性动机和投机性动机。

（一）支付性动机

支付性动机是指持有现金以便满足日常支付的需要,如用于购买原材料、支付工资、交纳税款、支付股利等。企业每天的现金收入和现金支出很少等额发生,保留一定的现金余额可使企业在现金支出大于现金收入时不至于中断交易。现金支付的数量取决于企业的销售水平。企业必须维持适当的现金余额,才能使业务活动正常地进行下去。

（二）预防性动机

预防性动机是指置存现金以防意外的支付。企业有时会出现意想不到的开支,现金流量的不确定性越大,预防性现金的数额也就越大;反之,企业现金流量的可预测性强,预防性现金的数额则可小些。此外,预防性现金的数额还与企业应急的借款能力有关。如果企业能够很容易地借到短期资金,也可以缩小预防性现金的数额;若非如此,则应扩大预防性现金的余额。

（三）投机性动机

投机性动机是指置存现金用于不寻常的购买机会。比如遇到廉价原材料或其他资产供应的机会,便可用手头现金大量购入;再比如在适当时机购入价格有利的股票和其他有价证券;等等。当然,除了金融和投资公司外,一般地讲,其他企业专为投资性需要而特殊置存现金的不多,遇到不寻常的购买机会,也常设法临时筹措资金。但拥有相当数额的现金,确实为突然的大批采购提供了方便。

二、现金管理的内容

保持合理的现金水平是企业现金管理的重要内容。现金是变现能力最强的资产,代表着企业直接的支付能力和应变能力,可以用来满足生产经营开支的各种需要,也是还本付息和履行纳税义务的保证。拥有足够的现金对于降低企业的风险、增强企业资产的流动性和债务的可清偿性有着重要的意义。但现金收益性最弱,对其持有量不是越多越好。即使是银行存款,其利率也非常低。因此,现金存量过多,它所提供的流动性边际效益便会随之下降,从而使企业的收益水平下降。

除了应付日常的业务活动之外,企业还需要拥有足够的现金偿还贷款、把握商机以及应付不时之需。企业必须建立一套管理现金的方法,持有合理的现金数额,使其在时间上继起,在空间上并存,在现金的流动性和收益性之间进行合理选择,这是现金管理的根本目标。所以企业必须编制现金预算,以衡量企业在某段时间内的现金流入量与流出量,以便在保证企业正常经营活动所需现金的同时,尽量减少企业的现金数量,从暂时闲置的现金中获得最大的收益,提高资金收益率。现金管理的内容如图 7-4 所示。

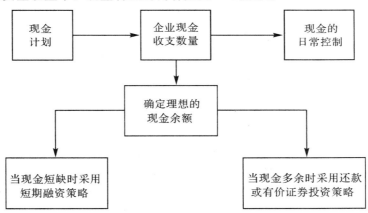

图 7-4　现金管理的内容

三、最佳现金余额的确定

现金是一种流动性最强的资产,又是一种营利性最差的资产。现金过多,会影响企业的盈利水平;而现金太少,又可能使企业出现现金余缺,影响生产经营活动。因此,控制好现金持有规模,即确定适当的现金持有量是现金管理中非常重要的组成部分。在西方财务管理中,确定最佳现金余额的方法主要有以下几种。

（一）成本分析模式

成本分析模式是指通过分析持有现金的成本,寻找持有成本最低的现金持有量。

企业持有现金是要付出代价的。现金的持有成本是指企业为了持有一定数量的现金而发生的费用,或者现金发生短缺时所付出的代价。它主要由以下三个部分构成。

1.机会成本

现金作为企业的一项资金占用,是有代价的。这是因为企业将资金占用在现金上会丧失其他的投资收益,比如不能进行有价证券投资,由此所带来的投资收益就是现金的机会成本。它与现金的持有量成正比,持有量越大,机会成本越高。机会成本通常可以用有价证券的收益率来衡量。假定某企业的资本成本为10%,现金年均持有量为50万元,则该企业每年持有现金的机会成本为5(50×10%)万元。

2.管理成本

这里的管理成本是指企业因持有一定数量的现金而发生的管理费用,如现金保管人员的工资、保管现金发生的必要安全措施费用等。现金的管理成本具有固定性,即管理成本在一定的现金余额范围内,与现金的持有量无明显的比例关系。

3.短缺成本

现金的短缺成本是指因缺乏必要的现金,不能应付业务开支所需,而使企业蒙受的损失或为此付出的代价。例如,企业不能按时交纳税金而支付的滞纳金、不能按时还贷而支付的罚息等都属于现金的短缺成本。现金的短缺成本随现金持有量的增加而下降,随现金持有量的减少而上升。

上述三项成本之和最小的现金持有量,就是最佳现金持有量。如果把以上三种成本线放在一个图中(见图7-5),就可以表现出持有现金的总成本(总代价)。

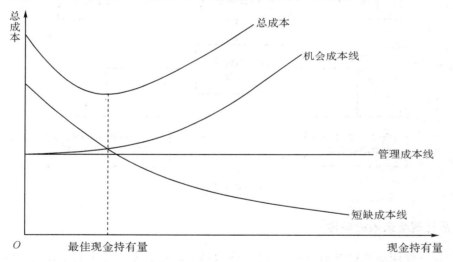

图 7-5　现金持有量成本分析模式

从图7-5中不难看出,机会成本与现金持有量同方向变动,短缺成本与现金持有量反方向变动,管理成本相对不变,总成本线是一条抛物线,该抛物线的最低点即为持有现金的最低总成本,该点对应的横坐标轴上的量即为最佳现金持有量(即最佳现金余额)。

在实际财务管理中,最佳现金持有量的确定,可以先分别计算出各种方案的机会成本、管理成本和短缺成本之和,再从中选出总成本之和最低的现金持有量。

【例 7-1】　某贸易有限公司拥有甲、乙、丙、丁四种现金持有量的备选方案,其相关的成本资料如表 7-1 所示。

表 7-1　现金持有量的备选方案　　　　　　　　　　　　　单位:元

项目	甲方案	乙方案	丙方案	丁方案
现金持有量	15000	20000	25000	30000
机会成本	1500	2000	2500	3000
管理成本	5000	5000	5000	5000
短缺成本	5000	2000	1700	1100

注:机会成本率即该企业的资本收益率为 10%

这四种方案的总成本计算结果见表 7-2。

表 7-2　现金持有量的成本测算　　　　　　　　　　　　　单位:元

项目	甲方案	乙方案	丙方案	丁方案
机会成本	1500	2000	2500	3000
管理成本	5000	5000	5000	5000
短缺成本	5000	2000	1700	1100
总成本	11500	9000	9200	9100

通过分析、比较表 7-2 中各方案的总成本可知,乙方案的总成本最低,也就是说当企业持有 20000 元现金时,各方面的总代价最低,对企业最合适,故 20000 元是该企业的最佳现金持有量(理想现金余额)。

(二)存货模式

从上述的分析中我们得知,企业平时持有较多的现金,会降低现金的短缺成本,但是也会相应增加现金占用的机会成本;而平时持有较少的现金,则会增加现金的短缺成本,却能减少现金占用的机会成本。如果企业平时只持有较少的现金,在有现金需要时(如手头的现金用尽),通过出售有价证券换回现金(或从银行借入现金),便既能满足现金的需要,避免短缺成本,又能减少机会成本。因此,适当的现金与有价证券之间的转换,是企业提高资金的使用效率的有效途径。这与企业奉行的营运资金管理政策有关。但是,如果每次任意地进行有价证券与现金的转换,还是会加大企业的成本,因此如何确定每次有价证券与现金的转换量,是一个需要研究的问题。这可以应用现金持有量的存货模式解决。

现金持有量的存货模式是威廉·鲍莫尔(William Baumol)提出的用于确定目标现金持有量的模型。

企业用现金购入有价证券以及转让有价证券换取现金时付出的费用,称为现金的转换成本(交易成本),如委托买卖佣金、委托手续费、证券过户费、实物交割费或手续费等。现金的转换成本不都是固定费用。现金的转换成本与现金的转换次数、每次的转换量有关。假定现金每次的转换成本是固定的,在企业一定时期现金的使用量确定的前提条件下,每次以有价证券换回现金的金额越大,企业平时持有的现金量便越高,转换的次数便越少,现金的转换成本就越低;反之,每次转换回现金的金额越小,企业平时持有的现金量就越低,转换的次数便越多,现金的转换成本就越高。

在图 7-6 中,现金的机会成本和转换成本是两条随现金持有量向不同方向发展的曲线,两条曲线交叉点对应的现金持有量,即是总成本最低的现金持有量,它可以运用现金持有量存货模式求出。

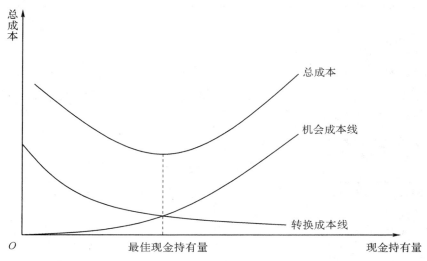

图 7-6　现金持有量存货模式

【**例 7-2**】　某企业每周现金流出量为 100000 元,一年有 52 周,则一年的现金需求总量为 5200000 元,每次现金转换的成本为 1000 元,持有现金的机会成本率约为 10％,则该企业的最佳现金持有量为多少?

该企业的现金使用量是均衡的,每周的现金净流出量为 100000 元。若该企业第 0 周开始持有现金 300000 元,那么这些现金够企业支用 3 周,在第 3 周结束时现金持有量降为 0,其 3 周内的平均现金持有量为 150000(300000÷2)元。第 4 周开始时,企业需要将 300000 元的有价证券转换为现金以备支用;待第 6 周结束时,现金持有量再次降为 0,这 3 周内的现金余额仍为 150000 元。如此循环,企业一段时间内的现金持有量状况表现为图7-7。

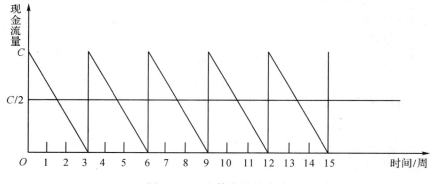

图 7-7　现金持有量的波动

在图 7-7 中,每 3 周为一个现金使用的循环期,以 C 代表各循环期之初的现金持有量,以 $C/2$ 代表各循环期内的现金平均持有量。

如果企业将 C 定得很高,比如定为 600000 元,每周的现金流出量仍为 100000 元,这些现金将够支用 6 周,企业可以在 6 周后再出售有价证券,这能够减少现金的转换成本;但 6 周内的现金平均余额将增加为 300000(600000÷2)元,这又会增加现金的机会成本。

如果企业将 C 定得低些,比如定为 200000 元,每周的现金流出量仍为 100000 元,这些现金只够支用 2 周,企业必须频繁地每 2 周就出售一次有价证券,这必然增加现金的转换成本;不过 2 周循环期内的现金平均余额可降低为 100000(200000÷2)元,这降低了现金的机会成本。

企业需要合理地确定 C,以使现金的使用总成本最低,必须明确以下几点:

(1)假设一定时期内现金的需要量是确定的,用 T 表示。

(2)企业的现金支用均衡发生。

(3)不允许发生现金短缺,即现金短缺成本等于 0。

(4)每次出售有价证券以补充现金所需的转换成本用 F 表示,则一定时期内出售有价证券的总成本为

$$转换成本 = (T/C) \times F$$

(5)持有现金的机会成本,即有价证券的利率,用 K 表示;一定时期内持有现金的总机会成本为

$$机会成本 = (C/2) \times K$$

在以上的举例中,企业一年的现金需求量为 100000(元)×52(周)=5200000(元)。该企业有几种确定初始现金持有量的方案,每种方案对应的机会成本和转换成本分别见表 7-3、表 7-4。

表 7-3 不同现金持有量下的机会成本 单位:元

初始现金持有量 C	平均现金持有量 $C/2$	机会成本 $(C/2) \times K$
600000	300000	30000
400000	200000	20000
300000	150000	15000
200000	100000	10000
100000	50000	5000

注:$K = 0.1$

表 7-4 不同现金持有量下的转换成本 单位:元

现金总需要量 T	初始现金持有量 C	转换成本 $(T/C) \times F$
5200000	600000	8667
5200000	400000	13000
5200000	300000	17333
5200000	200000	26000
5200000	100000	52000

注:$F = 1000$ 元

计算出了各种方案的机会成本和转换成本,将它们相加,就可以得出各种方案的总成本:

$$总成本(TC) = 机会成本 + 转换成本 = (C/2) \times K + (T/C) \times F$$

该企业各种初始现金持有量方案的总成本见表 7-5。

表 7-5　不同现金持有量下的总成本(1)　　　　　　　　单位:元

初始现金持有量	机会成本	转换成本	总成本
600000	30000	8667	38667
400000	20000	13000	33000
300000	15000	17333	32333
200000	10000	26000	36000
100000	5000	52000	57000

表 7-5 显示,当企业的初始现金持有量为 300000 元时,现金总成本最低。以上结论是通过对各种初始现金持有量方案的成本逐步计算得出的。此外,也可以利用公式,求出成本最低的现金持有量,这一现金持有量称为最佳现金持有量,以 C^* 表示。

从图 7-6 中已经知道,最佳现金持有量 C^* 是机会成本线与转换成本线交叉点所对应的现金持有量,因此 C^* 应当满足:

机会成本＝转换成本

即

$$(C^*/2)\times K=(T/C^*)\times F$$

整理后,可得出

$$C^{*2}=(2T\times F)/K$$

等式两边分别取平方根,有

$$C^*=\sqrt{(2T\times F)/K}$$

例 7-2 中,$T=5200000$,$F=1000$,$K=0.1$,利用上述公式即可计算出最佳现金持有量:

$$C^*=\sqrt{(2T\times F)/K}=\sqrt{(2\times5200000\times1000)\div0.1}=322490(元)$$

最佳现金持有量对应的总成本为

$$TC=(C/2)\times K+(T/C)\times F$$
$$=(322490/2)\times0.1+(5200000/322490)\times1000\approx32250(元)$$

为了验证这一结果的正确性,可以计算出比 322490 元略高和略低的几种初始现金持有量的成本,比较它们总成本的高低,结果见表 7-6。

表 7-6　不同现金持有量下的总成本(2)　　　　　　　　单位:元

初始现金持有量	机会成本	转换成本	总成本
335000	16750	15522	32272
330000	16500	15758	32258
322490	16125	16125	32250
310000	15500	16774	32274
305000	15250	17049	32299

表 7-6 说明,不论初始现金持有量高于还是低于 322490 元,总成本都会升高,所以 322490 元是最佳现金持有量。

现金持有量的存货模式是一种简单、直观的确定现金持有量的方法。但是它也有缺点,主要是假设现金的流量均衡发生,实际上这是很少有的。相比而言,那些适用于现金流量不确定的控制最佳现金持有量的方法,就显得更加具有普遍性。

（三）随机模式

随机模式是指在现金需求量难以预知的情况下,进行现金持有量控制的方法。对企业来说,现金需求量往往波动大,且难以预知,但企业可以根据历史经验和现实需要,测算出一个现金持有量的控制范围,即确定现金持有量的上限和下限,将现金量控制在上下限之内。当现金量达到控制上限时,用现金购入有价证券,使现金持有量下降;当现金量降低到控制下限时,则抛售有价证券换回现金,使现金持有量回升。若现金量在控制的上下限之内,便不必进行现金与有价证券的转换,保持它们各自的存量。这种对现金持有量的控制见图7-8。

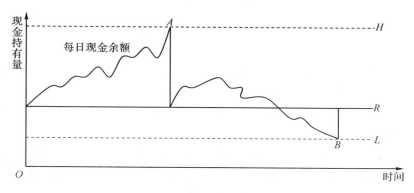

图 7-8　随机模式下现金持有量的波动

图 7-8 中,虚线 H 为现金存量的上限,虚线 L 为现金存量的下限,实线 R 为最优现金返回线。从图中可以看出,企业的现金存量(表现为现金每日余额)是随机波动的,当其达到 A 点时,即达到了现金控制量的上限,企业应当用现金购买有价证券,使现金持有量回落到现金目标控制线(R 线)的水平;当现金存量降低至 B 点时,即达到了现金控制的下限,企业则应转让有价证券换回现金,使现金存量回升至最优现金返回线的水平。现金存量在上下限之间的波动属于控制范围内的变化,是合理的,不予理会。目标控制线 R、上限 H 可按下列公式计算:

$$R = \sqrt[3]{3b\delta^2 / 4i} + L$$
$$H = 3R - 2L$$

式中,b 为每次有价证券的固定转换成本;i 为有价证券的日利息率;δ 为预期每日现金余额变化的标准差(可根据历史资料测算)。式中下限 L 的确定,则要受到企业每日的最低现金需要、管理人员的风险承受能力等因素的影响。

【例 7-3】　假定百安公司有价证券的年利率为 10%,每次有价证券的固定转换成本为 40 元,公司的现金最低持有量为 3000 元,根据历史资料分析每日出现余额波动的标准差为 600 元,假设公司现有现金 20000 元。现金目标控制线 R、现金控制上限 H 的计算如下:

$$R = \sqrt[3]{3b\delta^2 / 4i} + L = \sqrt[3]{(3 \times 40 \times 600^2) / (4 \times 10\% \div 360)} + 3000 \approx 6388(元)$$
$$H = 3R - 2L = 3 \times 6388 - 2 \times 3000 = 13164(元)$$

这样,当公司的现金余额达到 13164 元时,即应以 6776(13164−6388)元投资于有价证券,使现金持有量回落到 6388 元;当公司的现金余额降至 3000 元时,则应转让 3388 元的有价证券,使现金持有量回升为 6388 元。这可以表示为图 7-9。

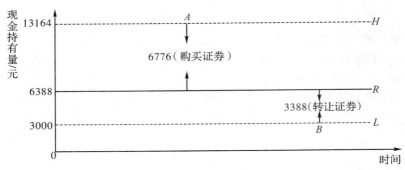

图 7-9 现金持有量上、下限时的控制

例 7-3 中,假定公司现有现金 20000 元,大于现金持有量的上限,应将多余的 13612 (20000−6388)元投资于有价证券。

随机模式建立在企业的现金未来需求总量和收支不可预测的前提下,因此,计算出来的现金持有量比较保守。

企业在确定最佳现金持有量的基础上,可以进一步调剂现金余缺。现金余缺是指计划期期末现金余额与最佳现金余额(又称理想现金余额)相比后的差额。如果期末现金余额大于最佳现金余额,说明现金有多余,应设法进行投资或偿还债务;如果期末现金余额小于最佳现金余额,则说明现金短缺,应进行筹资予以补充。期末现金余缺的计算公式为

期末现金余缺＝期末现金余额−最佳现金余额
＝期初现金余额＋(现金收入−现金支出)−最佳现金余额
＝期初现金余额±净现金流量−最佳现金流量

四、现金管理制度与现金管理方法

(一)现金管理制度

按照现行制度,国家有关部门对企业现金管理有如下规定:

(1)规定了现金的使用范围。这里的现金,是指人民币现钞,即企业用现金从事交易,只能在一定范围内进行。该范围包括:支付职工工资、津贴;支付个人劳务报酬;根据国家规定颁发给个人的科学技术、文化艺术体育等各种奖项的奖金;支付各种劳保、福利费用以及国家规定的对个人的其他支出;向个人收购农副产品和其他物资的价款;出差人员必须随身携带的差旅费;结算起点(1000 元)以下的零星支出;中国人民银行确定需要支付现金的其他支出。

(2)规定了库存现金限额。企业库存现钞,由其开户银行根据企业的实际需要核定限额,一般以 3~5 天的零星开支额为限。

(3)不得坐支现金。即企业不得以本单位的人民币现钞收入直接支付交易款。现钞收入应于当日终了时送存开户银行。

(4)不得出租、出借银行账户。

(5)不得签发空头支票和远期支票。

(6)不得保存账外公款,包括不得将公款以个人名义存入银行和保存账外现钞等各种形式的账外公款。

(二)现金管理方法

为了提高现金使用效率,可采用如下现金管理方法:

(1)力争现金流量同步。如果企业能尽量使它的现金流入与现金流出发生的时间趋于一致,就可以使其所持有的交易性现金余额降到最低水平。这就是所谓现金流量同步。

(2)使用现金浮游量。从企业开出支票,收票人收到支票并存入银行,至银行将款项划出企业账户,中间需要一段时间。现金在这段时间的占用称为现金浮游量。在这段时间里,尽管企业已开出了支票,但仍可动用在活期存款账户上的这笔资金。不过,在使用现金浮游量时,一定要控制好使用的时间,否则会发生银行存款的透支。

(3)加速收款。这主要是指缩短应收账款的时间。发生应收账款会增加企业资金的占用,但它又是必要的,因为它可以扩大销售规模,增加销售收入。问题在于如何既利用应收账款吸引顾客,又缩短收款时间。这要在两者之间找到适当的平衡点,并需实施妥善的收账策略。

(4)推迟应付账款的支付。推迟应付账款的支付,是指企业在不影响自己信誉的前提下,尽可能地推迟应付账款的支付期,充分运用供货方所提供的信用优惠。如遇企业急需现金的情况,甚至可以放弃供货方的折扣优惠,在信用期的最后一天支付款项。当然,这要权衡折扣优惠与急需现金之间的利弊得失。

第三节　应收账款管理

应收账款是指因对外销售产品、材料、供应劳务及其他原因,应向购货单位或接受劳务的单位收取的款项,包括应收销售款、其他应收款、应收票据等。在高度集中的计划经济条件下,应收账款在流动资产中所占比重不大,不是管理的重点。如今,随着市场经济的发展,商业信用作为促销手段被广泛应用,因此,产生的应收账款也日益增加,已经成为流动资产管理中非常重要的组成部分。

一、应收账款管理概述

(一)应收账款形成的原因

发生应收账款的原因,主要包括以下两种。

1.商业信用

这是发生应收账款的主要原因。在日益发达的市场经济条件下,商业竞争日益激烈,竞争手段也因此日趋多样化。企业除了依靠商品质量、价格、售后服务以及广告等促销以外,也越来越广泛地应用赊销。对于同等的产品价格、类似的产品质量、一样的售后服务,实行赊销的产品或商品的销售额将明显大于只采用现销方式的产品或商品的销售额。这是因为客户从赊销中获得了好处,即客户相当于从企业那里得到一笔无息贷款。因此,出于扩大销售的竞争需要,企业不得不以赊销的方式招揽客户,于是就产生了应收账款。由商业竞争引起的应收账款,是一种商业信用。

2.销售和收款的时间差距

商品成交的时间和收到货款的时间常常是不一致的,这也导致了应收账款的产生。在现实生活中,现销也是非常普遍的,特别是零售企业更常见。不过,对于大多数一般批发商和商品制造企业来讲,发货时间和收款时间往往是不一致的。这是因为货款结算需要时间。结算手段越是落后,结算时间越长,销售企业只能承认这种现实并承担由此引起的资金垫支。由于销售和收款的时间差而造成的应收账款,不属于商业信用,也不是应收账款的主要内容,不再对它进行深入讨论,而只论述属于商业信用的应收账款的管理。

(二)应收账款的功能

应收账款的功能是指应收账款在企业的生产经营活动中的作用,主要表现在以下几个方面。

1.促进销售的功能

在激烈竞争的市场经济中,采用赊销方式,为客户提供商业信用,可以扩大产品销售,提高产品的市场占有率。通常为客户提供的商业信用是不收取利息的,所以,对于接受商业信用的企业来说,实际上等于得到一笔无息贷款,这对客户具有极大的吸引力。与现销方式相比,客户更愿意购买采用赊销方式的企业的产品。因此,应收账款具有促销的功能。

2.减少存货的功能

赊销促销的同时,企业库存的产品数量自然会有所减少,加快了企业存货的周转速度。一般来讲,企业的应收账款所发生的相关费用与存货的仓储、保管费用相比相对较少。因此,企业通过赊销的方式,将产品销售出去,资产由存货形态转化为应收账款形态,这样可以节约企业的费用支出。

(三)应收账款的成本

上面介绍了应收账款具有促销和减少存货的功能,这都是应收账款的积极作用。但是,应收账款并不是免费的午餐,企业在享受赊销所带来的种种好处的同时,也是要付出代价的,这种代价就是应收账款的成本。其主要内容包括:

1.应收账款的机会成本

应收账款的机会成本是指企业资金因占用在应收账款上而丧失的其他投资收益,如投资有价证券的利息收益等。机会成本的大小与企业应收账款占用资金的数量密切相关,占用的资金数量越大,机会成本越高。这种机会成本一般按照企业的资金成本(或者是投资者的最低报酬率)来计算,其计算公式为

应收账款的机会成本=应收账款占用资金×资本成本

应收账款占用资金=应收账款平均余额×变动成本率

应收账款平均余额=日销售额×平均收账期

2.应收账款的管理成本

应收账款的管理成本是指企业对应收账款进行管理而发生的费用支出。应收账款的管理成本主要包括:

(1)对客户的资信调查费用。

(2)收集各种信息的费用。

（3）应收账款账簿记录费用。

（4）催收拖欠账款发生的费用。

（5）其他用于应收账款的管理费用。

3.应收账款的坏账成本

应收账款的坏账成本是指由于应收账款无法收回而给企业造成的经济损失。应收账款是商业信用产生的结果，由于客户财务状况恶化等无法收回应收账款而产生的坏账会给企业带来经济上的损失。这种成本一般与企业的信用政策有关，并且与应收账款的数量成正比。一般来说，严格的信用政策下产生坏账的概率比较小，过于宽松的信用政策下比较容易产生坏账。

（四）应收账款的管理目标

既然企业发生应收账款的主要目的是扩大销售，增强竞争力，那么其管理的目标就是求得利润。应收账款是企业的一项投资，是企业为了销售和盈利而进行的投资。投资必然导致成本发生，这就需要在应收账款信用政策所增加的收益和利用这种政策的成本之间进行权衡。只有当应收账款所增加的盈利超过所增加的成本时，才应当实施应收账款赊销；如果应收账款赊销有着良好的盈利前景，就应当放宽信用条件，增加赊销量。

二、信用政策

应收账款赊销的效果好坏，依赖于企业的信用政策。信用政策包括信用标准、信用期限、现金折扣政策和收账政策等。

（一）信用标准

信用标准是指客户获得企业的交易信用所应具备的最低条件，通常以预期的坏账损失率来表示。它表明企业可接受的信用风险水平。因此，企业在确定信用标准之前，必须对客户进行全面的资信调查与分析。

对客户的资信调查，目前比较常见的方法是利用5C系统来评估和分析。信用5C系统由信用品质（character）、偿债能力（capacity）、资本（capital）、抵押品（collateral）和经济状况（conditions）等五个以字母"C"开头的标准构成。

（1）信用品质（character）。信用品质是指客户的信誉，即履行偿债义务的可能性。企业必须设法了解客户过去的付款记录，看其是否有按期如数付款的一贯作风，以及与其供货企业的关系是否良好。这一点经常被视为评价客户信用状况的首要因素。

（2）偿债能力（capacity）。偿债能力表现为客户流动资产的数量和质量及其与流动负债的比例。客户的流动资产越多，其转换为现金的能力越强。同时，还应该注意客户流动资产的质量，看是否有存货过多、过期或质量下降等问题，影响其变现能力和支付能力。

（3）资本（capital）。资本是指客户的财务实力和财务状况，表明客户可能还债的背景。

（4）抵押品（collateral）。抵押品是指客户拒绝付款或无力支付款项时被用作抵押的资产。这对于不知底细的或信用状况有争议的客户尤其重要。一旦收不到这些客户的款项，便以抵押品抵补。如果这些客户提供足够的抵押，就可以考虑向他们提供相应的信用。

（5）经济状况（conditions）。经济状况是指可能影响客户付款能力的经济环境。比如，万一出现经济不景气，会对客户的付款产生什么影响，客户会如何做，等等，这需要了解客户在过去困难时期的付款历史。

当然,除了对客户的资信调查以外,企业在确定信用标准时,也受企业自身条件的限制。换句话说,资信状况基本一致的客户,可能从不同的企业处获得不同的信用额度或待遇,因此,企业销售商在确定信用标准时还要考虑以下因素:

(1)同行业竞争对手的情况。如果对手实力很强,企业欲取得或保持优势地位,就需要采取较低的信用标准;反之,其信用标准可以相应严格一些。

(2)企业承担违约风险的能力。当企业具有较强的承担违约风险的能力时,就可以较低的信用标准提高竞争力,争取客户,扩大销售;反之,就只能选择严格的信用标准,以尽可能降低违约风险的程度。

(3)企业内部销售部门的管理水平以及企业与客户之间的密切关系也是确定信用标准时必不可少的影响因素。

一般而言,如果企业定的信用标准过高,将使许多客户因信用品质达不到设定的标准被拒之门外,其结果尽管有利于降低违约风险及收账费用,但是会影响企业市场竞争能力的提高和销售收入的扩大。相反,如果企业采用较低的信用标准,虽然有利于企业扩大销售,提高市场竞争能力和市场占有率,但同时也会导致坏账损失风险的加大和收账费用的增加。

【例 7-4】 某公司原来的信用标准是只对预计坏账 5% 以下的客户提供商业信用。其销售产品的边际贡献率为 20%,同期有价证券的利息率为年利率 15%。该公司拟修改原来的信用标准,为了扩大销售,决定降低信用标准,有关资料如表 7-7 所示。

表 7-7 两种不同的信用标准下的有关资料

项目	原方案	新方案
信用标准(预计坏账损失率)/%	5	7.5
销售收入/元	100000	150000
应收账款的平均收账期/天	45	75
应收账款的管理成本/元	1000	1200

根据表 7-7,计算两种信用标准对利润的影响,结果如表 7-8 所示。

表 7-8 两种不同的信用标准下的利润计算 单位:元

项目	原方案	新方案	差异
边际贡献	$100000 \times 20\% = 20000$	$150000 \times 20\% = 30000$	10000
应收账款的机会成本	$100000 \times 45 \times 80\% \times 10\% / 360 = 1000$	$100000 \times 75 \times 80\% \times 10\% / 360 \approx 1666.67$	666.67
应收账款的管理成本	1000	1200	200
坏账成本	$100000 \times 5\% = 5000$	$150000 \times 7.5\% = 11250$	6250
应收账款成本总额	7000	14116.67	7116.67
净收益	13000	15883.33	2883.33

从表 7-8 可知,选择原方案,可实现收益 13000 元;而选择新方案,可增加收益 2883.33 元,显然应该选择改变原有方案,采用新方案。

（二）信用期限

信用期限是指企业规定的客户从购货到付款之间的时间,或者说是企业给予客户的付款条件。例如,若某公司允许客户在购货后的 50 天内付款,则信用期限为 50 天。信用期限过短,不足以吸引客户,在竞争中会使销售额下降;信用期限过长,对促进销售固然有利,但只注意销售增长而盲目放宽信用期限,所得的收益有时会被增长的费用抵消,甚至造成收益的降低。因此,企业必须慎重研究,确定出恰当的信用期。

信用期限的确定,主要是分析改变现行信用期限对收入和成本的影响。延长信用期限,会使销售额增加,产生有利影响;与此同时,应收账款的机会成本、收账费用和坏账损失增加,会产生不利的影响。当前者大于后者时,可以延长信用期,否则不宜延长。如果缩短信用期限,情况与此相反。

【例 7-5】 A 企业目前采用 30 天按发票金额（即无现金折扣）付款的信用政策,拟将信用期限放宽至 60 天,仍按发票金额付款。假设等风险投资的最低报酬率为 15%,具体有关数据见表 7-9。

表 7-9 信用期限决策数据

项目	信用期限（30 天）	信用期限（60 天）
全年销售量/件	100000	120000
全年销售额/元（单价 5 元）	500000	600000
变动成本/元（每件 4 元）	400000	480000
固定成本/元	50000	52000
可能发生的收账费用/元	3000	4000
可能发生的坏账损失/元	5000	9000

在分析时,先计算放宽信用期限带来的盈利增加,然后计算增加应收账款投资产生的成本费用的增加,最后计算放宽信用期限增加的税前损益,并做出判断。

1.计算盈利增加

$$盈利增加＝增加的边际贡献－增加的固定成本$$
$$＝(120000－100000)×(5－4)－(52000－50000)$$
$$＝18000（元）$$

2.计算增加的成本费用

（1）计算应收账款机会成本的增加

$$变动成本率＝4÷5×100\%＝80\%$$
$$改变信用期间导致的机会成本的增加＝60 天信用期限应计利息$$
$$－30 天信用期限应计利息$$
$$＝600000/360×60×80\%×15\%$$
$$－500000/360×30×80\%×15\%$$
$$≈7000（元）$$

（2）计算收账费用和坏账损失的增加

收账费用的增加＝4000－3000＝1000（元）

坏账损失的增加＝9000－5000＝4000（元）

3. 计算增加的税前损益

放宽信用期限增加的税前损益＝盈利增加－成本费用增加

＝18000－7000－1000－4000＝6000（元）

由于放宽信用期限增加的税前损益大于0，故应放宽信用期限，即采用60天信用期限。上述信用期限分析的方法比较简便，可以满足一般制定信用政策的需要。如有必要，也可以进行更细致的分析，如进一步考虑销售增加引起存货增加而占用的资金。

【例7-6】 沿用【例7-5】的数据，假设上述30天信用期限变为60天后，因销售量增加，年平均存货水平从9000件上升到20000件，每件存货按变动成本4元计算，其他情况不变。

由于增添了新的存货增加因素，需要在原来分析的基础上，再考虑存货增加而多占资金所带来的影响，重新计算放宽信用期限增加的税前损益。

存货增加占用资金的应计利息＝（20000－9000）×4×15％＝6600（元）

放宽信用期增加的税前损益＝6000－6600＝－600（元）

因为放宽信用期限增加的税前损益小于0，所以考虑增加平均存货这个因素后，不应该采用60天的信用期限。

更进一步的细致分析，还应考虑存货增加引起的应付账款的增加。这种负债的增加会节约企业的资金占用，减少资金占用的"应计利息"。因此，信用期限变动的分析，一方面要考虑对损益表的影响（包括收入、成本和费用），另一方面要考虑对资产负债表的影响（包括应收账款、存货、应付账款），并且要将对资金占用的影响由"资本成本"转化为"应计利息"，以便进行统一的得失比较。

（三）现金折扣政策

现金折扣是指企业对客户在商品价格上所做的扣减。向客户提供这种价格上的优惠，主要目的在于吸引客户为享受优惠而提前付款，缩短企业的平均收账期。另外，现金折扣也能招揽一些视折扣为减价出售的客户前来购货，借此扩大销售量。折扣的表示方法常采用"3/10、2/20、N/30"等这样一些符号。这三种符号的含义如下：3/10表示10天内付款，可享受3％的现金折扣优惠，即只需支付原价的97％，如原价为1000元，只需支付970元；2/20表示20天内付款，可享受2％的现金折扣优惠，即只需支付原价的98％，若原价为10000元，只支付9980元即可；N/30表示付款的最后期限为30天，此时付款无价格优惠，即要支付原价的100％。

企业采用什么程度的现金折扣，有时要与信用期限结合起来考虑。比如，要求客户最迟不超过30天付款，若希望客户在20天、10天内付款，能给予多大的折扣？或者给予5％、3％的折扣，能吸引客户在多少天内付款？不论是信用期限还是现金折扣，都可能给企业带来收益，但同时相应的成本也会增加。当企业给予客户某种现金折扣时，应当考虑折扣所带来的收益与成本孰高孰低，权衡利弊后进行决策。

因为现金折扣是与信用期限结合使用的，所以确定折扣程度的方法与程序实际上与前述确定信用期限的方法是一致的，只是要把提供的延期付款时间和折扣综合起来，看各方案的延期与折扣能取得多大的收益增加,再计算各方案带来的成本变化,最终确定最优方案。

【例 7-7】 沿用【例 7-5】信用期限决策的数据,假设该公司在放宽信用期限的同时,为了吸引客户尽早付款,提出了"0.8/30,N/60"的现金折扣条件,估计会有一半的客户(按 60 天信用期限所能实现的销售量计算)将享受现金折扣优惠。

1.计算盈利增加

$$盈利增加=(120000-100000)\times(5-4)-(52000-50000)=18000(元)$$

2.计算应收账款占用资金的应计利息(机会成本)增加

$$30\ 天信用期限应计利息=500000/360\times30\times80\%\times15\%=5000(元)$$

$$提供现金折扣的平均收现期=30\times50\%+60\times50\%=45(天)$$

$$提供现金折扣的应计利息=600000/360\times45\times80\%\times15\%=9000(元)$$

$$应收账款占用资金的应计利息增加=9000-5000=4000(元)$$

3.计算收账费用和坏账损失的增加

$$收账费用增加=4000-3000=1000(元)$$

$$坏账费用增加=9000-5000=4000(元)$$

4.估计现金折扣成本的变化

$$现金折扣成本增加=新的销售水平\times享受现金折和的客户比例$$
$$\times新的现金折扣率-旧的销售水平$$
$$\times享受现金折扣的客户比例\times旧的现金折扣率$$
$$=600000\times50\%\times0.8\%-50000\times0\times0$$
$$=2400(元)$$

5.计算增加的税前损益

$$增加的税前损益=盈利增加-成本费用增加$$
$$=18000-(4000+1000+4000+2400)$$
$$=6600(元)$$

由于增加的税前损益大于 0,故应当放宽信用期限并提供现金折扣。

(四)收账政策

收账政策是指当信用条件被违背时,企业应采取的收账策略。企业如果采用较积极的收账政策,可能会减少应收账款的平均占用资金,减少坏账损失,但是增加收账费用;相反如果采用消极的收账政策,则可能会增加应收账款的平均占用资金,增加坏账损失,但会减少收账费用。在实际工作中,可参照确定信用标准、信用期限和现金折扣的方法来制定信用政策。

一般而言,收账费用支出越多,坏账损失越少,但是这两者并不存在线性关系。通常情况是这样的:①开始花费一些收账费用,应收账款和坏账损失有小部分减少。②收账费用继续增加,应收账款和坏账损失明显减少。③收账费用达到某一限度以后,应收账款和坏账损失的减少就不明显了,这个限度称为饱和点,如图 7-10 中的 P 点。在制定信用政策时,应当权衡增加收账费用与减少应收账款机会成本和坏账损失之间的得失。

【例 7-8】 某公司的年赊销收入为 720 万元,平均收账期为 60 天,坏账损失为赊销额的 10%,年收账费用为 5 万元。该公司认为通过增加收账人员等措施可以使平均收账期降为

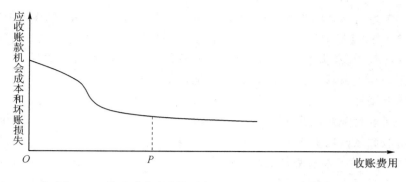

图 7-10　收账费用与应收账款机会成本、坏账损失的关系

50 天,坏账损失降为赊销额的 7%。假设公司的资金成本率为 6%,变动成本率为 50%。

要求:为使上述变更经济上合理,计算新增收账费用的上限(每年按 360 天计算)。

解　如果新方案的相关成本低于原方案的相关成本,则新方案可行,这时应该保证新增收账费用不得超过最高限度。

$$原方案总成本＝应收账款平均余额×变动成本率×资金成本率$$
$$＋赊销额×原坏账损失率＋原收账费用$$
$$＝720×(60/360)×50\%×6\%＋720×10\%＋5$$
$$＝80.6(万元)$$

$$新方案总成本＝720×(50/360)×50\%×6\%＋720×7\%＋5＋新增收账费用$$

要使新方案可行,则新方案总成本应该小于等于 80.6 万元,即新增收账费用应该小于等于 22.2 万元。

(五)综合信用政策

前面我们分析的是单项信用政策,但是制定最优的信用政策,应该把信用标准、信用期限、现金折扣政策和收账政策结合起来,考虑信用标准、信用期限、现金折扣政策和收账政策的综合变化对销售额、应收账款的机会成本、坏账损失和收账费用的影响。这里决策的原则仍然是使赊销的总收益大于相关的总成本。综合决策的计算相当复杂,计算中的几个变量都是预计的,有相当大的不确定性。因此,信用政策的制定并不能仅靠数量分析,在很大程度上要由管理人员的经验来判断决定。制定综合信用政策的基本模式如表 7-10 所示。

表 7-10　综合信用政策的基本模式

信用标准:预计坏账损失	信用条件(信用期限、现金折扣)	收账政策
0～1% 1%～2%	从宽信用条件 (60 天付款)	消极收账政策 (拖欠 20 天不催收)
2%～3% 3%～5%	一般信用期限 (60 天付款)	一般收账政策 (拖欠 10 天不催收)
5%～10% 10%～20%	从严信用期限 (30 天付款)	积极收账政策 (拖欠立即催收)
20% 以上	不予赊销	

企业信用政策确定后,便可根据信用政策和预计的销售收入等指标来计算确定应收账款占用资金的数额。

三、应收账款的日常控制

信用政策确定后,企业要做好应收账款的日常控制工作,进行信用调查和信用评估、应收账款的账龄分析以及收账的日常管理。

(一)信用调查和信用评估

在建立起信用政策之后,企业必须对单个信用申请人进行信用评估,并考虑发生坏账和延期付款的可能性。信用评估程序包括以下两个相关的步骤:第一,进行信用调查;第二,进行信用评估,确定是否应给予商业信用以及应给予商业信用的最高额度。

1.信用调查

要想合理地评价客户的信用,必须对客户进行信用调查,搜集有关的信息资料。信用调查有两种。

(1)直接调查。直接调查是指调查人员直接与被调查单位接触,通过当面采访、询问、观察、记录等方式获取信用资料的方法。直接调查的优点是能保证搜集资料的准确性和及时性,但是若得不到被调查单位的合作,则会使调查资料不完整。

(2)间接调查。间接调查是指以被调查单位以及其他单位保存的有关原始记录和核算资料为基础,通过加工整理获得被调查单位信用资料的一种方法。这些资料的主要来源包括:

①财务报告。被调查单位的财务报告,是信用资料的重要来源。通过财务报告提供的资料,可以基本掌握该单位的财务状况和盈利水平。

②信用评估机构。现在,许多国家都有信用评估的专门机构,定期发布有关企业的信用等级报告。

我国的信用评估机构目前有三种形式:第一种是独立的社会评估机构;第二种是政策性银行组织的评估机构;第三种是商业银行组织的评估机构。

在评估等级方面,目前主要有两种:第一种是采用三类九级制(即把企业的信用情况分为 AAA、AA、A、BBB、BB、B、CCC、CC、C 九级,AAA 为最优信用等级,C 为最差信用等级)。第二种是采用三级制(即把企业的信用情况分为 AAA、AA、A)。

③银行。银行是信用资料的一个重要来源,因为许多银行都设有信用部门,为其客户提供服务。但是,同国外不同,我国银行业一般仅愿意在同业之间交流资料,而不愿向其他单位提供。

④其他相关部门。比如,财税部门、消费者协会、工商管理部门、企业的上级主管部门、证券交易所等。

2.信用评估

搜集好信息资料后,要对这些资料进行分析,并对顾客信用状况进行评估。信用评估的方法有很多,这里主要介绍两种常见的方法:5C 评估法和信用评分法。

5C 评估法是对客户信用状况进行定性分析,在前面已经介绍过,这里仅介绍信用评分法。

信用评分法是对客户状况进行定量分析。信用评分法先对一系列财务比率和信用情况指标进行评分,然后加权平均,计算出客户的综合信用分数,并据此进行信用评估。信用评分法的计算公式如下：

$$Y = a_1 x_1 + a_2 x_2 + a_3 x_3 + \cdots + a_n x_n = \sum_i^n a_i x_i$$

式中，Y 为客户的信用评分；a_i 为第 i 种财务指标或信用指标的权数；x_i 为第 i 种财务指标或信用指标的评分值。

【例 7-9】 某公司有关财务指标或信用品质的资料如表 7-11 所示。

表 7-11　财务指标或信用品质资料

项目	财务指标或信用品质	分数	权数	加权平均数
流动比率	1.8	90	0.20	18.00
资产负债率	50%	80	0.10	8.00
销售净利润	20%	90	0.10	9.00
信用评估等级	AA	85	0.25	21.25
付款历史	良好	75	0.25	18.75
企业发展前景	良好	75	0.05	3.75
其他	较好	85	0.05	4.25
合计			1.00	83.00

在进行信用评分时，分数在 80 分以上，说明企业信用良好；分数在 60～80 分之间，说明信用状况一般；分数在 60 分以下，说明信用状况较差。表 7-11 显示该公司的信用评分值是 83.00 分，说明其信用良好。

（二）应收账款的账龄分析

应收账款的账龄分析是指通过编制应收账款的账龄分析表，反映不同账龄的应收账款所占的比例与金额，以便对应收账款的回收情况进行有效的控制。企业已经发生的应收账款时间有长有短，有的尚未超过信用期限，有的则超过了信用期限。一般来讲，拖欠时间越长，款项收回的可能性越小，形成坏账的可能性越大。对此，企业应实施严密的监督，随时掌握收回情况。实施对应收账款收回情况的监督，可以通过账龄分析表来进行，见表 7-12。

表 7-12　账龄分析表

应收账款账龄	客户数量/户	金额/万元	金额百分比/%
信用期内	200	400	40
超过信用期 1～10 天	100	200	20
超过信用期 11～30 天	50	100	10
超过信用期 31～60 天	30	100	10
超过信用期 61～120 天	20	100	10
超过信用期 121～180 天	10	50	5
超过信用期 181～365 天	5	25	2.5
超过信用期 1 年	5	25	2.5
合计	420	1000	100

通过账龄分析表,企业财务管理部门可以掌握如下信息:

(1)有多少款项尚在信用期限内。

(2)有多少款项超过了信用期限,超过时间不同的款项各占多少,有多少欠款可能会因拖欠时间久而成为坏账。

为了分别了解客户拖欠货款的情况,企业有时会按客户的重要性排序,编制更加详细的账龄分析表。通过此表,企业可以了解哪些客户拖欠货款的金额比重较大以及哪些客户拖欠时间很长,作为制定下一期信用政策的依据。

(三)收账的日常管理

收账是企业管理的一项重要工作。收账的日常管理应包括如下两部分内容。

1.确定合理的收账程序

催收账款的程序一般是:信函通知→电话催收→派专人面谈→法律诉讼。当客户拖欠货款时,要先给客户一封有礼貌的通知信件;接着可寄出一封措辞直率的信件;进一步是通过电话催收;再无效,企业的收账员可直接与客户面谈,协商解决;如果上述方法都无效,而且拖欠时间较长,则可以交给企业的法律顾问,采取强硬的法律措施。

2.确定合适的催收方法

客户拖欠货款的原因有很多,但概括起来分为两类:无力偿还和故意拖欠。

无力偿还是指客户因经营管理不善,财务困难,没有资金偿付到期债务。对这种情况要进行具体分析,如果客户确实遇到暂时的困难,经过努力可以东山再起,企业应当帮助客户渡过难关,以便收回较多的账款;如果客户遇到严重困难,已经达到破产境地,无法恢复活力,则应及时向法院提起诉讼,要求在破产清算时得到债权的部分清偿。

故意拖欠是指顾客虽然有能力付款,但是为了自身利益,想方设法不履行偿债义务。遇到这种情况,则需要确定合理的讨债方法,以达到收回账款的目的。常见的讨债方法有讲理法、恻隐术法、疲劳战术、激将法和软硬兼施法等。

第四节　存货管理

存货是指企业在生产经营活动中为销售或者耗用而储备的物资,包括材料、燃料、低值易耗品、在产品、半成品、产成品和库存商品等。任何一个企业都必须拥有一定数量的存货,它往往占企业流动资产的40%～60%。存货是保证生产经营活动得以顺利进行的重要物质基础。

一、存货管理概述

如果工业企业能在生产投料时随时购入所需要的原材料,或者商业企业能在销售的时候随时购入商品,就不需要存货。但实际上,企业总是存在储存存货的需要,并因此占用或多或少的资金。

(一)存货的功能

企业储存存货主要出于以下原因,即存货的功能。

1. 保证生产或销售的经营需要

实际上,很少企业能做到随时购入生产或销售所需的各种物资,即使是市场供应量充足的物资也是如此。这不仅因为不时会出现某种材料的市场断档,还因为企业距离供货点较远而需要必要的途中运输及可能出现的运输故障损失等。一旦生产或销售所需物资短缺,生产经营将被迫停顿,造成损失。为了避免或减少出现停工待料、停业待货等事故,企业需要储存存货。

2. 出自价格的考虑

零购物资的价格往往较高,而整批购买在价格上常有优惠。

(二)存货的成本

存货可以满足企业生产经营管理的需要,但是,过多的存货要占用较多的资金,并且会增加包括仓储费、保险费、修理费、维护费以及管理人员工资在内的各项支出。与储存存货相关的成本主要包括以下三种:

1. 取得成本

取得成本是指为了取得某种存货而支出的成本,通常用 TC_a 来表示。其又可分为订货成本和采购成本。

(1)订货成本

订货成本是指取得订单的成本,如办公费、差旅费、邮寄费、电话电报费等支出。订货成本有一部分与订货次数无关,如常设采购机构的基本开支等,称为订货的固定成本,用 F_1 表示;另一部分与订货次数有关,如差旅费、邮寄费等,称为订货的变动成本。每次订货的变动成本用 K 表示;订货次数等于存货年需要量 D 与每次进货量 Q 之商。订货成本的计算公式为

$$订货成本 = F_1 + \frac{D}{Q}K$$

(2)采购成本

采购成本是指存货本身的价值,经常用数量与单价的乘积来确定。年需要量用 D 表示,单价用 U 表示,于是采购成本为 DU。

订货成本加上采购成本就是存货的取得成本,其基本公式可以表示为

$$取得成本 = 订货成本 + 采购成本$$
$$= 订货固定成本 + 订货变动成本 + 采购成本$$

即　　　$$TC_a = F_1 + \frac{D}{Q}K + DU$$

2. 储存成本

储存成本是指为保持存货而发生的成本,包括存货占用资金所应计的利息(若企业用现金购买存货,便失去了现金存放银行或投资于证券本应取得的利息,视为"放弃利息";若企业借款购买存货,便要支付利息费用,视为"付出利息")、仓储费用、保险费用、存货破损和变质损失等,通常用 TC_c 来表示。

储存成本也分为固定成本和变动成本。固定成本与存货数量的多少无关,如仓库折旧费、仓库职工的固定月工资等,常用 F_2 来表示;变动成本与存货的数量有关,如存货资金的应计利息、存货的破损和变质损失、存货的保险费等,单位成本 K_c 表示。储存成本的计算公

式可以表示为

$$储存成本＝储存固定成本＋储存变动成本$$

即

$$TC_c = F_2 + K_c \frac{Q}{2}$$

3.缺货成本

缺货成本是指存货供应中断所造成的损失,包括材料供应中断造成的停工损失、产成品库存短缺造成的拖欠发货损失和丧失销售机会的损失(还应包括需要主观估计的商誉损失);如果生产企业以紧急采购代用材料解决库存材料中断之急,那么缺货成本表现为紧急额外购入成本(紧急额外购货的开支一般会大于正常采购的开支)。缺货成本通常用 TC_s 表示。

如果以 TC 来表示储存存货的总成本,它的计算公式为

$$TC = TC_a + TC_c + TC_s = F_1 + \frac{D}{Q}K + DU + F_2 + K_c \frac{Q}{2} + TC_s$$

(三)存货管理的目标

如上所述,存货水平越高,生产经营越有保证。但是,存货水平过高,和存货相关的成本也会相应增加,成本的增加必然导致获利能力的降低。存货管理水平的高低,直接反映着收益、风险和流动性的综合水平。所以,存货管理的目标就在于在存货的成本与收益之间进行利弊权衡,实现两者最佳的结合。既要维持高效和持续经营的需要,又要以最低的存货总成本获得最高的收益。为此,企业应制定相关的存货政策,进行科学的管理与控制,使存货维持在最佳水平上。

二、存货决策

存货决策涉及四项内容:决定进货项目、选择供应单位、决定进货时间和决定进货批量。决定进货项目和选择供应单位是销售部门、采购部门和生产部门的职责。财务部门要做的是决定进货时间和决定进货批量(分别用 T 和 Q 表示)。按照存货管理的目的,需要通过确定合理的进货批量和进货时间,使存货的总成本最低。这个批量叫作经济订货量或经济批量。有了经济订货量,可以很容易地确定最适宜的进货时间。

与存货相关的成本项目,随进货数量的不同呈现不同的变化。为了解决比较复杂的问题,有必要简化或舍弃一些变量,先研究、解决简单的问题,然后再扩展到复杂的问题。这需要设立一些假设条件,在此基础上确定经济订货量的基本模型。

(一)经济订货量的基本模型

经济订货量的基本模型需要设立的假设条件包括:

(1)企业能够及时补充存货,即需要订货时便可立即取得存货。

(2)能集中到货,而不是陆续入库。

(3)不允许缺货,即无缺货成本,即 TC_s 为零,这是因为良好的存货管理本来就不应该出现缺货成本。

(4)需求量稳定且能预测,即 D 为已知常量。

(5)存货单价不变,不考虑现金折扣,即 U 为已知常量。

(6)企业现金充足,不会因现金短缺影响进货。

（7）所需存货市场供应充足，不会因买不到需要的存货而影响其他。

设立了上述假设后，存货总成本的公式可以简化为

$$TC = F_1 + \frac{D}{Q}K + DU + F_2 + K_c \frac{Q}{2}$$

当 F_1、K_c、K、D、F_2、U 为常数时，TC 的大小取决于 Q。为了求出 TC 的极小值，对其进行求导，可得出下列公式：

$$Q^* = \sqrt{\frac{2KD}{K_c}}$$

这一公式称为经济订货量的基本模型，求出的每次订货批量，可使 TC 达到最小值。

这个公式还可以演变为以下其他形式。

每年最佳订货次数公式：

$$N^* = \frac{D}{Q^*} = \sqrt{\frac{DK_c}{2K}}$$

与批量有关的存货总成本公式：

$$TC(Q) = \sqrt{2KDK_c}$$

最佳订货周期公式：

$$t^* = \frac{1}{N^*} = \frac{1}{\sqrt{\dfrac{DK_c}{2K}}}$$

经济订货量占用资金公式：

$$I^* = \frac{Q^*}{2}U = \sqrt{\frac{KD}{2K_c}}U$$

【例 7-10】 某企业全年耗用某种材料 27000 千克，材料单价为 6 元，单位储存成本为 1.5 元，每次采购材料的订货成本为 250 元，则

$$Q^* = \sqrt{\frac{2KD}{K_c}} = \sqrt{\frac{2 \times 250 \times 27000}{1.5}} = 3000（千克）$$

$$N^* = \frac{D}{Q^*} = \sqrt{\frac{DK_c}{2K}} = 27000/3000 = 9（次）$$

$$TC(Q^*) = \sqrt{2KDK_c} = \sqrt{2 \times 250 \times 27000 \times 1.5} = 4500（元）$$

$$t^* = 360/N^* = 360/9 = 40（天）$$

$$I^* = \frac{Q^*}{2}U = \frac{3000}{2} \times 6 = 9000（元）$$

经济订货批量也可以用图解法求得，其计算步骤是：先计算出一系列不同批量的各种有关成本；然后在坐标图上描述由各有关成本构成的订货成本线、储存成本线和总成本线，总成本线的最低点（或者是订货成本线和储存成本线的交接点）所对应的批量即为经济订货批量。

不同批量下的各种成本指标见表 7-13。

表 7-13　不同批量下的各种成本指标

订货批量/千克	1000	2000	2500	3000	3500	4000	4500
平均存量/千克	500	1000	1250	1500	1750	2000	2250
储存成本/元	750	1500	1875	2250	2625	3000	3375
订货次数/次	27	13.5	10.8	9	7.71	6.75	6
订货成本/元	6750	3375	2700	2250	1927.5	1687.5	1500
总成本/元	7500	4875	4575	4500	4552.5	4687.5	4875

不同批量下的有关成本情况可见图 7-11。从以上成本指标的计算和图形中可以很清楚地看出，当经济订货批量为 3000 千克时总成本最低，小于或大于这一批量都是不合理的。

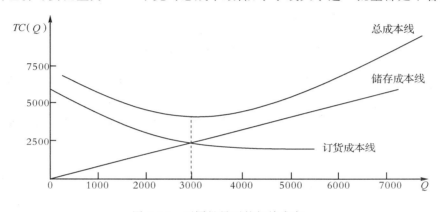

图 7-11　不同批量下的相关成本

（二）经济订货量的扩展模型

经济订货量的基本模型是在前述假设条件下建立的，但是实际生活中能够满足这些假设条件的情况十分罕见。为使模型更接近于实际情况，具有较强的可行性，需要逐一放宽条件，同时改进模型。

1. 订货提前期

一般情况下，企业的存货不能做到随时补充，因为不能等存货用光再去订货，而需要在没有用完时提前订货。在提前订货的情况下，企业再次发出订单时，尚有存货的库存量，称为再订货点，用 R 表示。它的数量等于交货时间（L）和每日平均需要量（d）的乘积：

$$R = L \times d$$

续例 7-10，假设企业订货日到到货日的时间差为 10 天，每日存货的需要量为 75（3000/40）千克，那么

$$R = L \times d = 10 \times 75 = 750（千克）$$

即企业在尚有存货 750 千克时，就应该发出订单订货，等到下批订货达到企业时，原有存货刚好用完。此时有关存货的每次订货批量、订货次数、订货时间间隔等并无变化，与瞬时补充时相同。订货提前期条件下的存货持有量见图 7-12。

2. 保险储备

前面的讨论假定存货的供应稳定且确定，即每日需要量不变，交货时间也固定不变。实际上，每日需要量可能变化，交货时间也可能变化。按照某一订货批量（如经济订货批量）和

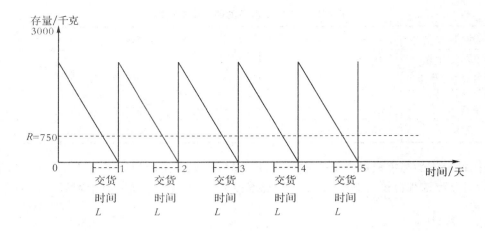

图 7-12　订货提前期条件下的存货持有量

再订货点发出订单后,如果需要量或送货时间延迟,就会出现缺货或供应中断。为了防止由此造成的损失,就需要多储备一些存货以应急,该储备称为保险储备(或安全储备)。这些存货在正常情况下不动用,只有当存货过量使用或送货时间延迟时才动用。保险储备下的存货持有量如图 7-13 所示。

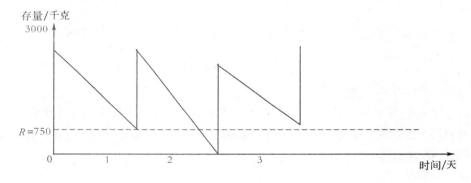

图 7-13　保险储备下的存货持有量

图 7-13 中,年需要量为 27000 千克,已计算出经济订货量为 3000 千克,每年订货次数为 9 次,又已知全年平均日需要量(d)为 75 千克,平均每次交货时间(L)为 10 天。为了防止需求变化引起缺货损失,设保险储备量(B)为 250 千克,再订货点 R 由此提高为

$$R = 交货时间 \times 平均日需要量 + 保险储备$$
$$= L \times d + B = 10 \times 75 + 250 = 1000(千克)$$

在第一个订货周期内,$d=75$ 千克,不需要动用保险储备;在第二个订货周期内,$d>75$ 千克,需要量大于供货量,需要动用保险储备;在第三个订货周期内,$d<75$ 千克,需要量小于供货量,不仅不需要动用保险储备,正常储备亦未用完,下次存货即已经运达企业。

建立保险储备,固然可以使企业避免缺货或供应中断造成的损失,但存货平均储备量加大却会使储存成本升高。研究保险储备的目的,就是要找出合理的保险储备量,使缺货或供应中断造成的损失和储备成本之和最小。方法上可以先计算出不同保险储备量的总成本,然后再对总成本进行比较,选择其中总成本最低的。

如果设与此相关的总成本为 $TC(S、B)$,缺货成本为 C_s,保险储备成本为 C_B,则

$$TC(S、B)=C_s+C_B$$

设单位缺货成本为 K_u,一次订货缺货量为 S,年订货次数为 N,保险储备量为 B,单位存货成本为 K_c,则

$$C_s=K_u\times S\times N$$
$$C_B=B\times K_c$$
$$TC(S、B)=C_s+C_B=K_u\times S\times N+B\times K_c$$

现实中,缺货量 S 具有概率性,其概率可根据历史经验估计得出;保险储备量 B 可选择而定。

【例 7-11】　假定某存货的年需要量 D 为 27000 千克,单位变动储存成本为 1.5 元,单位缺货成本 K_u 为 4 元,交货时间 L 为 10 天;已经计算出经济订货量 Q 为 3000 千克,每年订货次数为 9 次。交货期内的存货需要量及其概率分布见表 7-14。

表 7-14　不同存货需要量的概率资料

需要量/千克($10\times d$)	600	650	700	750	800	850	900
概率(P_1)	0.01	0.04	0.20	0.50	0.20	0.04	0.01

先计算不同保险储备的总成本:

(1)不设保险储备量

即 $B=0$,且以 750 千克为再订货点。在此情况下,当需要量为 750 千克或以下时,不会发生缺货,其概率 0.75(0.01+0.04+0.20+0.50);当需要量为 800 千克时,缺货 50(800-750)千克,其概率为 0.20;当需要量为 850 千克时,缺货为 100(850-750)千克,其概率为 0.04;当需要量为 900 千克时,缺货 150(900-750)千克,其概率为 0.01。因此,$B=0$ 时缺货的期望值 S_0、总成本 $TC(S、B)$ 可计算如下:

$$S_0=(800-750)\times0.20+(850-750)\times0.04+(900-750)\times0.01$$
$$=15.5(千克)$$
$$TC(S、B)=C_s+C_B=K_u\times S_0\times N+B\times K_c=4\times15.5\times9+0\times1.5=558(元)$$

(2)设保险储备量为 50 千克

即 $B=50$,以 800 千克为再订货点,在当需要量为 800 千克或以下时,不会发生缺货,其概率为 0.95(0.01+0.04+0.20+0.50+0.20);当需要量为 850 千克时,缺货 100(850-750)千克,其概率为 0.04;当需要量为 900 千克时,缺货 150(900-750)千克,其概率为 0.01。因此,$B=50$ 时缺货的期望值 S_{50}、总成本 $TC(S、B)$ 可计算如下:

$$S_{50}=(850-750)\times0.04+(900-750)\times0.01=5.5(千克)$$
$$TC(S、B)=C_s+C_B=K_u\times S_{50}\times N+B\times K_c=4\times5.5\times9+50\times1.5=273(元)$$

(3)设保险储备量为 100 千克

即 $B=100$,以 850 千克为再订货点,同样运用以上方法,可计算 S_{100}、总成本 $TC(S、B)$:

$$S_{100}=(900-750)\times0.01=1.5(千克)$$
$$TC(S、B)=K_u\times S_{100}\times N+B\times K_c=4\times1.5\times9+100\times1.5=204(元)$$

（4）设保险储备量为 150 千克

即 $B=150$，以 900 千克为再订货点，此种情况下可满足最大需求，不会发生缺货，因此

$$S_{150}=0$$

$$TC(S、B)=K_u\times S_{150}\times N+B\times K_c=4\times 0\times 9+150\times 1.5=225（元）$$

然后，比较上述不同保险储备量的总成本，以最低者为最佳。

本例中当 $B=100$ 千克时，总成本最低（204 元），故应确定保险储备量为 100 千克，或者说应确定以 100 千克为再订货点。

以上举例解决了需求量变化引起的缺货问题。至于延迟交货引起的缺货，也可通过建立保险储备量的方法解决。确定其保险储备量时，可将延迟天数折算为增加的需求量，其余计算过程与前述方法相同。

三、存货的日常管理

存货的日常管理是指在日常生产经营过程中，按照存货管理的要求，对存货的采购、使用和销售情况进行组织、协调和控制。加强存货的日常管理，对于维持企业生产经营活动、提高资金利用效率具有重要作用。

（一）存货归口分级管理

存货归口分级管理是企业实行存货资金管理责任制的一个重要方法。存货归口分级管理有利于调动各职能部门、各级单位和职工群众管好用好存货的积极性和主动性，把存货管理同生产经营管理结合起来。同时存货归口分级管理有利于财务部门面向生产，深入实际调查研究，总结经验，把存货的集中统一管理和分管紧密结合起来，使企业整个流动资金管理水平不断提高。

这种方法有三项内容。

1. 在厂长、经理的领导下，财务部门对企业存货资金实行集中统一管理

财务部门掌握整个企业存货资金的占用、耗用和周转情况。因此，财务部门的职能决定了它应当集中管理企业的存货资金，促进供产销相互协调，实现企业资金使用的综合平衡，加速资金周转。财务部门集中管理存货资金，应当负责以下具体工作：①根据国家财务制度和企业的具体做法，统一制定并组织执行企业存货资金管理制度。②综合平衡各项存货资金定额，编制存货资金计划，并分配给各有关职能部门归口执行。③统筹调度各项资金的使用，平衡财务收支，及时供应生产经营所需的资金。④统一办理企业对外结算，加速企业存货资金周转。⑤对各单位的资金运用状况进行检查和分析，统一考核资金的使用情况。

2. 实行存货资金的归口管理

根据使用资金与管理资金相结合、物资管理与资金管理相结合的原则，每项资金由哪个部门使用，就由哪个部门管理。一般各项资金归口管理的分工如下：

（1）原材料、燃料、包装物等资金归供应部门管理。

（2）在成品和自制半成品占用资金归生产部门管理。

（3）产成品资金归销售部门管理。

（4）工具、用具占用资金归工具部门管理。

（5）修理用备件占用资金归设备动力部门或修理部门管理。

3.实行存货资金的分级管理

各归口管理部门应根据本部门的具体情况,将存货资金定额分配给下属单位或者个人,实行存货资金的分级管理。分级管理应当实行责权利相结合的原则,明确个人和单位或者人员管理和使用资金的权限与责任,并作为其业绩考核的重要指标。

(二)ABC 控制法

ABC 控制法是由意大利经济学家巴雷托首先提出的。1879 年,巴雷托在研究个人收入的分布状态时,发现少数人的收入占全部人收入的大部分,而多数人的收入却只占一小部分,他将这一关系用图表示出来,就是著名的巴雷托图。后来巴雷托法被不断应用于存货管理、成本管理、生产管理等领域。

企业的存货品种繁多,大中型企业的存货更是成千上万。有的存货品种数量少,但价值很高;有的存货品种数量繁多,但价值很小。因此,对存货的管理不必面面俱到、事无巨细,而应分清主次。对于价值高、占用资金较多的存货,应当重点管理;对于价值较低、占用资金不多的存货,可以不做重点管理,实行一般控制即可。

ABC 控制法就是按照一定的标准,将企业的存货划分为 A、B、C 三类。最重要的存货为 A 类,一般存货为 B 类,不重要的存货为 C 类。通常分类的标准有两个:一是金额标准;二是品种数量标准。其中,金额标准是最基本的标准,品种数量标准仅供参考。

运用 ABC 控制法控制存货资金的具体做法如下:

(1)计算每种存货在一定时间内(一般为 1 年)的资金占用额。

(2)计算每种存货的金额比重。

(3)按金额大小排序,并计算金额累计百分比。

(4)根据事前确定的标准,把最重要的存货划为 A 类,把一般存货划为 B 类,把不重要的存货划为 C 类。

(5)对 A 类存货进行重点管理和控制,对 B 类存货进行次重点管理,对 C 类存货进行一般管理。

【例 7-12】　某公司共拥有存货 20 种,占用资金 200000 元。按占用资金多少的顺序排序后,根据上述原则将存货划分为 A、B、C 三类,见表 7-15。

表 7-15　某公司存货的类别划分

存货品种	占用金额/元	类别	各类存货种类和比重		各类存货占用资金数量和比重	
			种类/种	比重/%	数量/元	比重/%
1	100000	A	2	10	150000	75
2	50000					
3	20000	B	5	25	40000	20
4	10000					
5	5000					
6	3000					
7	2000					

续表

存货品种	占用金额/元	类别	各类存货种类和比重		各类存货占用资金数量和比重	
			种类/种	比重/%	数量/元	比重/%
8	1800					
9	1600					
10	1400					
11	1200					
12	1000					
13	800					
14	600	C	13	65	10000	5
15	400					
16	380					
17	360					
18	340					
19	100					
20	20					
合计	200000		20	100	200000	100

表 7-15 中的各类存货资金占用情况,如图 7-14 所示。

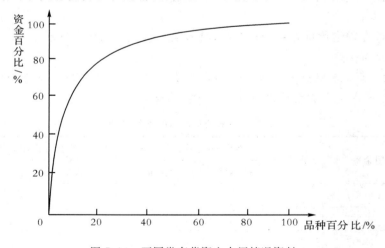

图 7-14　不同类存货资金占用情况资料

(三)适时存货管理

适时制(just in time)作为一种生产库存制度(production inventory system),首先在日本制造业得到有效的使用,后来也在美国广泛推广开来。

适时制原本是为了提高生产质量而逐步形成的,其目的是将原材料的库存量减少到一个生产班次恰好需要的数量,从而迫使原材料供应商不得不保证其所供应的原材料100%合格。在适时制下,库存是没有替代品的,其所生产的每一个零部件都必须是合格品。因此,生产库存不仅提高了对原材料和零部件的要求,而且也提高了对承运人运输质量的要求。

适时制要求将必要的零件以必要的数量在必要的时间送到生产线,并且只将所需要的零件、只以所需要的数量、只在正好需要的时间生产或采购。适时制通过合理规划企业的产供销过程,使从原材料采购到产成品销售的每个环节都能够紧密衔接,减少制造过程中不增加价值的作业,减少库存,消除浪费,从而有效降低成本,提高产品质量,最终实现企业效益最大化。

适时制工作运转需要以下基本条件:①地理位置集中。②可靠的质量。③可以管理的供应商网络。④可控的运输系统。⑤生产弹性。⑥较小的生产批量。⑦有效率地收获和处理材料。⑧管理当局的积极参与。

现阶段我国在自然环境、经济体制以及企业内部管理模式等方面与日本和西方国家都存在一定的差距,因此,我们不能照搬其他国家的模式来应用适时制,而是应该本着权变的管理思想,在充分分析自身条件的基础上,制定出一系列适合我国企业内外部环境的行之有效的适时制策略。

【案例】

营运资本管理与苏宁的竞争力

营运资本作为公司总资本中最具活力的组成部分,其管理的有效性直接决定了企业的竞争能力。在全国工商联公布的"2016中国民营企业500强"榜单中,苏宁集团以3502.88亿元位列第二,这与其营运资本政策的助推不无关系。

(一)苏宁营运资本管理成效

1.成功运用OPM战略

OPM(other people's money)是指企业充分利用做大规模的优势,增强与供应商的讨价还价能力,即利用供应商在货款结算上的商业信用政策,用供应商的资金经营自身事业,从而谋求企业价值最大化的营运资本管理战略。企业采用OPM战略实际上是一种高风险和低成本的经营策略,属于营运资本管理中的风险性决策方法。

2009年至2016年,苏宁的门店数量从941家扩充到3491家,苏宁希望通过增加门店数量实现规模扩张,而规模扩张必然带来存货的大幅度增加。但实际情形是苏宁存货增速逐渐放缓,且存货占流动资产的比重始终稳定在30%左右,体现出苏宁对存货管理的严格把控。在应收账款方面,其基数较小,绝对数变动也较为稳定。这是因为苏宁有严格的应收账款管理措施,确定最佳销售规模,严控坏账风险。与此同时,苏宁的应付账款从2009年的193亿元增加到2016年的363亿元,增长幅度高达88%,反映出苏宁与供应商的讨价还价能力日益增强。

营运资本需求是应收账款、存货、应付账款三者使用效益的综合体现。资料显示:苏宁2009—2016年的营运资本需求一直为负数,且整体上资本需求逐渐加大,表明苏宁占用供应商的资金远远超过在存货和应收账款上的资金,也就是善于利用供应商在货款结算上的商业信用政策来缓冲自己的资金需求。正是因为运用了OPM战略,苏宁才拥有充足的资金来支撑规模扩张。

2.游刃有余的现金管理策略

现金管理的目标就是在保证企业正常生产经营及适度资产流动性的前提下,尽量降低现金的持有量和持有成本,以提高企业整体资金的收益水平。从2009年至2016年,苏宁的货币资金占流动资产的比例(即现金占用率)一直高于45%,但从整体上来看呈现下降趋势,说明苏宁提高了货币资金的使用效率。苏宁的现金持有量比其他电器公司要高,主要是因为其更好地配合高风险低成本的OPM战略,以防止供应商集体挤兑带来的资金链断裂的可能,体现了其较为稳健的风险控制理念。

(二)新形势下营运资本管理的调整

虽然苏宁一直被认为是市场价值较高的企业之一,但是电商的快速发展使苏宁集团受到前所未有的挑战。为提升苏宁易购市场的份额、发展线上业务,苏宁加大针对线上业务的各项投入,包括广告宣传、促销等,此举严重拖累了苏宁的业绩。早在2013年苏宁开始力推线上与线下同价的策略,但是效果并不明显。苏宁需要采取更有效的措施保持其盈利能力。

1.扬长避短,线上线下相互融合

网购时代的来临迫使各行各业必须进行商业模式的创新,这促使以实体电器连锁业为主的苏宁也在探索"旗舰店+互联网"的新商业模式。但是无论电子商务市场变得多大,从目前来看,实体店购物还是不可或缺的,现场体验、现场展示、专业促销员的讲解以及真实购物的愉悦感等都是实体店的优势。所以,虽然电子商务发展迅猛,但苏宁应明确自己核心竞争力的应用领域,线下部分持续完善网络布局和各店面的优化工作,线上寻求可盈利的点上渠道业务模式,建立可盈利的电子商务平台,实现线上线下的相互融合。

2.合理和谨慎地使用供应商资金

苏宁运用OPM战略是建立在长期无偿占用供应商资金基础之上的,这势必会影响供应商的资金周转。一旦商品市场或资本市场形势恶化,供应商资金吃紧,很可能会出现集体挤兑的现象,产生"多米诺骨牌效应",进而危及公司生存。因此,苏宁在营运资金管理过程中,要权衡风险和收益之间的关系,合理和谨慎地使用供应商资金,并与供应商保持一种良性互动。同时,不应过分依赖OPM战略,而应建立一种有效的风险控制系统,探索适合自身长远发展的商业模式。

【思考题】

1.苏宁能够一直保持在民营企业的前列,其营运资本管理有何过人之处?

2.电商如何提升营运资本中应收账款、存货、应付账款三者的使用效益?

【本章思考题】

1.什么叫营运资金?它有什么特点和内容?

2.现金的持有动机包括哪些?现金管理的目标是什么?

3.应收账款的功能和成本分别是什么?

4. 应收账款的信用政策包括哪些内容？如何制定科学的信用政策？

5. 什么是经济订货量？如何确定经济订货量？

6. 如何实施对现金、应收账款、存货的日常管理？

本章自测

第八章　收益分配决策

收益分配是指企业按照国家有关法规和企业章程,对所实现的净利润在企业与所有者之间、利润分配各项目之间和所有者之间进行的分配。利润分配对调动各方面的积极性、促进企业经济效益的提高和企业的长期发展具有十分重要的意义。本章主要介绍收益分配的内容、一般程序及股利分配政策。

第一节　利润分配的程序、内容和原则

利润分配是对企业所实现的利润在各利益主体之间的分配,这种分配必须按照一定的顺序进行。利润分配不仅影响企业的筹资和投资决策,而且涉及国家、企业、投资者等多方面的利益关系,涉及企业的长远利益与近期利益、整体利益与局部利益等关系的协调和处理,必须慎重对待。这里以股份有限公司为例说明利润分配的程序和内容。

一、股份有限公司利润分配的程序和内容

股份有限公司是股份制企业的一种主要组织形式,也是我国建立现代企业制度的主要模式之一。股份有限公司的利润分配方式代表了公司利润分配的一般模式,其他类型企业与股份有限公司的利润分配大同小异。根据我国《公司法》规定,股份有限公司实现的净利润应按以下顺序分配。

(一)弥补亏损

弥补亏损是利润的"逆向分配",它也属于利润分配的内容。经营性亏损的弥补方式一般有两种:税前利润弥补和税后利润弥补。税前利润弥补是指企业发生的亏损用以后年度实现的利润在其交纳所得税前加以弥补;税后利润弥补是指企业发生的亏损用以后年度实现的利润在其交纳所得税后再加以弥补。税后利润弥补亏损又有两种不同的形式,一种是用以前年度的盈余公积弥补,另一种是用企业累计实现的未分配利润弥补。按《中华人民共和国企业所得税法》第十八条的规定,企业纳税年度发生的亏损,准予向以后年度结转,用以后年度的所得弥补,但结转年限最长不得超过五年。这就是说,企业某年度发生的经营性亏损,可以在五年内用所得税前利润弥补,延续五年内未弥补的亏损,用交纳所得税后的利润弥补。

允许以税前利润弥补亏损时,企业实现的利润首先要弥补以前年度的亏损,弥补亏损后

有剩余利润的,才需要交纳所得税。因此,从企业的利益出发,税前弥补亏损对企业有利;而用税后利润弥补亏损,企业实现的利润首先应当交纳所得税,然后再弥补亏损,它并不能减少企业的所得税。

（二）提取法定公积金

按照我国《公司法》的规定,公司实现的税后利润在弥补亏损后,应当首先计提法定公积金。计提法定公积金的基数,不是公司累计实现的盈利,而是本年实现的税后利润扣除弥补亏损的利润后的差额。法定公积金按照 10% 的比例计提;当累计法定公积金达到注册资本的 50% 时,可以不再提取。

公司在税后利润中计提的法定公积金是公司留存收益的一部分,这属于内部融资行为。法定公积金主要有三项用途:一是弥补以后年度亏损,即前面所述的"以前年度盈余公积弥补亏损";二是转增资本,即法定公积金可以按照法定程序转为实收资本或股本;三是分配股利,即经股东大会决议,留存的法定公积金可以在以后年度分配股利。

（三）分配优先股股利

优先股是在某些方面比普通股享有优先权利的股份,在股利分配上,优先股股东可以在普通股股利分配前,按照设定的股利率或金额优先分配股利。因此,发行了优先股的股份有限公司,公司的利润在提取法定公积金后,应先分配优先股股利,以确保优先股股东的收益和优先分配权。

（四）提取任意公积金

提取任意公积金是股份有限公司税后利润分配的一个显著特点,其目的主要是让更多的利润留在公司,用于满足公司发展的需要,另外它也能起到限制普通股股利的分配,调整各年股利分配波动的作用。任意公积金的计提比例由公司自行决定。其用途与法定公积金相同。

（五）分配普通股股利

股份有限公司在弥补亏损、提取法定公积金、分配优先股股利及提取任意公积金后剩余的利润,可按照普通股股东所持股份的比例按同股同利原则进行分配。普通股股利的多少事先并没有规定,公司是否分配普通股股利,分配多少,以何种形式分配,这都是利润分配需要解决的核心问题。

公司利润分配是有序的,在弥补亏损之前,不能提取法定公积金;在提取法定公积金之前不能向股东分配股利。如果公司股东会或董事会违背上述利润分配顺序,必须将违反规定发放的利润退还给公司。

【例 8-1】　联谊公司开始经营的前 8 年中实现的税前利润（发生亏损以"—"表示）如表 8-1所示。

表 8-1　联谊公司的税前利润　　　　　　　　　　单位:万元

年份	1	2	3	4	5	6	7	8
利润（亏损）	—100	—40	30	10	10	10	60	30

假设除弥补亏损以外无其他纳税调整事项,该公司的所得税税率一直为 33%,联谊公司

按规定享受连续 5 年税前利润弥补亏损的政策,税后利润(弥补亏损后)按 10% 的比例分别提取法定公积金和公益金。请你分析后回答:

(1)该公司第 1 年的亏损如何弥补?

(2)该公司第 7 年是否需交纳所得税?是否有利润提取法定公积金和公益金?

(3)该公司第 8 年是否有利润提取法定公积金和公益金?是否有利润可分配给股东?

解 (1)公司第 1 年的亏损 100 万元可以由第 3～6 年的利润弥补,但尚有 40 万元不足弥补,需用以后年度的税后利润加以弥补。

(2)公司第 7 年的利润 60 万元应弥补第 2 年发生的亏损 40 万元,弥补亏损后的利润 20 万元应交纳所得税 6.6 万元,税后利润 13.4 万元还要弥补第 1 年的亏损,故第 7 年应交纳所得税,但不应提取法定公积金和公益金。

(3)公司第 8 年的利润 30 万元应首先交纳所得税 9.9 万元,税后利润 20.1 万元弥补第 1 年的亏损仍不足,故第 8 年仍不应提取法定公积金和公益金,也没有利润可分配给股东。

二、利润分配的原则

利润分配是根据企业所有权的归属及各投资者的出资比例,对企业利润进行的划分,是一种利用财务手段确保利润的合理归属和正确分配的财务活动。利润分配是一项十分重要而又敏感的工作,它关系到企业和与企业有经济利益关系的各种当事人的切身利益,影响企业的筹资和投资决策,涉及企业的长远利益与近期利益、整体利益与局部利益等关系的协调与处理。为此,企业利润分配应遵循以下原则。

(一)依法分配原则

为规范企业的收益分配行为,国家制定和颁发了若干法规,这些法规规定了企业收益分配的基本要求、一般程序和分配比例,主要体现在以下两个方面:一方面,企业实现的利润应按照税法的规定先计算交纳所得税,这是企业应尽的社会责任;另一方面,企业税后利润的分配要按照《公司法》的有关规定进行,包括合理确定税后利润分配的项目、顺序和比例等。

(二)兼顾各方利益的原则

一般而言,参与企业分配的主体主要是政府和投资者。政府是以行政管理者的身份无偿参与企业的税前利润分配,其主要形式是征收所得税。投资者作为企业的所有者,对企业利润拥有所有权,因而企业须按照所有者出资的比例对其分配税后净利润。投资者按其所持股份的多少分为大股东和中小投资者,中小投资者在利润分配决策中处于弱势地位,通常没有话语权。因此,企业在制定利润分配政策时,应当兼顾各方利益,尤其要维护中小投资者的利益。

(三)分配与积累并重原则

分配与积累并重原则体现了利润分配中投资者的眼前利益与企业长远发展的协调问题。税后利润属于企业所有者权益,可以按投资比例等在企业各投资者之间进行分配,但不意味着企业必须将利润全部分配给投资者。为了实现企业的可持续发展,增强企业抵御风险的能力,企业除按规定提取法定公积金以外,可适当留存一部分利润作为积累。事实上,理性投资者通常选择发展潜力和发展机会较好的公司,并把自己的眼前利益与长远利益结合起来;他们愿意将企业的大部分现金留在企业内部,以期获得更高的投资回报。一些高成长的公司尤其如此,如微软公司,自从 1986 年 6 月上市以来,在相当长的一个时期内它未发放现金股利,直到 2003 年 1 月 16 日才宣布发放每股 8 美分的分红。由于微软的业务增长机会一直很好,各种投资项目管理得非常成功,即使公司不发放股利,股东的财富也因股价的持续上升得以快速增长。

(四)同股同利原则

同股同利原则,是指在股份公司,对于相同性质的股票,不论投资主体是谁,也不管这些股票是何时发行和按何种价格发行的,在分配股利时,都必须按照股权登记日在册的股东名单,每股给予相同形式与相同金额的股利。因而,不管是国家股、法人股、个人股还是外资股,不论是流通股还是非流通股,都应该按照投资者各自的出资比例进行利润分配,每股享有相等的股利,这样,才能从根本上保护投资者的利益,鼓励投资者投资。

第二节 股利支付的程序和方式

一、股利支付的程序

实际的股利支付程序具有十分重要的意义,无论是股东还是管理层对这一点都会高度重视。

股份有限公司分配股利必须遵循法定的程序。一般是先由董事会提出分配预案,然后提交股东大会表决,通过了才能进行分配。股东大会决议通过分配预案之后,要向股东宣布发放股利的具体方案,并确定股权登记日、除权除息日和股利发放日,这几个日期对分配股利是非常重要的。

(一)宣布日

宣布日是指股东大会表决通过并由董事会宣布发放股利的日期。在宣布分配方案的同时,要公布股权登记日、除权除息日和股利发放日。通常股份公司都应该定期宣布发放股利方案,我国股份有限公司一般是一年发放一次或两次股利,即在年末和年中分配。在西方国家,股利通常按季度支付。

(二)股权登记日

股权登记日是指有权领取本期股利的股东资格登记的截止日期。企业规定股权登记日是明确股东能否领取股利的日期界限,因为股票是经常流动的,所以确定这个日期非常必要。只有在股权登记日这一天之前登记在册的股东才有资格领取本期股利,而在这一天之后登记在册的股东,即使是在股利发放日之前买到股票,也无权领取本次分配的股利。先进的计算机系统为股权登记提供了极大的方便,一般在股权登记日营业结束的当天即可打印出股东的名册。

(三)除权除息日

除权除息日是指领取股利的权利与股票相分离的日期。在除权除息日当天或之后购买股票的股东将不能领取这次分配的股利。在无纸化证券交易系统下,股票买卖的交割、过户手续能迅速完成,于是,股权登记日的下一个交易日就是除权除息日。应当注意的是,除权除息日公司股票价格会有明显的"除权效应",通常在除权除息日之前股票的交易价格高于除权除息日之后的交易价格,其原因主要在于除权除息日前股票的交易价格中包含应得的股利收入,从除权除息日开始,股利与股票相分离,新购入股票的股东不能分享股利,其购入价格自然就低一点。

（四）股利发放日

股利发放日,也称付息日,是指将股利正式发放给股东的日期。在这一天,企业应将股利通过邮寄等方式支付给股东,计算机交易系统可以通过中央结算系统将股利直接打入股东资金账户,由股东向其证券代理商领取股利。

对于上述与股利分配有关的重要日期,我们通过某股份有限公司2012年度利润分配方案的实施过程加以说明。

【例8-2】　某股份有限公司于2013年2月28日公布2012年年度报告,并提出了2012年度的利润分配及资本公积金转增股本预案:以2012年年末的总股本160000000股为基数,向全体股东每10股送红股2股、派2.00元人民币现金(含税);同时,以资本公积金向全体股东每10股转增8股。2013年4月11日,公司召开2012年度股东大会,审议通过了公司2012年度利润分配及资本公积金转增股本方案。2013年4月9日,公司公布2012年度权益分派实施公告。公司2012年度权益分派方案为:以公司现有总股本160000000股为基数,向全体股东每10股送红股2股、派2.00元人民币现金(含税;扣税后,QFII、RQFII以及持有股改限售股、新股限售股的个人和证券投资基金每10股派1.60元;持有非股改、非新股限售股及无限售流通股的个人、证券投资基金股息红利税实行差别化税率征收,先按每10股派1.80元,权益登记日后根据投资者减持股票情况,再按实际持股期限补缴税款;对于其他非居民企业,本公司未代扣代缴所得税,由纳税人在所得发生地交纳);同时,以资本公积金向全体股东每10股转增8股。分红前本公司总股本为160000000股,分红后总股本增至320000000股。权益分派股权登记日为2013年4月15日,除权除息日为2013年4月16日,股利到账日与新增流通股份上市日均为2013年4月16日。权益分派对象为2013年4月15日下午深圳证券交易所收市后,在中国证券登记结算有限责任公司深圳分公司登记在册的本公司全体股东。

本例中,2013年4月9日为股利宣告日;2013年4月15日为股权登记日,该日交易结束后持有股份有限公司股票的股东有权参加本次权益分派;股权登记日的下一个交易日即2013年4月16日为除权除息日,在这一天和这一天以后买进公司股票的投资者无权享受本次权益分派,这一天也是股利支付日和送股与转增股份的上市交易日。

二、股利支付的方式

股利是公司依据法定条件及程序,根据股东的持股份额从其可供分配利润中向股东支付的一种投资利益。股份有限公司常见的股利形式为现金股利和股票股利,偶尔也会采用财产股利和负债股利的形式。下面我们只介绍现金股利和股票股利这两种股利形式。

（一）现金股利

现金股利是公司直接以现金向股东分配的股利。它是股份有限公司最常见也是最主要的股利形式。以现金分配股利能满足投资者直接获得投资回报的欲望,易受广大股东的欢迎,但支付现金会加大公司的现金流出,增加公司的财务压力。因此,只有在公司拥有充足的现金时才适于采用现金股利支付方式。

（二）股票股利

股票股利俗称送股,它是指公司以增加股东所持股票作为股利的分配方式。对股东来讲,公司发放股票股利没有增加其现金及非现金资产,并不直接增加其财富,仅仅是其手中持股数量增加,但持股比例仍保持不变;对公司来说,股票股利形式既无须流出现金及其他非现金资产,也不会增加公司的负债,资产及负债都没有发生任何变化,可谓是一举两得。但是,股利股票形式会引起所有者权益各项目的结构发生变化,即一部分未分配利润转为股本,使公司的股本总数增大,公司股票的价格会因此而下降（除权调整）。同时,股本的增加对公司今后的发展及盈利的增长构成较大的压力。如果公司的盈利能力不能赶上股本的扩张速度,每股盈余就会随着股本的增加而稀释（摊薄）,这对树立良好的公司形象和支持股价的上涨是十分不利的。例如,四川宜宾五粮液酒厂股份有限公司（股票简称:五粮液,股票代码:000858)1998年3月向社会公开发行股票后,上市之初的股本总额为3.2亿元,其中流通股为8000万股。到2013年的15年中经过七次股票股利的分配和资本公积金转增股本方案的实施,其股本总额已经达到近38亿元（其中也包括2001年3月的一次配股而增加的股份）,每股盈余也从最初的1.75元降低到2004年的0.305元,当然该公司的股价也从最高的1999年6月25日的54.09元回落到2005年6月3日的6.45元。

值得一提的是,公司以资本公积金转增股本具有与股票股利相同的效果,但它不属于股利分配形式。因为资本公积金并不是公司的收益留存,而是公司资本的一种积累,因此,资本公积金转增股本不属于利润分配方案,它只是公司所有者权益内部项目的一种转换。当然,公司的法定公积金也可以转增股本（目前上市公司很少采用）,由于法定公积金是公司以前年度收益留存的一种形式,因此以法定公积转增资本可以被认为是一种与股票股利相同的股利分配方式。

为了加深对股票股利的理解,我们通过一个简单的例子来加以说明。

【例8-3】 恒丰公司在发放股票股利前,股东权益如表8-2所示。

表8-2 恒丰公司发放股票股利前的股东权益情况 单位:万元

项目	金额
股本	2000
盈余公积（含公益金）	3000
资本公积	4000
未分配利润	20000
股东权益合计	29000

假定恒丰公司宣布送股,比例为"10送2",即现有股东每10股送2股,则该公司要送股$2000 \times 20\% = 400$万股。如股票当时的市价为10元,发放股票股利按市价计算,则未分配利润划出的资金为$400 \times 10 = 4000$万元。

由于发放股票股利 400 万股（面值 1 元），股本增加 400 万元。

股票市价超过面值的溢价部分转至资本公积，资本公积增加 $400 \times (10-1) = 3600$ 万元。

发放股票股利后，企业股东权益各项目如表 8-3 所示。

表 8-3　发放股票股利后的股东权益情况　　　　　　　　单位：万元

项目	金额
股本	2400
盈余公积（含公益金）	3000
资本公积	7600
未分配利润	16000
股东权益合计	29000

可见，发放股票股利不会对股东权益总额产生影响，但会发生资金在各股东权益项目间的再分配。需要指出的是，例 8-3 中以市价计算股票股利价格的做法是很多西方国家通用的；除此之外，也有按股票面值计算股票股利价格的，我国目前即采用这种做法。

发放股票股利后，如果盈利总额不变，会由于普通股股数增加而引起每股收益和每股市价的下降；但又由于股东所持股份的比例不变，每位股东所持股票的市场价值总额仍保持不变。如例 8-4 所示。

【例 8-4】　假定恒丰公司本年盈利 4800 万元，某股东持有 20000 股普通股，发放股票股利对该股东的影响见表 8-4。

表 8-4　发放股票股利对股东的影响

项目	发放前	发放后
每股收益（EPS）/（元/股）	$4800 \div 2000 = 2.4$	$4800 \div 2400 = 2$
每股市价/（元/股）	10	$10 \div (1 + 20\%) = 8.33$
持股比例	$2 \div 2000 = 0.1\%$	$2.4 \div 2400 = 0.1\%$
所持股总价值/万元	$2 \times 10 = 20$	$2.4 \times 8.33 = 20$

发放股票股利后，每股收益和每股市价的计算公式为

$$EPS_1 = \frac{EPS_0}{1 + D}$$

$$M_1 = \frac{M_0}{1 + D}$$

式中，EPS_1 为发放股票股利后的每股收益；EPS_0 为发放股票股利前的每股收益；M_1 为发放股票股利后的每股市价；M_0 为发放股票股利前的每股市价；D 为股票股利发放率。

【例 8-5】　甲公司 2002 年年终利润分配前的有关资料如表 8-5 所示。

表 8-5 甲公司利润分配前的有关资料

项目	金额
上年未分配利润/万元	1000
本年税后利润/万元	2000
股本/万元(500 万股,每股面值 1 元)	500
资本公积/万元	1000
盈余公积(含公益金)/万元	500
所有者权益合计/万元	5000
每股市价/元	30

若公司决定提取 15% 的盈余公积(含公益金),发放 10% 的股票股利,并且按发放股票股利后的股数发现金股利 1 元。要求:

(1)假设股票每股市价与每股账面价值成正比例关系,计算利润分配后的未分配利润、盈余公积、资本公积和预计每股市价。

(2)若甲公司预计 2003 年净利润将增长 5%,若保持 10% 的股票股利比率与稳定的股利支付率,则 2003 年应发放多少现金股利? 每股股利应为多少?

解 (1)提取盈余公积 $=2000 \times 15\% = 300$(万元)

盈余公积余额 $=500+300=800$(万元)

流通股股数 $=500 \times (1+10\%)=550$(万股)

发放股票股利时应从未分配利润中转出的金额 $=500 \times 10\% \times 30=1500$(万元)

股本余额 $=1 \times 550=550$(万元)

资本公积余额 $=1000+(1500-50)=2450$(万元)

现金股利 $=550 \times 1=550$(万元)

未分配利润余额 $=1000+(2000-300-1500-550)=650$(万元)

分配前每股市价与账面价值之比 $=30 \div (5000/500)=3$

分配后每股账面价值 $=(550+2450+800+650)/550 \approx 8.09$(元/股)

预计分配后每股市价 $=8.09 \times 3=24.27$(元/股)

(2)2003 年净利润 $=2000(1+5\%)=2100$(万元)

2003 年发放股票股利数 $=550 \times 10\%=55$(万股)

由于 2002 年股利支付率 $=550/2000=27.5\%$,故

2003 年现金股利 $=2100 \times 27.5\%=577.5$(万元)

每股股利 $=577.5/(550+55) \approx 0.95$(元/股)

尽管股票股利不直接增加股东的财富,也不增加公司的价值,但对股东和公司都有特殊意义。

(1)股票股利对股东的意义

①事实上,有时公司发放股票股利后其股价并不成比例下降。一般在发放少量股票股利(如 2%～3%)后,大体不会引起股价的立即变化。这可使股东得到股票价值相对上升的好处。

②发放股票股利通常由成长中的公司所为,因此投资者往往认为发放股票股利预示着公司将会有较大发展,利润将大幅度增长,足以抵消增发股票带来的消极影响。这种心理会稳定住股价,甚至使股价略有上升。

③在股东需要现金时,还可以将分得的股票股利出售,有些国家税法规定出售股票所需交纳的资本利得(价值增值部分)税率比收到现金股利所需交纳的所得税税率低,这使得股东可以从中获得纳税上的好处。

(2)股票股利对公司的意义

①发放股票股利可使股东分享公司的盈余而无须分配现金,这使公司留存了大量现金,便于进行再投资,有利于公司长期发展。

②在盈余和现金股利不变的情况下,发放股票股利可以降低每股价值,从而吸引更多的投资者。

③发放股票股利往往会向社会传递公司将会继续发展的信息,从而提高投资者对公司的信心,在一定程度上会稳定股票价格。但在某些情况下,发放股票股利也会被认为是公司资金周转不灵的征兆,从而降低投资者对公司的信心,加剧股价的下跌。

④发放股票股利的费用比发放现金股利的费用大,会增加公司的负担。

第三节　股利分配政策

股利分配政策是公司是否发放股利、发放多少股利以及何时发放股利等方面的方针和政策。股利分配政策不仅仅是对投资收益的分配,而且关系到公司的投资、融资以及股票价格等各个方面。因此,合理制定股利分配政策,也是财务管理的重要内容。股利分配政策的核心是确定股利支付比率。在实务中,不同的公司可能采取不同的股利分配政策,即使是同一公司,在不同时期也可能采取不同的分配政策。

一、影响股利分配政策的因素

从理论上说,股利是否影响企业价值存在相当大的分歧,而在现实经济生活中,企业仍然是要进行股利分配的。当然,企业分配股利并不是没有限制,总是要受到一些因素的影响。一般认为企业股利政策的影响因素主要有法律因素、企业因素、股东因素及其他因素等几个方面。

(一)法律因素

为了保护债权人和股东的利益,国家有关法规如《公司法》《证券法》等对企业的股利分配做了一定的限制。这些限制主要包括:

1.资本保全约束

用于股利分配的资金只能是公司的当期利润或留用利润,而不能用所募集的经营资本发放股利。各种资本公积准备不能转增股本,已实现的资本公积只能转增股本,不能分派现金股利;盈余公积主要用于弥补亏损和转增资本,一般情况下不得用于向投资者分配利润或现金股利。这些规定的目的是防止企业任意减少资本结构中股东权益的比例的行为,维护债权人的利益。

2.资本积累约束

企业必须从税后利润中提取 10％的法定盈余公积金,只有当企业提取的法定盈余公积金达到注册资本的 50％时才可以不再提取。

3.利润约束

企业弥补亏损后的累积税后利润为正值时,才可以发放股利。

4.偿债能力约束

偿债能力是指企业及时、足额偿还各种到期债务的能力。当企业支付现金股利后影响企业偿还债务和企业的正常经营时,企业发放现金股利的数额将受到限制。

5.超额累积利润的约束

由于股东获得股利后需交纳的个人所得税高于其进行股票交易需交纳的资本利得税,因而企业可以累积利润,使股价上涨,从而帮助股东避税。许多国家的税法对这种不当积累的所得要课征特别的附加税。目前,我国法律对公司累积利润尚未做出限制性规定。

(二)企业因素

企业资金的灵活周转,是企业生产经营得以正常进行的必要条件。因此,企业长期发展和短期经营活动对现金的需求,便成为对股利最重要的限制因素。其相关因素主要有:

1.资产流动性

企业现金股利的分配,应以一定的资产流动性为前提。企业的资产流动性越好,说明其变现能力越强,股利支付能力也就越强。高速成长的营利性企业,其资产可能缺乏流动性,因为,它们的大部分资金投资在固定资产和永久性流动资产上了,这类企业当期利润虽然多但资产变现能力差,股利支付能力就会削弱。

2.投资机会

有着良好投资机会的企业需要有强大的资金支持,因而往往少发现金股利,将大部分盈余留存下来进行再投资;缺乏良好投资机会的企业,保留大量盈余的结果必然是大量资金闲置,于是倾向于支付较高的现金股利。所以,处于成长中的企业,因一般具有较多的良好投资机会而多采取低股利政策;许多处于经营收缩期的企业,则因缺少良好的投资机会而多采取高股利政策。

3.筹资能力

如果企业规模大、经营好、利润丰厚,其筹资能力一般很强,那么在决定股利支付数额时,有较大的选择余地。但那些规模小、新创办、风险大的企业,筹资能力有限,这类企业应尽量减少现金股利支付,而将利润更多地留存在企业,作为内部筹资。

4.盈利稳定性

企业的现金股利来源于税后利润。盈利相对稳定的企业,有可能支付高股利;而盈利不稳定的企业,一般采用低股利政策。这是因为,对于盈利不稳定的企业,低股利政策可以减少因盈利下降而造成的股利无法支付、企业形象受损、股价急剧下降的风险,还可以将更多的盈利用于再投资,以提高企业的权益资本比重,减少财务风险。

5.资本成本

留用利润是企业内部筹资的一种重要方式,同发行新股或举借债务相比,不但筹资成本较低,而且具有很强的隐蔽性。企业如果一方面大量发放股利,而另一方面又以支付高额资本成本为代价筹集其他资本,那么,这种舍近求远的做法就是不恰当的,甚至有损于股东利益。因而从资本成本角度考虑,如果企业扩大规模,需要增加权益资本,不妨采取低股利政策。

(三)股东因素

股东在避税、规避风险、稳定收入和股权稀释等方面的考虑,也会对企业的股利分配政策产生影响。毫无疑问,企业的股利分配政策不可能使每个股东财富最大化,企业制定股利分配政策的目的之一在于对绝大多数股东财富产生有利影响。

1.稳定的收入和避税

一些依靠股利维持生活的股东往往要求企业支付稳定的股利,如果企业留存较多的利润,支付的股利较少,将遭到这部分股东的反对。此外,一些高收入阶层股东为了避税(股利收入的所得税高于股票交易的所得税),往往反对公司支付较多的股利。

2.控制权的稀释

企业支付较高的股利会导致企业留用利润的减少,这意味着企业可能会通过举债或发行新股来筹资。如果公司举债筹资,除了会增加资本成本外,还会加大企业的财务风险;如果企业发行新股来筹集资金,当原来的股东拿不出更多的现金时,企业的控制权就有被稀释的危险。因此,这些股东拿不出更多的现金来购买新股时,他们宁肯不分配股利,也要反对募集新股。

(四)其他因素

1.债务契约的限制

公司的债务契约中往往列有限制公司支付股利的条款,以保护债权人的利益。通常包括:①未来的股利只能以签订契约之后的盈余来发放,也就是不能以过去的保留盈余来发放。②净营运资金低于某一特定金额时不得发放股利。③把利润的一部分以偿债基金准备的形式保留下来。④利息保障倍数低于一定水平时不得支付股利。上述限制使公司只能采取偏紧的股利分配政策。

2.通货膨胀

在通货膨胀的情况下,公司折旧基金的购买力水平下降,导致公司没有足够的资金来重置固定资产。此时,公司往往不得不考虑留用一定的利润,以弥补由于折旧基金的购买力下降而形成的重置固定资产的资金缺口。因此,通货膨胀时期公司发放的股利较少。

二、股利分配政策的类型

支付给股东的盈余与留在企业的保留盈余,存在此消彼长的关系。所以,股利分配政策既决定给股东分配多少红利,也决定有多少净利留在企业。减少股利分配,会增加保留盈余,减少外部筹资需求。在进行股利分配的实务中,公司通常采用如下几种政策。

(一)剩余股利政策

剩余股利政策是指公司在有良好投资机会时,根据一定的目标资本结构(最佳资本结构)测算出投资所需的权益资本,先从盈余中留用,若还有剩余,才将剩余的税后利润用于发放股利;若没有剩余,就不发股利。采取该政策,公司通常遵循以下步骤:

(1)设定目标资本结构,即确定权益资本与债务资本的比例,在此资本结构下的加权平均资金成本率应最低。

(2)确定目标资本结构下投资所需的权益资本数额。

(3)最大限度地使用留存收益来满足投资方案所需的主权资本。

(4)在投资方案所需的权益资本满足后还有剩余的盈余,再将其作为股利发放给股东。

剩余股利政策将股利作为新的投资机会的变量,其根本目的是为了降低公司筹资成本,优化资本结构。这有利于满足公司对资金的需求,有利于提高公司的价值。

【例 8-6】　大明股份有限公司 2001 年公司实现净利润 5200 万元,年末股本总额为 5000 万元。2002 年公司固定资产投资需要筹资 6000 万元,2002 年投资所需资金的 45% 准备通过借款筹集,其余通过 2001 年收益留存来融资,留存收益以外的净利润全部用来分配股利。对上述分配方案,计算该公司 2001 年利润分配每股现金股利金额。

解　2001 年收益留存额 $=6000 \times (1-45\%)=3300$(万元)

用来分配股利的金额 $=5200-3300=1900$(万元)

每股现金股利 $=0.38$(元/股)

采用剩余股利政策,意味着公司只将剩余的盈余用于发放股利。这样做的根本目的是保持理想的资本结构,使加权平均资本成本最低。如例 8-6 中,如果公司不按剩余股利政策发放股利,将可向股东分配的 5200 万元全部用于投资(这样当年将不发放股利)或全部作为股利发放给股东(这样当年每股股利将达到 1.04 元/股),然后再去筹借债务,这两种做法都会破坏目标资本结构,导致加权平均资本成本的提高,不利于提高公司的价值(股票价格)。

该股利政策的缺点是公司的股利分配额是不确定的,各年度之间利润的多少和资金需要量的变化会有较大的起伏,对靠股利维生的股东来说,不利于其安排生活。

(二)固定或持续增长的股利政策

固定或持续增长的股利政策是将每年发放的股利固定在某一水平上,并在较长时期内不变,只有当公司认为未来盈余会显著地、不可逆转地增长时,才提高年度的股利发放额。不过,在通货膨胀的情况下,大多数公司的盈余会随之提高,且大多数投资者也希望公司能提供足以抵消通货膨胀不利影响的股利,因此在长期通货膨胀的年代里也应提高股利发放额。

固定或持续增长的股利政策的主要目的是避免出现由于经营不善而削减股利的情况。采用这种股利政策的理由在于:

(1)稳定的股利向市场传递着公司正常发展的信息,有利于树立公司的良好形象,增强投资者对公司的信心,稳定股票的价格。

(2)稳定的股利有利于投资者安排股利收入和支出,特别是那些对股利有着很高依赖性的股东更是如此。而股利忽高忽低的股票,则不会受这些股东的欢迎,股票价格会因此而下降。

(3)稳定的股利政策可能会不符合剩余股利理论,但考虑到股票市场会受到多种因素的影响,其中包括股东的心理状态和其他要求,因此为了使股利维持在稳定的水平上,即使推迟某些投资方案或者暂时偏离目标资本结构,也可能要比降低股利或降低股利增长率更为有利。

该股利政策的缺点在于股利的支付与盈余相脱节。当盈余较低时仍要支付固定的股利,这可能导致公司资金短缺,财务状况恶化;同时不能像剩余股利政策那样保持较低的资本成本。

（三）固定股利支付率政策

固定股利支付率政策是指公司确定一个股利占盈余的比率,长期按此比率支付股利的政策。在这一股利政策下,各年股利额随公司经营的好坏而上下波动,获得较多盈余的年份股利高,获得盈余少的年份股利低。

固定股利支付率政策使股利与公司盈余紧密地配合,很好地体现了多盈多分、少盈少分、无盈不分的原则。但是,在这种政策下各年的股利变动较大,极易给投资者造成公司不稳定的感觉,对于稳定股票价格不利。

【例 8-7】 宏大公司鉴于其产品销路稳定,拟投资 600 万元,使其生产能力提高 20％。该公司欲维持目前 45％ 的负债比率,并继续执行 20％ 的固定股利支付率政策。该公司在 2002 年的税后利润为 300 万元,那么该公司 2003 年为扩充上述生产能力必须从外部筹措多少权益资本?

解　支付股利后的剩余利润＝300×(1－20％)＝240(万元)

权益融资需要资金＝600×(1－45％)＝330(万元)

外部权益融资＝330－240＝90(万元)

该公司须从外部筹集权益资金 90 万元。

（四）低正常股利加额外股利政策

低正常股利加额外股利政策,是公司一般情况下每年只支付固定的、数额较低的股利;在盈余多的年份,再根据实际情况向股东发放额外股利。但额外股利并不固定,并不意味着公司永久地提高了规定的股利率。这种股利政策使公司具有较大的灵活性。当公司盈余较少或投资需较多资金时,可维持设定的较低但正常的股利,股东不会有股利跌落感;而盈余有较大幅度增加时,则可适度增发股利,把经济繁荣的部分利益分配给股东,使他们增强对公司的信心,这有利于稳定股票的价格。而且这种股利政策可使那些依靠股利度日的股东每年至少可以得到虽然低但比较稳定的股利收入,从而吸引住这部分股东。

以上各种股利政策各有所长,每种政策的特点及适用范围如表 8-6 所示。公司在分配股利时应借鉴其基本决策思想,制定适合自己具体实际情况的股利政策。

表 8-6　股利政策特点及适用范围

股利政策	基本原理	优点	缺点	适用范围
剩余股利政策	满足目标资本结构所需权益资金后,将剩余收益用于分红	保持目标资本结构,使综合资本成本最低	股利分配额有较大的起伏,对靠股利维生的股东不利;股利支付与公司的盈利能力相脱节	有较好投资机会的公司

续表

股利政策	基本原理	优点	缺点	适用范围
固定或持续增长的股利政策	长期支付固定股利额	有利于树立公司的良好形象、股票价格稳定及增强投资者对公司的信心； 吻合某些股东获得稳定股利的要求； 即使推迟某些投资方案或暂时偏离目标资本结构，也可能比降低股利或降低股利增长率更为有利	股利支付与公司的获利能力相脱节	收益较稳定或正处于长期、信誉一般的公司
固定股利支付率政策	固定股利的支付率	股利与公司获利能力相配合，体现多盈多分、少盈少分、不盈不分的原则	每年股利波动较大（传给市场一个公司经营不稳定的信息，对于稳定股票价格不利）	很少有公司采用
低正常股利加额外股利政策	每年按一固定的较低的数额支付股东股利，根据实际，再向股东发放额外股利。有较大灵活性，有利于吸引靠股利维生的股东	有较大的灵活性；有利于增强股东对公司的信心，稳定股票的价格，吸引靠股利度日的股东		为广大公司所采用

【例 8-8】　大明股份有限公司 2000 年实现净利润 4500 万元，发放现金股利 1620 万元。2001 年公司实现净利润 5200 万元，年末股本总额为 5000 万元。2002 年公司固定资产投资需要筹资 6000 万元。现有下列几种利润分配方案：

(1)保持 2000 年的股利支付比率。

(2)2002 年投资所需资金的 45% 通过借款筹集，其余通过 2001 年收益留存来融资，留存收益以外的净利润全部用来分配股利。

(3)2002 年投资所需资金的一部分由投资人追加投资，拟实施配股，按 2001 年年末总股本的 30% 配股，估计配股价格为 3.50 元/股，发行(承销)费用约为筹资额的 4%。其余所需资金通过 2001 年收益留存来融资。多余利润全部分配现金股利。

要求：对上述各种分配方案，分别计算该公司 2001 年利润分配每股现金股利金额。

解　(1)2000 年的股利支付比率为 1620÷4500＝36%，因此，2001 年公司的现金股利总额为 5200×36%＝1872 万元。

$$每股现金股利＝1872÷5000＝0.3744(元/股)$$

(2)2001 年收益留存额应＝6000×55%＝3300(万元)

$$用来分配股利的金额＝5200－3300＝1900(万元)$$

$$每股现金股利＝0.38(元/股)$$

(3)2002 年配股 1500 万股，筹资净额为 1500×3.5×(1－4%)＝5040 万元。

通过 2001 年收益留存来融资的数额为 6000－5040＝960 万元，多余利润为 5200－960＝

4240 万元,全部分配现金股利,每股现金股利为 0.848 元/股。

【案例】

川江控股股份有限公司股利分配方案

（一）基本情况

四川川江控股股份有限公司曾用中文名峨眉铁合金(集团)股份有限公司。峨眉铁合金(集团)股份有限公司的前身峨眉铁合金是国家"大三线"企业,该公司是国家铁合金六大重点企业之一,属大一类企业,已连续四年进入国家 500 家最大规模和最佳经济效益企业的行列。1988 年 4 月 18 日改组为峨眉铁合金(集团)股份有限公司。该公司股票于 1993 年 9 月 24 日在上海证交所上市。

该公司经营情况为:年产铁合金能力 10 万吨,可生产 20 多个铁合金系列品种,是全国同行业中生产品种最多的企业之一,目前正向高科技企业转型。

（二）四川川江控股股份有限公司董事会决议和召开 2000 年度股东大会的公告

公司四届十二次董事会于 2001 年 1 月 10 日在四川省投资集团有限责任公司的会议室召开。董事长陈宽先生主持了会议,主要审议和通过了 2000 年度利润分配及资本公积金转增股本预案。

1.2000 年利润分配预案

经四川君和会计师事务所审计,公司 2000 年度实现利润总额 16035.05 万元,税后利润 12315.29 万元。分别提取 10% 法定公积金 1231.53 万元,提取 5% 法定公益金 615.76 万元,提取 15% 任意公积金 1847.29 万元,加上上年结转利润 2712.56 万元,本次可供股东分配利润 11333.27 万元。

董事会提议以 2000 年总股本 241380290 股为基数,向全体股东按每 10 股派现金 0.75 元(含税),每 10 股派送红股 3 股,总计利润支出总额为 9051.76 万元,剩余 2281.51 万元结转下年度。

2.2000 年公积金转增股本预案

公司 2000 年年末有资本公积金 8598.64 万元,董事会提议本次按 2000 年总股本 241380290 股为基数,向全体股东以每 10 股转增股份 3 股,总计转增 7241.41 万元,剩余资本公积金 1357.23 万元结转下年度。

以上预案表决结果需提交 2000 年度股东大会审议。

3.预计公司 2001 年利润分配政策

公司拟在 2001 年结束后分配利润一次;公司下一年度实现净利润用于股利分配的比例约为 10%;公司本年度未分配的利润用于下一年度股利分配的比例约为 10%;分配可采用派现形式,现金股息约占股利分配的 50%。

（三）四川川江控股股份有限公司 2000 年度股东大会决议公告

2001 年 2 月 15 日上午公司召开第十三次股东大会,出席会议的股东共 16 人,代表股份 14468.56 万股,占公司总股份的 59.94%。6 名董事、3 名监事及全体高级管理人员出席了大会,会议由董事长陈宽先生主持,以记名投票方式逐一表决,通过了利润分配及资本公积金转增股本的方案。

1. 以 100％赞成票通过了利润分配方案

经四川君和会计师事务所审计,公司 2000 年度实现利润总额 16035.05 万元,税后利润 12315.29 万元,分别提取 10％法定公积金 1231.53 万元,提取 5％法定公益金 615.76 万元,提取 15％任意公积金 1847.29 万元,加上上年结转利润 2712.56 万元,本次可供股东分配利润 11333.27 万元。

公司决定以 2000 年 12 月 31 日总股本 241380290 股为基数,向全体股东按每 10 股派现金 0.75 元(含税),每 10 股派送红股 3 股,共计利润支出总额为 9051.76 万元,剩余 2281.51 万元结转下年度。

2. 以 100％赞成票通过了公积金转增股本方案

截止到 2000 年 12 月 31 日,公司有资本公积金 8598.64 万元,公司决定本次按 2000 年 12 月 31 日总股本 241380290 股为基数,向全体股东以每 10 股转增股份 3 股,总计转增 7241.41 万元,剩余资本公积金 1357.23 万元结转下年度。

3. 以逐项表决方式通过了 2001 年申请配股的预案

以 100％赞成票通过了配股比例和本次配售股份的总额。本次配股以公司 2000 年 12 月 31 日总股本 241380290 股为基数,按 10∶3 的比例向全体股东配售,可配股总额为 72414087 股。其中:国有法人股股东可配股份 39287433 股,其他法人股股东可配股份 4112790 股,社会公众股可配股份 29013864 股。

4. 以 100％赞成票通过了配股价格及配股价格的定价方法

本次配股价格拟定为每股人民币 11～17 元,确定依据如下:①配股价格不得低于公司 2000 年度经审计的每股净资产。②根据本次募集资金投资项目的资金需求量。③参照本公司股票二级市场价格、市盈率状况及对未来趋势的判断。④与主承销商充分协商一致的原则。

(四)四川川江控股股份有限公司关于实施派发股利、股份与用资本公积金转增股本公告

根据 2001 年 2 月 15 日公司 2000 年度股东大会审议通过的 2000 年度利润分配及用资本公积金转增股本方案,现将具体实施办法公告如下:

1. 派发股利、股份方案

公司决定以 2000 年总股本 241380290 股为基数,向全体股东按每 10 股派发股利现金 0.75 元(含税),每 10 股派发股份 3 股,总计利润支出总额为 9051.76 万元,剩余 2281.51 万元结转下年度。

2. 用资本公积金转增股本方案

公司决定以 2000 年总股本 241380290 股为基数,向全体股东以每 10 股转增股份 3 股,总计转增 7241.41 万元,剩余资本公积金 1357.23 万元结转下年度。

3. 股权登记日和除权及上市交易日

股权登记日:2001 年 3 月 29 日。

除权及上市交易日:2001 年 3 月 30 日。

4. 股利、股份派发及用资本公积金转增股本的对象

截止到 2001 年 3 月 29 日下午上海证券交易所交易结束后,在上海证券中央登记结算

公司登记在册的本公司全体股东。

5.具体操作办法

股利派发办法:①每10股派发股利税前0.75元,税后0.60元。股利发放日为2001年4月4日。②社会公众股东之股利款:每10股派发的股利现金0.75元(含税,由公司统一代扣代缴个人所得税0.15元),股利由上海证券中央登记结算公司代理发放,通过股东托管证券商直接划入各股东账户。③国有法人股和其他法人股的派现红利款由公司按其指定的账户直接划给各法人股东。

派发股份及用资本公积金转增股本办法:本次派发股份和转增股本的股份由上海证券交易所通过计算机网络,根据股权登记日登记在册的股东的持股数按比例自动计入股东账户。

6.本次派发股份和转增股份后的股本结构(保留小数2位)

本次派发股份和转增股份的股本结构如表8-7所示。

表 8-7　本次派发股份和转增股份的股本结构

项目	派发股份和转增股本前	本次派发股份	本次转增股本	派发股份和转增股本后	占总股本比例/%
国有法人股/股	130958110	39287433	39287433	209532976	54.25
法人股/股	13709300	4112790	4112790	21934880	5.68
公众股/股	96712880	29013864	29013864	154740608	40.07
合计/股	241380290	72414087	72414087	386208464	100.00

本次派发股利、红利及用资本公积金转增股本后,按新股本摊薄计算的2000年度每股净收益为0.318元。

【案例分析】

分析该公司的股利分配政策对公司可持续增长能力和公司市场价值的影响。

1.对公司可持续增长能力的影响

由于送股、转增股份都会直接导致股本规模的扩充,在利润尤其是经营利润没有同步增长的状态下,会直接导致每股收益或净资产收益率的稀释,相应影响每股市价和潜在投资者对公司的成长性的疑惑。

如何在不需要耗尽财务资源的情况下使公司销售达到最大增长,这就是可持续增长率。在不改变企业资本结构的情况下,随着权益的增长,负债也应同比例增长,负债的增长和权益的增长一起决定了资产所能扩展的速度,资产扩展速度反过来限制了销售的增长率,因而最终限制销售增长率的是股东权益所能扩展的速度。用方程式来表述其间的关系:

$$可持续增长率 G = 销售利润率(P) \times 资产周转率(A)$$
$$\times 资产与期初权益的比(T) \times 留存收益比例(R)$$

该方程式说明一个企业销售的可持续增长率等于四个因素的乘积,前两个因素反映企业生产经营的业绩及经营风险的强弱,后两个因素表明公司的财务政策,留存收益比率表明管理层对待股利分配的态度,而资产与权益比反映公司财务杠杆的政策。可持续增长率指标的意义在于:G只代表与四个比率的稳定价值相一致的销售增长率,一旦公司的销售按照

不同于 G 的任何比率增长,这当中的一个或多个比率就必须改变。这意味着当一个公司以超过它的可持续增长率增长时,它最好能改善经营(提高销售利润率或资产周转率),或通过转变财务政策(提高其留成比率或改变财务杠杆)。

该公司通过送 3 股、转 3 股实际上在削弱公司的留成比例,使公司在没有较大盈利支持,未来还面临许多重大的投资时突现捉襟见肘的资金困境,可能因此失去成长的潜能。

2.对公司市场价值的影响

从该公司历年的股利分配政策看,是采取不规则股利政策,这同大多数上市公司的股利分配政策趋同。但无论采取何种分配政策,其目的仍然是增加公司整体市值。但从该公司这种大规模的送配方案来看,其最终结果一方面导致股价严重下跌(送股、转增股本导致每股收益下降,加之大比例的配股),直接影响现实股东利益;另一方面,由于公司留成比例降低导致后劲不足,直接体现于潜在投资者对该公司未来的投资热情下降,继而影响以后的股价走势。

【本章思考题】

1.小明和小庆是某大学财务会计专业三年级的学生。他们在阅读欣喜股份有限公司 2001 年的有关财务资料时,发现该公司 2000 年年末的股本总额为 5000 万股(每股面值人民币 1 元,下同),而 2001 年年末的股本总额增加到 8000 万股。他俩没有进一步仔细阅读该公司的其他财务资料,不知公司股本增加的确切原因。

请你分析:欣喜股份有限公司 2001 年股本增加的可能途径有哪些?

2.某公司发放股票股利前,股东权益情况如表 8-8 所示。

表 8-8　股东权益情况　　　　　　　　　单位:元

普通股	200000
资本公积	400000
未分配利润	2000000
股东权益合计	2600000

该公司宣布发放 10% 的股票股利。若该股票当时的时价 20 元,则

(1)发放股票股利后的股东权益情况如何?

(2)每股收益的变化情况如何?

(3)市价的变化情况如何?

(4)所有者权益总额会发生变化吗?

(5)你认为发放股票股利对股东和公司各有什么利弊?

本章自测

第九章 财务报表分析

财务报表分析是企业财务管理的重要环节,它既是对已完成的财务活动做出的总结和评价,又是企业进行财务预测、做出财务决策的前提。本章首先阐述财务分析的有关内容,然后重点介绍分项财务比率分析和综合财务分析的方法。

第一节 财务分析概述

一、财务分析的概念、目的和内容

(一)财务分析的概念及目的

财务分析(financial analysis)是根据企业财务报表及其他有关财务和经营资料,应用一系列的方法和指标,对企业的财务状况和经营成果进行分析、评价,反映企业在营运过程中的利弊得失以及发展趋势。通过财务分析,可以实现以下目的:

(1)满足企业投资人对企业经营和盈利状况了解的需要。投资人需要了解企业的全部状况,这不仅包括企业短期的盈利能力,也包括企业长期的发展潜力。

(2)满足企业债权人了解企业偿债能力的需要。企业的资金周转情况是债权人关心的重点内容。

(3)满足企业内部管理的需要。企业内部管理人员经营工作的好坏,会直接影响到企业的发展。所以,只有通过全面的财务分析,对企业的财务状况和经营成果做出准确的判断,才能及时地做出正确的决策。

(二)财务分析的内容

尽管不同利益主体进行财务分析有着各自的侧重点,但就企业总体来看,财务分析的内容一般包括财务比率分析、综合分析与评价。同期财务比率分析是指在相同会计期间或同一营业周期内,对企业偿债能力、营运能力、获利能力等方面进行的相关财务指标分析,其中偿债能力是财务目标实现的稳健保证,营运能力是财务目标实现的物质基础,获利能力是两者共同作用的结果,同时也对两者的增强起着推动作用;企业财务综合分析与评价是为了克服单一指标分析的片面性,而将若干种相关财务指标联系起来进行分析与评价。分析时注重各种财务指标之间的系统性、综合性,对企业的财务状况进行全面、合理的评价。其常用方法为财务比率综合评分法和杜邦分析法等。

二、财务分析的方法

财务分析的方法一般可分为定量分析法和定性分析法。定量分析法是指分析者采用科学的方法,对所收集到的数据资料进行加工、计算等量化处理,从数量角度分析、评价企业的财务状况和经营成果;定性分析法是指分析者运用所掌握的情况和资料,凭借其智慧和经验,对定量的结果解析和评价。财务分析的定量分析法主要有比率分析法、比较分析法、趋势分析法、百分比分析法等。

(一)比率分析法

比率分析法是指把某些彼此存在关联的项目加以对比,计算出比率,据以确定经济活动变动程度的分析方法。比率是相对数,采用这种方法,能够把某些条件下的不可比指标变为可以比较的指标,以利于进行分析。

1.比率指标的分类

比率指标主要有以下三类:

(1)构成比率又称结构比率,是指某项经济指标的各个组成部分与总体的比率,反映部分与总体的关系。其计算公式如下:

$$构成比例 = \frac{某个组成部分数值}{总体数值}$$

利用构成比率,可以考虑总体中某个部分的形成和安排是否合理,以便协调各项财务活动。

(2)效率比率是指某项经济活动中投入与产出的比率,反映投入与产出的关系。利用效率比率指标,可以进行得失比较,考察经营成果,评价经济效益。如将利润项目与销售成本、销售收入、资本等项目加以对比,可以计算出成本利润率、销售利润率以及资本利润率等利润率指标,可以从不同角度观察、比较企业获利能力的高低及其增减变化情况。

(3)相关比率是指以某个项目和与其有关但又不同的项目加以对比所得的比率,反映有关经济活动的相互关系。利用相关比率指标,可以考虑有联系的相关业务安排是否合理,以保障企业运营活动能够顺畅进行。如将流动资产与流动负债加以对比,计算出流动比率,据以判断企业的短期偿债能力。

2.采用比率分析法应注意的问题

比率分析法计算简便,计算结果容易判断,而且可以使某些指标在不同规模的企业之间进行比较,甚至也能在一定程度上超越行业间的差别进行比较,但采用这一方法要注意以下几点:

(1)对比项目的相关性。计算比率的子项和母项必须具有相关性,把不相关的项目进行对比是没有意义的。在构成比率指标中,部分指标必须是总体指标这个大系统中的一个小系统;在效率比率指标中,投入和产出必须有因果关系;在相关比率指标中,两个对比指标也要有内在联系,才能评价有关经济活动之间是否协调,安排是否合理。

(2)对比口径的一致性。计算比率的子项和母项必须在计算时间、范围等方面保持口径一致。

(3)衡量标准的科学性。运用比率分析,需要选用一定的标准与之对比,以便对企业的财务状况做出评价。通常而言,科学合理的对比标准有:①预定目标,如预算指标、设计指标、定额指标、理论指标等。②历史标准，如上期实际、上年同期实际、历史先进水平以及有典型意义的时期实际水平等。③行业标准，如主管部门或行业协会颁布的技术标准、国内外同类企业的先进水平、国内外同类企业的平均水平等。④公认标准。

（二）比较分析法

比较分析法是指将被评价的指标在不同时间或不同空间的数据进行比较，确定出差异的方法。

1.比较分析法的内容

（1）本期与上期（或历史水平）比较。

（2）本期与计划（或目标）比较。

（3）本期与国内外同行业先进水平比较。

2.比较分析法的形式

（1）绝对数比较，表示数额差异，借以了解金额变动情况。

（2）相对数比较，表示百分率差异，借以了解变动程度。

3.运用比较分析法必须注意指标间的可比性

（1）实际财务指标与标准财务指标的计算口径必须一致。

（2）实际财务指标与标准财务指标的时间宽容度必须保持一致。

（3）实际财务指标与标准财务指标的计算方法必须一致。

（4）绝对数指标比较与相对数指标比较必须同时进行。

（三）趋势分析法

趋势分析法，又称水平分析法，是指通过对比两期或连续数期财务报表中的相同指标，确定其增减变动的方向、数额和幅度，来说明企业财务状况和经营成果变动趋势的一种方法。采用这种方法，可以分析引起变化的主要原因、变动的性质，并预测企业未来的发展前景。具体运用时主要有以下三种方式。

1.重要财务指标的比较

重要财务指标的比较是将不同时期财务报告中的相同指标或比率进行比较，直接观察其增减变动情况及变动幅度，考察发展趋势，预测发展前景。

对不同时期财务指标的比较，可以采取两种方法。

（1）定基动态比率，是以某一时期的数值为固定的基期数值而计算出来的动态比率。其计算公式如下：

$$定基动态比率 = \frac{分析期数值}{固定基期数值}$$

（2）环比动态比率，是以每一分析期的前期数值为基期数值而计算出来的动态比率。其计算公式如下：

$$环比动态比率 = \frac{分析期数值}{前期数值}$$

2.会计报表的比较

会计报表的比较是指将连续数期的会计报表的金额并列起来，比较其相同指标的增减变动金额和幅度，据以判断企业财务状况和经营成果发展变化的一种方法。会计报表的比较，具体包括资产负债表比较、利润表比较、现金流量表比较等。比较时，既要计算出表中有关项目增减变动的绝对额,又要计算出其增减变动的百分比。

3.会计报表项目构成的比较

会计报表项目构成的比较是在会计报表比较的基础上发展起来的比较分析方法,是以会计报表中的某个总体指标作为 100%,再计算出其各组成项目占该总体指标的百分比,从而比较各个项目百分比的增减变动,以此来判断有关财务活动的变化趋势。它既可用于同一企业不同时期财务状况的纵向比较,又可用于不同企业之间的横向比较。同时,这种方法能消除不同时期(或不同企业)业务规模差异的影响,有利于分析企业的耗费水平和盈利水平。

在采用趋势分析法时,必须注意以下问题:

(1)用于进行对比的各个时期的指标,在计算口径上必须一致。

(2)剔除偶发性项目的影响,使作为分析的数据能反映正常的经营状况。

(3)应用例外原则,对某项有显著变动的指标做重点分析,研究其产生的原因,以便采取对策,趋利避害。

(四)百分比分析法

百分比分析法分为结构百分比分析法和变动百分比分析法。

1.结构百分比分析法

结构百分比分析法是指计算某一项目的各构成部分在项目中所占的比重。其计算公式如下:

$$结构百分比 = \frac{某个构成部分数额}{总体数额} \times 100\%$$

主要结构百分比有:资产结构百分比、资本结构百分比、所有者权益结构百分比、资本金结构百分比、利润结构百分比、利润分配结构百分比和现金流量结构百分比。

2.变动百分比分析法

变动百分比分析法是指将某一财务指标不同时期的数额相互对比,反映变化趋势和变化程度的分析方法,可分为定比法和环比法两种。

(1)定比法,是以某一固定时期财务报表(一般为最初时期的财务报表)项目数额作为比较的基础进行计算的。用定比法计算相同项目的各个百分比的公式如下:

$$\frac{C_i}{C_0} \times 100\% \ (i=1,2,3,\cdots,n)$$

式中,C_0 表示某项目的数额,$C_1,C_2,\cdots,C_n$ 表示其后第 1 年,第 2 年,$\cdots$,第 n 年财务报表中同一项目的各个数额。

(2)环比法,是以某一时期财务报表某个项目的数额与其前一期相同项目的数额进行比较。其公式如下:

$$\frac{C_i}{C_{i-1}} \times 100\% \ (i=1,2,3,\cdots,n)$$

式中,C_i 表示某一时期之后某期的数额。

三、财务分析的依据

财务分析的依据就是财务分析据以进行的基础。财务分析主要是以企业的会计核算资料为基础,通过对这些会计核算资料进行加工整理,得出一系列科学的、系统的财务指标,以便进行比较、分析和评价。这些会计核算资料包括日常核算资料和财务报告,但财务分析主要是以财务报告为基础,日常核算资料只作为财务分析的一种补充资料。下面着重介绍进行财务分析常用的三种基本会计报表。

（一）资产负债表

资产负债表是指反映企业在某一时点上资产、负债和所有者权益基本状况的会计报表。它提供了企业的资产结构、资产流动性、资本来源状况、负债水平以及负债结构等财务信息。分析者通过对资产负债表的分析,可以了解企业的偿还能力、营运能力等财务状况,为企业管理者、投资者和债权人提供决策依据。

丰华公司 2005 年 12 月 31 日的资产负债表如表 9-1 所示。资产负债表按照"资产＝负债＋所有者权益"的会计等式,分成资产、负债及所有者权益三大类。资产是按照它们的流动性大小从上到下排列的,排列越在前,其流动性越大,也就越容易转换成现金。负债及所有者权益按照支付的先后顺序排列,依次为流动负债、长期负债和所有者权益。

表 9-1　丰华公司资产负债表

2005 年 12 月 31 日　　　　　　　　　　　　　　　　　单位:万元

资产	年初数	年末数	负债及所有者权益	年初数	年末数
流动资产:			流动负债:		
货币资金	80	110	短期借款	200	230
短期投资	100	150	应付账款	100	120
应收账款	120	180	预收账款	30	40
预付账款	10	15	应交税金	10	10
存货	400	450	流动负债合计	340	400
流动资产合计	710	905	长期负债	100	250
长期投资	140	140	负债合计	440	650
固定资产原价	1200	1400	所有者权益:		
减:累计折旧	150	165	实收资本	1200	1200
固定资产净值	1050	1235	盈余公积	160	210
			未分配利润	100	220
			所有者权益合计	1460	1630
资产总计	1900	2280	负债及所有者权益总计	1900	2280

（二）利润表

利润表是指反映企业在一定期间内经营成果的会计报表。通过对利润表的分析,可以考核企业利润计划的完成情况,分析企业获利能力以及利润增减变化的原因,预测企业利润的发展趋势,为投资者及企业管理者等各方面提供财务信息。丰华公司 2005 年度的利润表如表 9-2 所示。

表 9-2 丰华公司利润表

2005 年度   单位:万元

项目	上年数	本年数
一、主营业务收入	2000	2200
减:主营业务成本	1100	1200
主营业务税金及附加	112	120
二、主营业务利润	788	880
加:其他业务利润	52	100
减:营业费用	130	140
管理费用	120	160
财务费用	20	35
三、营业利润	570	645
加:投资收益	50	30
营业外收入	0	10
减:营业外支出	60	65
四、利润总额	560	620
减:所得税(税率30%)	168	186
五、净利润	392	434

利润表不仅反映企业的营业收入、费用和利润,而且还反映投资净收益、营业外收支等情况。

(三)现金流量表

现金流量表是指以现金及现金等价物为基础,按收付实现制编制的会计报表。它为会计报表使用者提供企业一定会计期间内现金和现金等价物流入和流出的信息,以便分析者了解和评价企业获取现金和现金等价物的能力。对现金流量表进行分析,可以弥补传统财务分析仅以资产负债表和利润表为依据而产生的受会计自身方法制约的不利影响。

丰华公司 2005 年度按间接法编制的现金流量表如表 9-3 所示。间接法是以本期税后净收益为基础,通过对所有的非现金费用和有关的资产、负债等项目进行调整来计算经营活动产生的现金流量的方法。

表 9-3　丰华公司现金流量表

2005 年度　　　　　　　　　　　　　　　　　　　　　　单位：万元

项目	金额
一、经营活动现金流量：	
净利润	441
加项（现金来源）：	
固定资产折旧	15
应付账款增加	20
账款增加	10
财务费用	35
减项（现金运用）：	
应收账款增加	60
预付账款增加	5
存贷增加	50
投资收益	30
经营活动产生的现金净流量	376
二、投资活动现金流量：	
投资收回现金	20
购建固定资产	(260)
其他投资支出	(50)
投资活动现金净流量	(290)
三、筹资活动现金流量：	
短期借款	30
长期借款	150
支付利息	35
分配现金股利	(271)
筹资活动的现金净流量	(56)
四、现金及现金等价物的净增加额	30

　　一般情况下，企业经营活动的现金净流量应为正数，投资活动和筹资活动的现金净流量可以正负相间，考虑到机会成本等因素，企业没有必要去追求总的现金净流量越多越好，但应当十分关注现金流量与收益质量的关系。在现金流量信息中，经营活动现金流量最为重要，它不仅反映企业获取现金的能力、现金的流量性以及现金的偿付能力等，其与税后净收益进行比较，还可以反映出收益的质量。

第二节　分项财务比率分析

　　比率分析（ratio analysis）是财务报表分析中的一种主要方法。财务比率（financial ratio）用来表示财务报告中各项目之间的关系，通过对各种财务比率指标的计算和分析，可以清楚地反映企业的财务状况和经营成果，为管理人员、投资者、债权人以及社会有关人员提供具有实际价值的财务信息。

一、偿债能力分析

偿债能力是指公司偿还各种到期债务的能力。偿还能力分析是公司财务分析的一个重要方面,通过这种分析可以揭示公司的财务风险。公司财务管理人员、公司债权人及投资者都十分重视公司的偿债能力分析。

（一）短期偿债能力分析

短期偿债能力是指公司偿付短期债务的能力。一般是通过流动资产与流动负债之间的比例关系来计算并判断公司的短期偿债能力。

1. 流动比率

流动比率是指公司流动资产与流动负债的比率。即

$$流动比率 = \frac{流动资产}{流动负债}$$

该指标越高,说明公司偿还流动负债的能力越强。但是,过高的流动比率可能是因为公司留在流动资产上的资金过多,未能有效地加以利用,可能会影响公司的获利能力。一般而言,流动比率在 2∶1 左右比较合适。

【例 9-1】　根据表 9-1 的资料,丰华公司 2005 年度的流动比率计算如下:

年初流动比率 = 710 ÷ 340 ≈ 2.09

年末流动比率 = 905 ÷ 400 ≈ 2.26

运用流动比率时,必须注意以下几个问题:

(1)企业流动比率越高,企业偿还短期债务的流动资产保证程度越强,但并不等于说企业已有足够的现金或存款用来偿债。流动比率高也可能是存货积压、应收账款增多、收账期延长以及待摊费用和待处理财产损失增加所致,而真正可用来偿债的现金和存款却严重短缺。所以,企业应在分析流动比率的基础上,进一步对现金加以考察。

(2)从短期债权人的角度看,自然希望流动比率越高越好。但从企业经营角度看,过高的流动比率通常意味着企业闲置现金的持有量过多,必然造成企业机会成本的增加和获利能力的降低。因此,企业应尽可能将流动比率维持在不使货币资金闲置的水平。

(3)由于不同的企业生产经营特点、生产规模、管理者的偏好等存在各种各样的差异,因此对流动比率的评价很难有统一的标准。比如公用事业,一般只要流动比率稍高于 1 就认为可行;对于制造业,则常常要求流动比率达到 2 以上。所以,流动比率是否合理,不同企业以及同一企业不同时期的评价标准是不同的。分析流动比率,要与同行业其他企业以及本企业历史水平相比较,看看流动比率是高还是低。同时,也要考虑企业的营业周期、资产结构、流动资产结构、流动资产周转情况以及流动负债的数量,这些因素都会影响企业流动比率的高低。

2. 速动比率

一般来说,速动资产是指从流动资产中扣除存货后剩余的部分。速动比率是速动资产与流动负债的比值,即

$$速动比率 = \frac{流动资产 - 存货}{流动负债}$$

【例 9-2】 根据表 9-1 的资料,丰华公司 2005 年度的速动比率计算如下:

年初速动资产＝710－400＝310(万元)

年初速动比率＝310÷340≈0.91

年末速动资产＝905－450＝455(万元)

年末速动比率＝455÷400≈1.14

传统的经验认为,速动比率为 1 时是安全标准。因为如果速动比率小于 1,必然使企业面临很大的偿债风险;如果速动比率大于 1,尽管债务偿还的安全性很高,但却会因为企业现金及应收账款资金占用过多,而大大增加企业的机会成本。速动比率越高,说明公司的短期偿债能力越强。

分析表明丰华公司 2005 年年末的速动比率比年初有所上升,超过一般公认标准,说明该企业在本年度采取了有效措施,使企业存货变现能力增强。

3. 现金流量比率

现金流量比率是指企业年经营活动现金净流量与年末流动负债的比率。其计算公式为

$$现金流量比率 = \frac{年经营活动现金净流量}{年末流动负债} \times 100\%$$

这一比率反映本期经营活动所产生的现金净流量足以抵付流动负债的倍数。需要说明的是,经营活动所产生的现金流量是过去一个会计年度的经营成果,而流动负债则是未来一个会计年度需要偿还的债务,两者的会计期间不同。因此,这个指标是建立在以过去一年的现金流量来估计未来一年现金流量的假设基础之上的。使用这一财务指标时,需要考虑未来一个会计年度影响经营活动现金流量的因素。

【例 9-3】 根据表 9-3 的资料,丰华公司 2005 年度的经营活动现金净流量为 376 万元,则该企业的现金流量比率计算如下:

$$2005 年度现金流量比率 = \frac{376}{400} \times 100\% = 94\%$$

这一指标是从现金流入和流出的动态角度对企业实际偿债能力进行考察的。由于有利润的年份不一定有足够的现金来偿还债务,所以利用以收付实现制为基础的现金流量比率指标,能充分体现企业经营活动所产生的现金净流量可以在多大程度上保证当期流动负债的偿还,直观地反映出企业偿还流动负债的实际能力。用该指标评价企业偿债能力更为谨慎,比率越大,表明企业经营活动产生的现金净流量越多,能够保障企业按时偿还到期债务。但该指标也不是越大越好,太大则表示企业流动资金利用不充分,收益能力不强。

上述短期偿债能力指标,都是根据财务报表数据计算而得。还有一些表外因素也会增强企业的短期偿债能力,如可动用的银行贷款指标、准备很快变现的非流动资产、偿债能力优良的声誉,而也有一些降低短期偿债能力的表外因素,如与担保有关的或有负债、经营租赁合同中的承诺付款、建造合同及长期资产购置合同中的分期付款等。

(二)长期偿债能力分析

长期偿债能力是指公司偿还长期负债的能力。公司的长期债权人和股东不仅关心公司的短期偿债能力,更关心公司的长期偿债能力。

1. 资产负债率

资产负债率是指负债总额占资产总额的比例,即

$$资产负债率 = \frac{负债总额}{资产总额} \times 100\%$$

【例 9-4】 根据表 9-1 的资料,丰华公司 2005 年度的资产负债比率计算如下:

年初资产负债比率 = (440÷1900)×100% ≈ 23.16%

年末资产负债比率 = (650÷2280)×100% ≈ 28.51%

一般认为,资产负债比率不宜超过 50%,但由于企业实际情况有所差别,债权人、股东以及企业经营者的出发点不同,他们对企业的负债比率有不同的看法。

从债权人利益出发,他们总是希望企业的负债比率越低越好。该比率越低,说明企业偿债压力越小,债权人得到本金与利息的保障程度就越大。同时,该比率越低,说明企业总资产中股东出资所占的份额较大,企业风险将由主要股东来承担,即使清算时,债权人的利益保障程度也较高,这对债权人是有利的。

从股东利益出发,举借债务可以使企业筹到更多的资金,扩大经营规模,而与筹措新的权益资金相比,举借债务又不会使原来的股东对企业失去控制权。所以,一般情况下,股东比较倾向于负债筹措。但并不是说,借债什么时候都合适,由于负债要支付利息,同时企业风险也会加大,只有企业的资金利润率大于借款利率时,借债才会给股东带来好处。

从经营者角度看,负债比率过高,会加大企业风险,举借新的债务也会很困难。如果企业不举债或债务比率很小,说明企业对前途信心不足,筹资能力差,经营者没有魄力。企业在筹措资金时,一定要综合考虑其投资能力、发展能力,审时度势,权衡收益和风险,选择合适的资本结构。

2.产权比率

产权比率是指负债总额与股东权益总额之比,也称负债股权比率。其计算公式为

$$产权比率 = \frac{负债总额}{股东权益总额} \times 100\%$$

【例 9-5】 根据表 9-1 的资料,丰华公司 2005 年度的产权比率计算如下:

年初产权比率 = (440÷1460)×100% ≈ 30.14%

年末产权比率 = (650÷1630)×100% ≈ 39.88%

一般而言,产权比率与资产负债比率具有共同的经济意义,两个指标可以互相补充。因此,对产权比率的分析可以比照资产负债比率指标的分析。

3.已获利息倍数

已获利息倍数是指公司息税前利润与利息费用的比率,亦称为利息保障倍数。即

$$已获利息倍数 = \frac{息税前利润}{利息费用}$$

【例 9-6】 根据表 9-2 的资料,财务费用全部为利息支出。丰华公司的已获利息倍数计算如下:

2004 年已获利息倍数 = (392+168+20)÷20 = 29

2005 年已获利息倍数 = (434+186+35)÷35 = 18.71

一般而言,已获利息倍数指标反映企业经营收益是所需支付的负债利息的多少倍。只要已获利息倍数足够大,企业就有充足的能力偿还利息,否则反之。

二、营运能力分析

资产营运能力是指企业运用现有资源从事生产经营活动的能力,实际上就是指资金的使用效率。反映企业资产营运能力的指标是各种资产周转率。资产周转率有两种计算方法:周转次数和周转天数,两者成反比。资产周转次数越多,说明企业资产的营运能力越强;而资产周转天数越长,则说明资产的使用效率越差。资产周转率各种指标的计算,既要运用资产负债表的数据,又要运用利润表的资料。而且,资产平均余额应按该种资产全年的平均余额计算,由于一般外部人员无法获得各项资产的时点资料,因此,通常以年初余额和年末余额的平均值来估计资产平均余额。

反映资产营运能力的财务比率主要有以下几项。

(一)应收账款周转率

应收账款周转率是反映企业一定时期内应收账款周转速度的指标,反映公司应收账款的变现速度和管理效率。它是一定时期内商品或产品主营业务收入净额(销售收入)与应收账款平均余额进行对比所确定的指标。应收账款周转率是指一定时期内(如一年)应收账款转为现金的平均次数,它说明应收账款流动的速度。用时间表示的周转速度是应收账款的周转天数,也称应收账款平均收现期。即:

$$应收账款周转率(次)=\frac{销售收入}{平均应收账款}$$

$$应收账款周转率(天数)=\frac{360}{应收账款周转率}=\frac{平均应收账款×360}{销售收入}$$

【例 9-7】 根据表 9-1、表 9-2 的资料,丰华公司 2005 年度的应收账款周转率计算如下:

$$2005 年度应收账款周转率(次)=2200÷[(120+180)÷2]≈14.67(次)$$
$$2005 年应收账款周转率(天数)=360÷14.67≈24.54(天)$$

应收账款周转次数越多,即应收账款周转天数越短,说明企业应收账款周转越快,企业收回应收账款的时间越短。但财务评价时,不能一味认为应收账款周转次数越多越好。因为有时严格的信用政策会使企业几乎没有应收账款余额,这种情况下计算的应收账款周转次数会很多,但实际上企业的销售却由于严格的信用政策而受到严重影响。因此,对应收账款周转率的评价应当结合企业所采用的信用政策的实际,通过不同时期相同指标的比较,再做出合理的判断。

(二)存货周转率

存货周转率是指主营业务成本(销售成本)除以平均存货所得的比率,也称存货周转次数。如果用时间表示存货周转率就是存货周转天数。即

$$存货周转率(次)=\frac{销售成本}{平均存货}$$

$$存货周转率(天数)=\frac{360}{存货周转率}=\frac{平均存货×360}{销售成本}$$

【例 9-8】 根据表 9-1、表 9-2 的资料,丰华公司 2005 年度的存货周转率计算如下:
$$2005 年度存货周转率(次)=1200÷[(400+450)÷2]≈2.82(次)$$

2005 年度存货周转率（天数）＝360÷2.82≈127.66（天）

一般地，存货周转次数越多，存货周转天数越短，说明存货周转速度越快，其流动性越强，偿债能力也就越强；而且表明存货的占用水平低，存货积压不明显。

在计算存货周转率时，应注意存货计价方法对存货周转有较大影响，因此，在分析企业不同时期或不同企业的存货周转率时，应注意存货计价方法的口径是否一致。

（三）总资产周转率

总资产周转率是指反映全部资产的周转速度的财务比率。它有两种形式：周转次数和周转天数。计算公式分别如下：

$$总资产周转率（次）＝\frac{主营业务收入净额}{平均资产总额}$$

$$总资产周转率（天数）＝\frac{360}{总资产周转次数}＝\frac{平均资产总额×360}{主营业务收入净额}$$

式中的总资产平均占用额应按分析期的不同分别加以确定，并应与分子在时期上保持一致。

【例 9-9】　根据表 9-1、表 9-2 的资料，丰华公司 2005 年度的总资周转率计算如下：

2005 年度总资产周转率（次）＝2200÷[（1900＋2280）÷2]≈1.05（次）

2005 年度总资产周转率（天数）＝360÷1.05≈342.86（天）

从这一指标的分子、分母可以看出，提高全部资产的营运效率可以从两种途径入手：一是扩大销售，增加企业收入；二是在维持收入水平不变的前提下，减少不必要的资金占用。如果资金占用的波动较大，企业应采用更详细的资料计算，如按照各月份的资金占用额计算。

（四）流动资产周转率

总资产周转率反映的是企业全部资产的使用效率，而资产周转速度的快慢主要受流动资产周转速度的影响。因此，为进一步分析资产的周转情况，需要计算和分析流动资产周转率。流动资产周转率反映流动资产的周转速度，可以用周转次数和周转天数两种形式表示。其计算公式分别为

$$流动资产周转率（次）＝\frac{主营业务收入净额}{平均流动资产余额}$$

$$流动资产周转率（天数）＝\frac{360}{流动资产周转次数}＝\frac{平均流动资产余额×360}{主营业务收入净额}$$

式中，平均流动资产余额应按分期的不同分别加以确定，并应保持分子的主营业务收入净额与分母的平均流动资产余额在时间上的一致性。

【例 9-10】　根据表 9-1、表 9-2 的资料，丰华公司 2005 年度的流动资产周转次数计算如下：

2005 年度流动资产周转率（次）＝2200÷[（710＋905）÷2]≈2.72（次）

2005 年度流动资产周转率（天数）＝360÷2.72≈132.35（天）

流动资产周转率越高，说明流动资产的周转速度越快，流动资金的使用效率高；相反，周转速度慢，会引起流动资金的追加投入，形成资金闲置或浪费，导致资产管理效率低。

（五）固定资产周转率

固定资产周转率是指利用一定时期内企业主营业务收入净额与平均固定资产净值之

比,反映企业固定资产周转情况,从而衡量固定资产利用效率的一项指标。其计算公式如下:

$$固定资产周转率(次) = \frac{主营业务收入净额}{平均固定资产净值}$$

$$固定资产周转率(天数) = \frac{360}{固定资产周转次数} = \frac{平均固定资产净值 \times 360}{主营业务收入净额}$$

式中,固定资产净值为固定资产减累计折旧后的数额。

【例 9-11】 根据表 9-1、表 9-2 的资料,丰华公司 2005 年度的固定资产周转次数计算如下:

$$2005 年度固定资产周转率(次) = 2200 \div [(1050 + 1235) \div 2] \approx 1.93(次)$$
$$2005 年度固定资产周转率(天数) = 360 \div 1.93 \approx 186.5(天)$$

一般情况下,固定资产周转率高,表明企业固定资产利用充分,也表明固定资产投资得当,结构合理,能够充分发挥效率;反之,则表明固定资产使用效率不高,企业资本营运能力不强。

三、获利能力分析

获利能力就是企业盈利能力。该指标反映企业通过生产经营活动获取利润的能力,无论是投资者、企业管理者还是债权人都十分关心这个指标。因为从长远来看,企业的偿债能力、股利的分配、股票的价值最终取决于企业的获利能力。反映企业获利能力的指标很多,通常使用的主要有销售毛利率、销售净利率、总资产报酬率、净资产收益率。

(一)销售毛利率

销售毛利率是指营业毛利占营业收入的比率。营业收入扣除营业成本后的部分即为营业毛利,简称毛利。其计算公式如下:

$$销售毛利率 = \frac{营业收入 - 营业成本}{营业收入} \times 100\%$$

【例 9-12】 根据表 9-2 的资料,丰华公司的销售毛利率计算如下:

$$2004 年度销售毛利率 = (2000 - 1100) \div 2000 \times 100\% = 45\%$$
$$2005 年度销售毛利率 = (2200 - 1200) \div 2200 \times 100\% \approx 45.45\%$$

销售毛利率高说明产品的盈利能力强。当然,分析时应结合产品的销售规模和营销策略等因素,不能视毛利率的高低随意下结论。例如,采用薄利多销策略的企业,其销售毛利率必然低于实行精品化营销策略的企业,不能以此否认薄利多销的优势。

(二)销售净利率

销售净利率是指净利润与销售收入之比。其计算公式为

$$销售净利率 = \frac{净利润}{销售收入} \times 100\%$$

【例 9-13】 根据表 9-2 的资料,丰华公司的销售净利率计算如下:

$$2004 年度销售净利率 = 392 \div 2000 \times 100\% = 19.6\%$$
$$2005 年度销售净利率 = 434 \div 2200 \times 100\% \approx 19.73\%$$

一般情况下,企业销售净利率越高,说明企业获利能力越强,但并不说明企业获取现金

的能力强,这一指标应与现金净流量的有关指标综合分析。

（三）总资产报酬率

总资产报酬率反映的是企业全部资产获取收益的能力。它是反映盈利能力的财务指标中综合性最强的。其计算公式如下：

$$总资产报酬率 = \frac{净利润}{平均资产总额} \times 100\%$$

$$平均资产总额 = (年初资产总额 + 年末资产总额) \div 2$$

【例9-14】　根据表9-1、表9-2的资料,丰华公司2005年度的总资产报酬率计算如下：

$$2005年度总资产报酬率 = 434 \div [(1900 + 2280) \div 2] \times 100\% \approx 20.77\%$$

一般而言,该指标越高,表明资产的利用效率越高,说明公司在增加收入和节约资金使用等方面取得了良好的效果,否则相反。

（四）净资产收益率

净资产收益率,又称权益净利率,是指企业净利润与平均净资产的比率。它可以反映投资者投入企业的自有资金获取净收益的能力,即反映投资与报酬的关系,因而是评价企业资本经营效益的核心指标。其计算公式如下：

$$净资产收益率 = \frac{净利润}{平均净资产} \times 100\%$$

$$平均净资产 = (所有者权益年初数 + 所有者权益年末数) \div 2$$

【例9-15】　根据表9-1、表9-2的资料,丰华公司2005年度的净资产收益率计算如下：

$$2005年度净资产收益率 = 434 \div [(1460 + 1630) \div 2] \times 100\% \approx 28.09\%$$

该指标通用性强,适用范围广,不受行业限制,在我国上市公司业绩综合排序中,该指标位于首位。通过对这一指标的综合分析,可以看出企业获利能力在同行中所处的地位,以及与同类企业的差异水平。一般认为,企业净资产收益率越高,企业自有资本获取收益的能力越强,运营效益越强,对企业投资者、债权人的保证程度越高。

四、上市公司特殊的财务比率

上市公司是股份有限公司的典型代表,由于其股票在证券交易所挂牌交易,其会计信息备受投资者的关注。在分析上市公司的财务报表时,除了计算前面的财务比率外,分析者还应当计算上市公司特殊的财务比率。这些比率包括每股收益、每股净资产、每股经营活动现金净流量、股利保障倍数等。

（一）每股收益

每股收益,又称每股利润或每股盈余,是指普通股每股所获得的净收益额。其计算公式如下：

$$每股收益 = \frac{净利润 - 优先股股利}{发行在外的普通股平均股数}$$

该指标也可以按"年末发行在外的普通股股数"计算。该比率越高,说明企业按单位股本计算的获利能力越强,企业的股票投资价值越高。但在分析中应该注意,每股收益不能反映股票所含有的风险大小,而且每股收益多,并不意味着股利分配就丰厚。

(二)每股净资产

每股净资产表示股东每股股票所拥有的净资产份额。它反映了公司股票的账面价值。其计算公式如下:

$$每股净资产 = \frac{股东权益}{发行在外的股票股数}$$

分析时可用连续几期的该指标数值进行对比,来分析企业净资产的积累速度及成长性,同时可以将该指标的数值与股票的市价进行对比,计算市盈率。

(三)每股经营活动现金净流量

每股经营活动现金净流量反映的是上市公司普通股每股所拥有的经营现金净流量。其计算公式如下:

$$每股经营现金净流量 = \frac{经营现金净流量}{发行在外的普通股平均股数}$$

该指标也可以按"年末发行在外的普通股股数"计算。该指标越大,说明企业经营成果的质量越高;同时,企业支付现金股利的能力越强。分析时通常将该指标与每股收益指标进行对比。

(四)股利保障倍数

股利保障倍数反映的是经营现金净流量为所需支付的每股现金股利的倍数。其计算公式如下:

$$股利保障倍数 = \frac{每股经营现金净流量}{每股现金股利}$$

该指标用来衡量现金股利的支付能力。该倍数越大,说明企业支付现金股利的能力越强。

第三节　管理用财务报表分析

以上我们分析的是财务会计报表。在企业管理实践中,经常根据经营活动和金融活动把资产和负债进行重新分类,分为金融资产、经营资产、经营负债和金融负债,然后重新组合会计报表要素,形成管理用财务报表。

一、管理用资产负债表的编制

常见的金融资产有交易性金融资产、可供出售金融资产、应收利息、持有至到期投资。在做具体分析时,应当根据会计报表附注进一步分析哪些是金融资产。

除了金融资产之外的资产都是经营资产。根据经营资产的流动性,可以进一步将其分为经营性流动性资产和经营性长期资产。这里流动性的划分原则与原始财务会计报表一致。

常见的金融负债有短期借款、长期借款、交易性金融负债、应付利息、一年内到期的非流动负债和应付债券。在做具体分析时,应当根据会计报表附注进一步分析哪些是金融负债。

除了金融负债之外的负债都是经营负债。同理,根据经营负债的流动性,可以把经营负债进一步分为经营性流动负债和经营性长期负债。

管理用资产负债表按照经营活动和金融活动划分的过程见图 9-1。

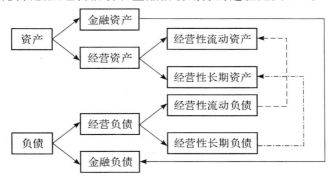

图 9-1　管理用财务报表分解与组合

在划分好经营资产、经营负债、金融资产和金融负债之后,我们按照以下原则编制管理用资产负债表。

把金融负债与金融资产组合,二者的差额形成净负债;把经营性流动资产与经营性流动负债组合,二者的差值形成经营营运资本;把经营性长期资产与经营性长期负债组合,二者的差值形成净经营性长期资产。图 9-1 描述了这个过程。经营营运资本与净经营性长期资产的合计数构成净经营资产总计;净负债与股东权益构成净负债及股东权益总计。同时,形成了一个新的会计恒等式:

净经营资产＝净负债＋股东权益

下面以 ABC 公司的资产负债表(见表 9-4)为例,编制管理用资产负债表。

表 9-4　ABC 公司资产负债表　　　　　　　　　　　　　　　　单位:万元

资产	期末数	期初数	负债及所有者权益	期末数	期初数
流动资产:			流动负债:		
货币资金	2511.8	1979.7	短期借款	1978.1	2292.2
交易性金融资产	0	0	交易性金融负债	0	0
应收票据	43.3	146.4	应付票据	478.8	1223.1
应收账款	2322.1	2155.9	应付账款	2261.2	2277.1
预付款项	470.5	315.1	预收款项	73.2	15.8
其他应收款	0	0	应付职工薪酬	483.5	538.6
存货	5916.0	4881.3	应交税费	414.1	394.1
其他流动资产	0	0	其他流动负债(带息)	1739.2	1815.0
流动资产合计	11263.7	9478.4	流动负债合计	7428.1	8555.9
非流动资产:			非流动负债:		
可供出售金融资产	0	0	长期借款	3000.0	3300.0

续表

资产	期末数	期初数	负债及权益	期末数	期初数
长期应收款	5554.0	0	**应付债券**	8635.8	374.8
长期股权投资	9743.9	8502.8	递延所得税负债	76.8	0
投资性房地产	0	0	其他非流动负债	0	0
固定资产	16445.7	15303.5	非流动负债合计	11712.6	3674.8
在建工程	2261.2	2305.4	负债合计	19140.7	12230.7
工程物资	0	0	所有者权益:		
无形资产	3170.7	2560.5	股本	4837.8	4837.8
长期待摊费用	0	0	资本公积	8819.0	8819.0
递延所得税资产	180.5	123.2	盈余公积	2850.4	2428.1
其他非流动资产	0	0	未分配利润	12971.8	9958.2
非流动资产合计	37356.0	28795.4	所有者权益合计	29479.0	26043.1
资产总计	48619.7	38273.8	负债及所有者权益合计	48619.7	38273.8

表 9-4 中,加粗的部分是金融资产和金融负债。根据管理用报表编制原则,管理用资产负债表如表 9-5 所示。

表 9-5　ABC 公司管理用资产负债表　　　　　　　　　　　单位:万元

经营性流动资产:	年末	年初	金融负债:	年末	年初
货币资金	2511.8	1979.7	短期借款	1978.1	2292.2
应收票据	43.3	146.4	交易性金融负债	0	0
应收账款	2322.1	2155.9	其他流动负债(带息)	1739.2	1815.0
预付款项	470.5	315.1	长期借款	3000.0	3300.0
其他应收款	0	0	应付债券	8635.8	374.8
存货	5916.0	4881.3	金融负债合计	15353.1	7782.0
其他流动资产	0	0	金融资产:		
经营性流动资产合计	11263.7	9478.4	交易性金融资产	0	0
经营性流动负债:			可供出售金融资产	0	0
应付票据	478.8	1223.1	金融资产合计	0	0
应付账款	2261.2	2277.1	净负债	15353.1	7782.0
预收款项	73.2	15.8			
应付职工薪酬	483.5	538.6			
应交税费	414.1	394.1			
经营性流动负债合计	3710.8	4448.7			

续表

经营性流动资产：	年末	年初	金融负债	年末	年初
经营营运资本	7552.9	5029.7			
经营性长期资产：					
长期应收款	5554.0	0			
长期股权投资	9743.9	8502.8			
投资性房地产	0	0			
固定资产	16445.7	15303.5			
在建工程	2261.2	2305.4			
工程物资	0	0			
无形资产	3170.7	2560.5			
长期待摊费用	0	0			
递延所得税资产	180.5	123.2			
其他非流动资产	0	0			
经营性长期资产合计	37356.0	28795.4	所有者权益：		
经营性长期负债：			股本	4837.8	4837.8
递延所得税负债	76.8	0	资本公积	8819.0	8819.0
其他非流动负债	0	0	盈余公积	2850.4	2428.1
经营性长期负债合计	76.8	0	未分配利润	12971.8	9958.2
净经营长期资产	37279.2	28795.4	股东权益合计	29479.0	26043.1
净经营资产总计	44832.1	33825.1	净负债与股东权益合计	44832.1	33825.1

二、管理用利润表的编制

根据经营活动和金融活动区分利润表。经营活动获取的盈利反映经营业绩。金融活动一方面通过筹集资金满足企业经营活动的需要，另一方面通过资本市场获取金融收益。因而利润表可以划分为经营损益和金融损益两部分。

金融损益由金融负债利息与金融资产收益的差额构成，涉及的项目有：①财务费用；②对应于金融资产部分的资产减值损失；③与金融资产价值变动相关的公允价值变动收益。

经营损益部分是剔除金融损益后的剩余部分，调整原则见表9-6，其中，平均所得税税率由所得税费用除以利润总额计算而得。

表 9-6　管理用利润表调整原则

利润表	管理用利润表
项目	项目
一、营业收入	一、营业收入
减：营业成本	减：营业成本
销售与管理费用	销售与管理费用
财务费用	
资产减值损失	资产减值损失（经营性）
加：公允价值变动收益	加：公允价值变动收益（经营性）
投资收益	投资收益（经营性）
二、营业利润	二、税前营业利润
加：营业外收入	加：营业外收入
减：营业外支出	减：营业外支出
三：利润总额	三、税前经营利润（息税前利润 EBIT）
减：所得税费用	减：经营所得税费用
四、净利润	四、税后经营净利润
	金融损益：
	五、利息费用［财务费用＋资产减值损失（金融性）－公允价值变动收益（金融性）－投资收益（金融性）］
	减：利息费用抵税
	六、税后利息费用
	七、净利润

ABC 公司利润表如表 9-7 所示，其中公允价值变动收益是金融性的，表中加粗部分的项目与金融活动有关，根据管理用利润表调整原则，我们得到 ABC 公司管理用利润表。

表 9-7　ABC 公司利润表与管理用利润表　　　　　　　　　　　单位：万元

利润表项目	年末	管理用利润表项目	年末
一、营业收入	33013.80	一、营业收入	33013.80
减：营业成本	13062.80	减：营业成本	13062.80
税金及附加	170.60	税金及附加	170.60
销售费用	585.60	销售费用	585.60
管理费用	815.30	管理费用	815.30
财务费用	963.20		
资产减值损失	0	资产减值损失	0

续表

利润表项目	年末	管理用利润表项目	年末
加:公允价值变动收益	0	加:公允价值变动收益	0
投资收益	324.10	投资收益	324.10
二、营业利润	17740.40	二、税前营业利润	18703.60
加:营业外收入	579.10	加:营业外收入	579.10
减:营业外支出	50.00	减:营业外支出	50.00
其中:非流动资产处置净损失	8.30	其中:非流动资产处置净损失	8.30
三、利润总额	18269.50	三、息税前利润	19232.70
减:所得税费用	3653.90	减:经营所得税费用	3846.54
四、净利润	14615.60	四、税后经营净利润	15386.16
		金融损益:	
		五、利息费用	963.20
		减:利息费用抵税	192.64
		六、税后利息费用	770.56
		七、净利润	14615.60

三、管理用现金流量表的编制

传统的现金流量表没有区分经营活动和金融活动。管理用现金流量表区分了经营活动现金流量和金融活动现金流量。

经营活动现金流量反映企业销售活动以及与之相关的生产性投资产生的现金流量,又称为实体现金流量。具体分为以下几个要素:

营业现金毛流量＝税后经营利润＋折旧与摊销

营业现金净流量＝营业现金毛流量－经营营运资本增加

实体现金流量＝营业现金净流量－折旧与摊销

金融活动现金流量是指企业因筹资活动与金融市场活动而产生的现金流量,包括与债权人之间交易形成的债务现金流量以及与股东交易形成的股权现金流量,

债务现金流量＝税后利息费用－净负债增加

股权现金流量＝股利分配－股本净增加

其中,股利分配是根据净利润减去所有者权益变化而得的。

仍以 ABC 公司为例,假设该公司折旧与摊销占销售收入的1%,编制的管理用现金流量表见表 9-8。

表 9-8 ABC 公司管理用现金流量表 单位:万元

项目	年末	项目	年末
经营活动现金流量:		金融活动现金流量:	
税后经营利润	15386.16	税后利息费用	770.56
加:折旧与摊销	3301.38	减:净负债增加	7571.10
营业现金毛流量	18687.54	债务现金流量	−6800.54
减:经营营运资本增加	2523.20		
营业现金净流量	16164.34	股利分配	11179.70
减:净经营长期资产增加	8483.80	减:股本净增加	0
折旧与摊销	3301.38	股权现金流量	11179.70
实体现金流量	4379.16	融资现金流量	4379.16

四、管理用财务报表的财务比率

根据管理用财务报表的要素可以得到类似会计财务报表的一些财务指标,具体分为:

（一）偿债指标

税后利息率＝税后利息费用/净负债

净财务杠杆＝净负债/股东权益

（二）资产营运指标

净经营资产周转次数＝销售收入/净经营资产

（三）盈利指标

税后经营净利率＝税后经营净利润/销售收入

净经营资产净利率＝税后经营净利润/净经营资产

另外,在一些财务分析中还会用到以下指标:

经营差异率＝净经营资产净利率－税后利息率

杠杆贡献率＝经营差异率×净财务杠杆

以上指标之间的某些关系体现在:

净经营资产净利率＝税后经营净利率×净经营资产周转次数

权益净利率＝净经营资产净利率＋杠杆贡献率

我们可以基于这些财务比率对企业的经营活动和金融活动做进一步的分析。

第四节 综合财务分析

不同财务比率之间存在着各种各样的相互关系。揭示和发现这种关系,有利于我们更深入地分析不同企业间的财务比率产生的差异,以及造成企业某些财务比率不佳的原因,由此更准确地找出企业的问题所在。这时,我们需要采用综合财务分析的方法。

　　因此,我们要对一个企业进行全面、综合的分析和评价,只有将企业的偿债能力、盈利能力和资产营运能力等各项财务比率有机地结合起来,做出系统、深入、综合的评价,才能从总体意义上把握企业财务状况和经营状况的优劣。这样,无论是经营者、投资者还是国家有关监管部门都能够从自身利益出发对一个企业进行多角度、多层次的综合分析和评价。

　　财务比率的综合分析在实际应用中有许多方法,这里我们主要介绍杜邦分析法、沃尔综合评分法和经济增加值评价法。

一、杜邦分析法

(一)杜邦分析法介绍

　　企业的财务状况是一个完整的系统,内部各种因素都是相互联系、相互作用的,任何一个因素的变动都会引起企业整体财务状况的改变。因此,财务分析者在进行财务状况综合分析时,必须深入了解企业财务状况内部的各项因素及其相互之间的关系,这样才能比较全面地揭示企业财务状况的全貌。杜邦分析法正是这样的一种分析方法,它是利用几种主要的财务指标之间的内在关系,对企业综合经营理财及经济效益进行系统分析、评价的方法。这种综合分析方法最初由美国杜邦公司创造并成功运行,故称杜邦分析法。这种分析法一般用杜邦系统图来表示。

　　下面以丰华公司为例来说明杜邦财务分析系统的主要内容,如图 9-2 所示。

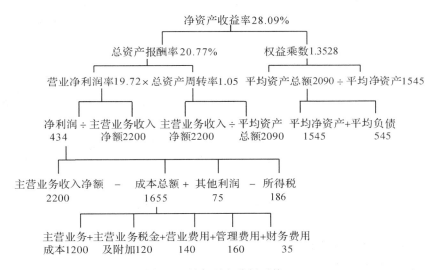

图 9-2　杜邦财务分析系统

　　图 9-2 是在原有杜邦财务分析的基础上做出的一个修正的财务分析图。在原有的杜邦财务分析体系中,总资产周转率的计算公式如下:

$$总资产周转率=\frac{主营业务收入净额}{平均资产总额}$$

　　主营业务收入净额是某一时期的主营业务净收入,是一个动态指标;而资产总额是某一时点上的资产总额,是一个静态指标。按照我国财务管理的特点,这两个指标不适合于进行配比,所以修正为平均资产总额。相应地,权益乘数也进行了修正,由原来的一个静态指标

改为一个动态指标。净资产收益率的指标即可分解为

$$净资产收益率 = \frac{净收益}{平均净资产} = \frac{净收益}{平均资产总额} \times \frac{平均资产总额}{平均净资产}$$

$$= 总资产报酬率 \times 权益乘数$$

$$= \frac{净收益}{主营业务收入净额} \times \frac{主营业务收入净额}{平均资产总额} \times \frac{平均资产总额}{平均净资产}$$

$$= 销售净利率 \times 总资产周转率 \times 权益乘数$$

(二)对杜邦分析方法的评价

从杜邦分析系统可以了解到下面的财务信息。

(1)从杜邦财务分析系统图中可以看出,净资产收益率是综合性最强的财务比率,是杜邦财务分析系统的核心指标。其他各项指标都是围绕这一核心,通过研究彼此间的依存制约关系揭示企业的获利能力及其前因后果的。财务管理的目标是企业价值最大化,净资产收益率反映所有者投入资金的获利能力及筹资、投资、资产运营等活动的效率。提高净资产收益率是实现财务管理目标的基本保证。净资产收益率取决于企业总资产报酬率和权益乘数。总资产报酬率主要反映的是企业在运用资产进行生产经营活动的效率,而权益乘数则主要反映的是企业的资金来源结构。

(2)总资产报酬率是反映企业获利能力的一个重要财务比率。它揭示了企业生产经营活动的效率,综合性也极强。企业的销售收入、成本费用、资产结构、资产周转速度以及资金占用量等各种因素,都直接影响总资产报酬率的高低。总资产报酬率是营业净利润率与总资产周转率的乘积。因此,可以从企业的销售活动与资产管理两个方面来进行分析。

(3)从企业的销售方面看,营业净利润率反映了净利润与主营业务收入之间的关系。一般来说,主营业务收入增加,企业的净利润也会随之增加,但是,要想提高营业净利润率,必须一方面提高主营业务收入,另一方面降低各种成本费用。因此在杜邦财务分析系统图的最后一个层次中,可以分析企业的成本费用结构是否合理,以便发现企业在成本费用管理方面存在的问题,为加强成本费用管理提供依据。同时,要严格控制企业的管理费用、财务费用等各种期间费用,降低耗费,增加利润。这里尤其要研究、分析企业的利息费用与利润总额之间的关系,如果企业所承担的利息费用太多,就应当进一步分析企业的资金结构是否合理,负债比率是否过高。不合理的资金结构当然会影响企业所有者的收益。

(4)在企业资产方面,主要应该分析以下两个方面的内容:

①分析企业的资产结构是否合理,即流动资产与非流动资产的比例是否合理。资产结构实际上反映了企业资产的流动性,它不仅关系到企业的偿债能力,也会影响企业的获利能力。一般说来,如果企业流动资产中货币资金占的比重过大,就应当分析企业现金持有量是否合理,有无现金闲置现象,因为过量的现金会影响企业的获利能力;如果流动资产中的存货与应收账款过多,就会占用大量的资金,影响企业的资金周转。

②结合主营业务收入,分析企业的资产周转情况。资产周转速度直接影响到企业的获利能力,如果企业资产周转较慢,就会占用大量资金,增加资金成本,减少企业的利润。对资产周转情况的分析,不仅要分析企业总资产周转率,更要分析企业的存货周转率与应收账款周转率,并将其周转情况与资金占用情况结合分析。

通过上述两方面的分析,可以发现企业资产管理方面存在的问题,以便加强管理,提高

资产的利用效率。

总之,从杜邦财务分析系统图中可以看出,企业的获利能力涉及生产经营活动的方方面面。净资产收益率与企业的筹资结构、销售规模、成本水平、资产管理等因素密切相关,这些因素构成一个完整的系统,系统内部各因素之间相互作用。只有协调好系统内部各因素之间的关系,才能使净资产收益率得到提高,从而实现企业价值最大化的理财目标。

二、沃尔综合评分法

在进行财务分析时,人们遇到的一个主要困难就是计算出财务指标之后,无法判断它是高还是低。将其与本企业的历史数据相比,也只能看出企业自身的变化,而难以评价其在市场竞争中的优劣地位。为了弥补这些缺陷,人们开始采用财务比率综合评分法。财务比率综合评分法,最早是在 20 世纪初亚历山大·沃尔选择 7 项财务比率对公司的信用水平进行评分时使用的,所以也称为沃尔综合评分法。这种方法是通过对选定的几项财务比率(流动比率、产权比率、固定资产比率、存货比率、应收账款比率、固定资产周转率、自有资产周转率)进行评分,计算出综合得分,并据此评价公司的综合财务状况。

随着时代的发展,沃尔最初提出的 7 项指标已经难以适应企业评价的需要。1999 年 6月 1 日,我国财政部、国家经济贸易委员会、人事部、国家发展计划委员会颁布实施的《国有资本金效绩评价规则》和《国有资本金效绩评价操作细则》将整个指标体系划分为三个层次,即基本指标、修正指标和评价指标,共 32 项。该评价系统的指标体系及权重如表 9-9 所示。

表 9-9 国有资本金效绩评价指标体系及权重

评价内容	基本指标	修正指标	评价指标
一、财务效益状况(42)	净资产收益率(30) 总资产报酬率(12)	资本保值增值率(16) 销售(营业)利润率(14) 成本费用利润率(12)	1. 领导班子基本素质(20) 2. 产品市场占有能力(18) 3. 基本管理水平(20) 4. 在岗员工素质状况(12) 5. 技术装备更新水平(10) 6. 行业或区域影响力(5) 7. 企业经营发展策略(5) 8. 长期发展能力预测(10)
二、资产营运状况(18)	总资产周转率(9) 流动资产周转率(9)	存货周转率(4) 应收账款周转率(4) 不良资产比率(6) 资产损失比率(4)	
三、偿债能力状况(22)	资产负债率(12) 利息保障倍数(10)	流动比率(6) 速动比率(4) 现金流动负债比率(4) 长期资产适合率(5) 经营亏损挂账比率(3)	
四、发展能力状况(18)	销售(营业)增长率(9) 资本积累率(9)	总资产增长率(7) 固定资产成新率(5) 三年利润平均增长率(3) 三年资本平均增长率(3)	
权重合计	100	100	100

注:括号内数字为权重

（一）评价标准

企业效绩评价标准分为计量指标评价标准和评议指标评价参考标准两类。

计量指标评价标准按不同行业、不同规模的企业分类，由五档标准值和与之相适应的标准系数组成，实行统一测算。评价标准值以评价年度全国国有企业会计报表数据为基础，评价各行业及不同规模企业经济运行状况，划分为五个水平值；标准系数是指标实际值对应五档标准值所达到的档次系数。具体如表 9-10 所示。

表 9-10　评价标准值及对应档次系数

评价标准值	对应档次系数	表现
优秀值	1.0	行业最高水平
良好值	0.8	行业较高水平
平均值	0.6	行业总体平均水平
较低值	0.4	行业较差水平
较差值	0.2	行业最差水平

评议指标评价参考标准按单项指标分别设定，具体如表 9-11 所示。

表 9-11　评议指标评价参考标准等级及等级参数表

评议指标评价参考标准等级	代号	等级参数
优	A	1.0
良	B	0.8
中	C	0.6
低	D	0.4
差	E	0.2

（二）记分程序及方法

企业效绩评价的主要记分方法是功效系数法，辅以综合分析判断法。具体操作程序如图 9-3 所示。

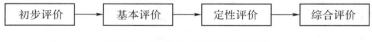

图 9-3　沃尔企业效绩评价程序

（1）初步评价。初步评价是指运用企业效绩评价基本指标，指标实际值对照相应评价标准值，计算各项指标实际得分。其计算公式为

单项指标得分＝本档基础分＋调整分

本档基础分＝指标权数×本档标准系数

调整分＝实际值－（本档标准值÷上档标准值）－本档标准值×（上档基础分－本档基础分）

$$基础指标总分 = \sum 单项指标得分$$

（2）基本评价。基本评价是指在初步评价结果的基础上，运用修正指标对企业效绩初步评价结果的进一步调整。其计算公式为

$$某部分评价内容修正后得分 = 相关部分基本指标得分$$
$$\times 该部分综合修正系数修正后评价总分$$
$$= \sum 各部分评价内容修正后得分$$

（3）定性评价。定性评价是指运用评议指标综合考察影响企业经营效绩的相关因素，并对企业的经营状况进行定性判断。其计算公式为

$$单项指标分数 = \sum （单项指标分数 \times 每位评议人员选定的等级参数）/评议$$
$$人员总数评议指标总分数 = \sum 单项指标分数$$

（4）综合评价。综合评价是指运用整个评价体系产生的结果，对评价对象做出综合评价结论。其计算公式为

$$综合评价得分 = 修正后评价总分 \times 80\% + 评议指标总分 \times 20\%$$

（三）评价结果

企业效绩评价结果分为初步评价结果、基本评价结果、定性评价结果和综合评价结果四个档次。

初步评价结果、基本评价结果、定性评价结果是依据基本指标、修正指标和评议指标计算得分产生的，以实际得分表示；综合评价结果依据评价指标体系得分产生，以最终评价得分和评价类型加评价级别表示，并据此编制评价报告。

三、经济增加值评价法

经济增加值评价法是美国思腾思特咨询公司（Stern & Stewart Co.）提出并实施的一套以经济增加值（economic value added，简称 EVA）理念为基础的财务管理系统、决策机制及激励报酬制度。它是基于税后营业净利润和产生这些利润所需资本投入总成本的一种企业绩效评价方法。公司每年创造的经济增加值等于税后净营业利润与全部资本成本之间的差额。其基本计算公式为

$$EVA = 税后净营业利润 - 全部资本成本$$

式中，全部资本成本包括债务资本的成本和股本资本的成本。

目前，以可口可乐公司为代表的一些世界著名跨国公司大都使用 EVA 指标评价企业业绩。推广 EVA 财务管理系统对我国企业发展有良好的促进作用。主要表现在：

（一）有利于对国企的绩效进行监测和评估

世界上最好的国有企业都专注于资本的有效利用，国家股东更应专注于资本回报的最大化。而对资本利用效率的最好测度就是 EVA 指标。当前，我国正在进行新一轮的国有资产管理体制改革，推行 EVA 财务管理系统，改进大型国有企业会计实务，将有利于国有资产管理机构对国有企业的绩效进行全面监测和准确评估。

（二）有利于规范上市公司经营行为，推动我国股市走向成熟

目前我国股市还不规范，一些违规事件时有发生。EVA 指标代替会计利润指标，使经

营者和股东的利益根本一致,使经营权和所有权的关系进一步合理协调。经营者以与股东一样的心态去经营管理,像股东那样思维和行动,这就有效遏制了内部人控制的弊端,规范了经营者的行为,解决了现代公司委托代理关系中委托人与代理人的矛盾,使经营者、委托者保持同一立场,保持思维、行动和利益一致,从而减少和杜绝我国股市不正常现象的发生。

（三）有利于加快我国企业管理制度创新和技术进步

EVA财务管理系统适用于股份制和非股份制企业,尤其适用于国有企业。这是因为,国有企业的最大缺点是所有者虚位。在我国许多企业中,薪酬制度不合理,缺乏创新机制和采取新技术的动力,对企业上新项目及扩大规模都有障碍。在EVA机制下,鼓励追求更高的经济增加值,只要投资回报率高于资金机会成本,就能给自己和股东带来EVA,而且要想提高薪酬奖励,就必须不断增创EVA。增创EVA的途径又在很大程度上依赖技术进步,因此,EVA机制有利于创新和技术进步,这对我国企业具有重要意义。

【案例】

天津一汽夏利股份有限公司财务状况分析

天津一汽夏利股份有限公司是由天津汽车工业（集团）有限公司独家发起,以1997年4月30日为基准日,对其下属的天津市微型汽车厂、天津市内燃机厂、天津市汽车研究所三家单位进行整体改制后建立的。经重组、评估和国家国有资产管理局确认后,其净资产为164287.76万元,按75％的比例折成国有法人股123215.82万股。1997年8月28日正式成立天津汽车夏利股份有限公司。公司于1999年6月28日上网定价发行社会公众股A股21800万股,形成总股本145015.82万股。2002年6月,天津汽车夏利股份有限公司向天津一汽集团协议转让所持有的公司81322.44万股国有法人股,本次股权转让完成后,天津一汽集团股份持有公司的股票占公司总股本的50.98％。2003年3月3日起,公司名称由天津汽车夏利股份有限公司变更为天津一汽夏利股份有限公司,股票简称由"天津汽车"变更为"ST夏利"。2003年5月8日,公司股票实行退市风险警示的特别处理,简称由"ST夏利"变更为"＊ST夏利"。

有关资料如下:

（1）天津一汽夏利股份有限公司1999—2003年中期资产负债表和利润表见表9-12和表9-13。

表 9-12　天津一汽夏利股份有限公司 1999—2003 年中期资产负债表

项目名称	1999 年	2000 年	2001 年	2002 年	2003 年
总资产/万元	667117.41	722631.99	734899.66	59289.01	796469.27
流动资产/万元	399340.62	465893.17	467141.39	504536.64	535071.57
货币资金/万元	87088.36	73456.19	50498.38	117154.09	106071.53
应收账款/万元	242179.25	327235.00	366035.74	319044.81	314546.94
存货净额/万元	57244.45	62133.98	32236.85	41104.45	109889.88

续表

项目名称	1999 年	2000 年	2001 年	2002 年	2003 年
长期投资/万元	5049.56	20269.75	49508.03	51391.42	70275.64
固定资产/万元	221819.93	206148.28	192305.07	176619.91	164461.05
无形资产/万元	28065.71	25274.44	25945.18	26741.03	26661.01
流动负债/万元	212203.58	251049.04	339437.83	520604.38	452673.74
短期借款/万元	95600.00	117632.00	172752.00	148272.98	175531.74
长期负债/万元	110705.79	101885.40	72302.09	130.48	70000.00
股东权益/万元	34280.04	368485.07	319314.06	237536.62	272778.00
资本公积/万元	145119.94	145119.94	145119.94	130618.35	130618.35
盈余公积金/万元	13978.39	18191.09	16637.36	16059.76	16059.76
每股净资产/(元/股)	2.36	2.54	2.20	1.49	1.71
资产负债率/%	48.61	49.01	56.57	68.72	65.75
每股公积金/(元/股)	1.00	1.00	1.00	0.82	0.82
每股现金流量/(元/股)	−1.28	−2.03	−2.58	−2.68	−2.07

表 9-13 天津一汽夏利股份有限公司 1999—2003 年中期利润表

项目名称	1999 年	2000 年	2001 年	2002 年	2003 年中期
主营业务收入/万元	606079.41	453368.14	340594.16	415128.78	266776.29
主营业务成本/万元	463736.00	343220.13	284416.65	384124.64	198249.73
主营业务税金及附加/万元	48486.35	36269.45	27247.53	33210.30	21342.10
主营业务利润/万元	93857.06	73878.56	28929.98	−2206.16	47184.46
其他业务利润/万元	625.27	259.09	−448.48	676.63	2191.56
营业费用/万元	375.70	565.35	618.32	6367.06	14781.89
管理费用/万元	25736.52	27493.48	22969.01	45862.57	12480.85
财务费用/万元	1114.49	13405.08	13705.15	15499.88	5715.77
投资收益/万元	281.61	147.59	6.44	−9766.87	18851.72
利润总额/万元	67537.23	32821.33	−8804.54	−79025.91	35249.23
净利润/万元	45536.36	28084.69	−8705.25	−79036.57	35241.38
未分配利润	38705.91	60158.22	12540.94	−68658.90	33417.52
每股收益/(元/股)	0.19	0.06	−0.06	−0.50	0.22
净资产收益率/%	13.28	7.62	−2.73	−33.27	12.92

(2)中国轿车行业主要上市公司 2001—2002 年主营业务收入情况如表 9-14 所示。

表 9-14　中国轿车行业主要上市公司 2001—2002 年主营业务收入　　　单位:万元

股票代码	股票名称	2002 年主营业务收入	2001 年主营业务收入
000625	长安汽车	988406.77	733180.58
600104	上海汽车	476923.97	370523.42
000800	一汽轿车	475558.16	334526.92
000927	一汽夏利	415128.78	340594.16

(3)中国轿车行业主要上市公司 2001—2002 年主营业务利润率如表 9-15 所示。

表 9-15　中国轿车行业主要上市公司 2001—2002 年主营业务利润率　　　单位:%

股票代码	股票名称	2002 年主营业务利润率	2001 年主营业务利润率
000625	长安汽车	25.63	19.54
600104	上海汽车	23.93	25.78
000800	一汽轿车	21.12	15.32
000927	一汽夏利	−0.53	8.49

(4)中国轿车行业主要上市公司 2001—2002 年净利润情况如表 9-16 所示。

表 9-16　中国轿车行业主要上市公司 2001—2002 年净利润　　　单位:万元

股票代码	股票名称	2002 年净利润	2001 年净利润
000625	长安汽车	83499.75	16021.55
600104	上海汽车	107044.04	78722.24
000800	一汽轿车	24717.00	3362.77
000927	一汽夏利	−79036.57	−8705.25

(5)中国轿车行业主要上市公司 2001—2002 年每股收益如表 9-17 所示。

表 9-17　中国轿车行业主要上市公司 2001—2002 年每股收益　　　单位:元/股

股票代码	股票简称	2002 年	2001 年
000625	长安汽车	0.68	2.10
600104	上海汽车	0.43	3.23
000800	一汽轿车	0.15	0.02
000927	一汽夏利	−0.50	−0.06

(6)中国轿车行业主要上市公司 2001—2002 年每股净资产情况如表9-18所示。

表 9-18 　中国轿车行业主要上市公司 2001—2002 年每股净资产 　　单位:元/股

股票代码	股票简称	2002 年	2001 年
000625	长安汽车	2.69	2.10
600104	上海汽车	3.28	3.23
000800	一汽轿车	2.74	2.77
000927	一汽夏利	1.49	2.22

要求:根据以上资料,试对天津一汽夏利股份公司的盈利趋势、盈利能力、行业发展态势以及发展前景做出分析。

【本章思考题】

1.比较分析法和趋势分析法是财务报表分析的两种方法,试简单说明并比较这两种方法的区别。

2.资产负债率和产权比率存在怎样的数量关系? 请证明你的结论。

3.企业的资产负债率既不是越高越好,也不是越低越好。请你说明债权人和投资者对资产负债率高低有何不同的看法。

4.在计算财务比率时,我们发现有些企业的应收账款周转率(次数)竟然高达 50 次,请你说明导致应收账款周转率如此之高的可能原因有哪些。

5.请你指出杜邦财务分析方法主要涉及哪些财务比率,试写出这些财务比率之间的相互关系。

本章自测

主要参考书目

1. 中国注册会计师协会. 财务成本管理[M]. 北京:经济科学出版社,2005.
2. 祝锡萍. 财务管理基础[M]. 北京:人民邮电出版社,2005.
3. 湛勇. 现代财务管理[M]. 北京:清华大学出版社,2005.
4. 张鸣. 公司财务理论与实务[M]. 北京:清华大学出版社,2005.
5. 杨玉红,赵蕊芬. 财务管理[M]. 上海:立信会计出版社,2005.
6. 张超英. 财务管理实务操作[M]. 北京:中国人民大学出版社,2004.
7. 王化成. 高级财务管理学[M]. 北京:中国人民大学出版社,2003.
8. 爱莫瑞,芬尼特. 公司财务管理[M]. 荆新,王化成,李焰,译校. 北京:中国人民大学出版社,1999.
9. 王蔚松. 企业金融行为[M]. 北京:中央广播大学出版社,2001.
10. 王永海. 财务管理原理[M]. 武汉:武汉大学出版社,2003.
11. 中国证券监督管理委员会. 上市公司新股发行管理办法[J]. 中国证券监督管理委员会公告,2001(3).
12. 中国证券监督管理委员会. 上市公司发行可转换公司债券实施办法[J]. 中国证券监督管理委员会公告,2001(4).
13. 刘迪. 财务管理学[M]. 北京:中国电力出版社,2004.
14. 斯蒂芬·A.罗斯,罗德尔福·W.威斯特菲尔德,杰弗利·F.杰富. 公司理财(原书第5版)[M]. 吴世农,沈艺峰,等译. 北京:机械工业出版社,2000.
15. 加布里埃尔·哈瓦维尼,克劳德·维埃里. 经理人财务管理:如何创造价值[M]. 胡玉明,江伟,译. 北京:中国人民大学出版社,2008.

附录一　复利终值系数表$(F/P,i,n)=(1+i)^n$

n \ $i(\%)$	1	2	3	4	5	6	7
1	1.010	1.020	1.030	1.040	1.050	1.060	1.070
2	1.020	1.040	1.061	1.082	1.103	1.124	1.145
3	1.030	1.061	1.093	1.125	1.158	1.191	1.225
4	1.041	1.082	1.126	1.170	1.216	1.262	1.311
5	1.051	1.104	1.159	1.217	1.276	1.338	1.403
6	1.062	1.126	1.194	1.265	1.340	1.419	1.501
7	1.072	1.149	1.230	1.316	1.407	1.504	1.606
8	1.083	1.172	1.267	1.369	1.477	1.594	1.718
9	1.094	1.195	1.305	1.423	1.551	1.689	1.838
10	1.105	1.219	1.344	1.480	1.629	1.791	1.967
11	1.116	1.243	1.384	1.539	1.710	1.898	2.105
12	1.127	1.268	1.426	1.601	1.796	2.012	2.252
13	1.138	1.294	1.469	1.665	1.886	2.133	2.410
14	1.149	1.319	1.513	1.732	1.980	2.261	2.579
15	1.161	1.346	1.558	1.801	2.079	2.397	2.759
16	1.173	1.373	1.605	1.873	2.183	2.540	2.952
17	1.184	1.400	1.653	1.948	2.292	2.693	3.159
18	1.196	1.428	1.702	2.206	2.407	2.854	3.380
19	1.208	1.457	1.754	2.107	2.527	3.026	3.617
20	1.220	1.486	1.806	2.191	2.653	3.207	3.870
25	1.282	1.641	2.094	2.666	3.386	4.292	5.427
30	1.384	1.811	2.427	3.243	4.322	5.743	7.612
40	1.489	2.208	3.262	4.801	7.040	10.286	14.974
50	1.645	2.692	4.384	7.107	11.467	18.420	29.457

续表

n ＼ i(%)	8	9	10	11	12	13	14
1	1.080	1.090	1.100	1.110	1.120	1.130	1.140
2	1.166	1.188	1.210	1.232	1.254	1.277	1.300
3	1.260	1.295	1.331	1.368	1.405	1.443	1.482
4	1.360	1.412	1.464	1.518	1.574	1.630	1.689
5	1.469	1.539	1.611	1.685	1.762	1.842	1.925
6	1.587	1.677	1.772	1.870	1.974	2.082	2.195
7	1.714	1.828	1.949	2.076	2.211	2.353	2.502
8	1.851	1.993	2.144	2.305	2.476	2.658	2.853
9	1.999	2.172	2.358	2.558	2.773	3.004	3.252
10	2.159	2.367	2.594	2.839	3.106	3.395	3.707
11	2.332	2.580	2.853	3.152	3.479	3.836	4.226
12	2.518	2.813	3.138	3.498	3.896	4.335	4.418
13	2.720	3.066	3.452	3.883	4.363	4.898	5.492
14	2.937	3.342	3.797	4.310	4.887	5.535	6.261
15	3.172	3.642	4.177	4.785	5.474	6.254	7.138
16	3.426	3.970	4.595	5.311	6.130	7.067	8.137
17	3.700	4.328	5.054	5.895	6.866	7.986	9.276
18	3.996	4.717	5.560	6.544	7.690	9.024	10.575
19	4.316	5.142	6.116	7.263	8.613	10.197	12.056
20	4.661	5.604	6.727	8.062	9.646	11.523	13.743
25	6.848	8.623	10.835	13.585	17.000	21.231	26.462
30	10.063	13.268	17.449	22.892	29.960	39.116	50.950
40	21.725	31.409	45.259	65.001	93.051	132.78	188.88
50	46.902	74.358	117.39	184.57	289.00	450.74	700.23

续表

n \ i(%)	15	16	17	18	19	20	25	30
1	1.150	1.160	1.170	1.180	1.190	1.200	1.250	1.300
2	1.323	1.346	1.369	1.392	1.416	1.440	1.563	1.690
3	1.521	1.561	1.602	1.643	1.685	1.728	1.953	2.197
4	1.749	1.811	1.874	1.939	2.005	2.074	2.441	2.856
5	2.011	2.100	2.192	2.288	2.386	2.488	3.052	3.713
6	2.313	2.436	2.565	2.700	2.840	2.986	3.815	4.827
7	2.660	2.826	3.001	3.185	3.379	3.583	4.768	6.276
8	3.059	3.278	3.511	3.759	4.021	4.300	5.960	8.157
9	3.518	3.803	4.108	4.435	4.785	5.160	7.451	10.604
10	4.046	4.411	4.807	5.234	5.696	6.192	9.313	13.786
11	4.652	5.117	5.624	6.176	6.777	7.430	11.642	17.922
12	5.350	5.936	6.580	7.288	8.064	8.916	14.552	23.298
13	6.153	6.886	7.699	8.599	9.596	10.699	18.190	30.288
14	7.076	7.988	9.007	10.147	11.420	12.839	22.737	39.374
15	8.137	9.266	10.539	11.974	13.590	15.407	28.422	51.186
16	9.358	10.748	12.330	14.129	16.172	18.488	35.527	66.542
17	10.761	12.468	14.426	16.672	19.244	22.186	44.409	86.504
18	12.375	14.463	16.879	19.673	22.091	26.623	55.511	112.46
19	14.232	16.777	19.748	23.214	27.252	31.948	69.389	146.19
20	16.367	19.461	23.106	27.393	32.429	38.388	86.736	190.05
25	32.919	40.874	50.658	62.669	77.388	95.396	264.70	705.64
30	66.212	85.850	111.07	143.37	184.68	237.38	807.79	2620.0
40	267.86	378.72	533.97	750.38	1 051.7	1 469.8	7 523.2	36 119
50	1 083.7	1 670.7	2 566.2	3 927.4	5 988.9	9 100.4	70 065	497 929

附录二　复利现值系数表$(P/F, i, n) = (1+i)^{-n}$

n \ $i(\%)$	1	2	3	4	5	6	7	8	9
1	0.990	0.980	0.971	0.962	0.952	0.943	0.935	0.926	0.917
2	0.980	0.961	0.943	0.925	0.907	0.890	0.873	0.857	0.842
3	0.971	0.942	0.915	0.889	0.864	0.840	0.816	0.794	0.772
4	0.961	0.924	0.888	0.855	0.823	0.792	0.763	0.735	0.708
5	0.951	0.906	0.863	0.822	0.784	0.747	0.713	0.681	0.650
6	0.942	0.888	0.837	0.790	0.746	0.705	0.666	0.630	0.596
7	0.933	0.871	0.813	0.760	0.711	0.665	0.623	0.583	0.547
8	0.923	0.853	0.789	0.731	0.677	0.627	0.582	0.540	0.505
9	0.914	0.837	0.766	0.703	0.645	0.592	0.544	0.500	0.460
10	0.905	0.820	0.744	0.676	0.614	0.558	0.508	0.463	0.422
11	0.896	0.804	0.722	0.650	0.585	0.527	0.475	0.429	0.388
12	0.887	0.788	0.701	0.625	0.557	0.497	0.444	0.397	0.356
13	0.879	0.773	0.681	0.601	0.530	0.469	0.415	0.368	0.326
14	0.870	0.758	0.661	0.577	0.505	0.442	0.388	0.340	0.299
15	0.861	0.743	0.642	0.555	0.481	0.471	0.362	0.315	0.275
16	0.853	0.728	0.623	0.534	0.458	0.394	0.339	0.292	0.252
17	0.844	0.714	0.605	0.513	0.436	0.371	0.317	0.270	0.231
18	0.836	0.700	0.587	0.494	0.416	0.350	0.296	0.250	0.212
19	0.828	0.686	0.570	0.475	0.396	0.331	0.277	0.232	0.194
20	0.820	0.673	0.554	0.456	0.377	0.312	0.258	0.215	0.178
25	0.780	0.610	0.478	0.375	0.295	0.233	0.184	0.146	0.116
30	0.742	0.552	0.412	0.308	0.231	0.174	0.131	0.099	0.075
40	0.672	0.453	0.307	0.208	0.142	0.097	0.067	0.046	0.032
50	0.608	0.372	0.228	0.141	0.087	0.054	0.034	0.021	0.013

$i(\%)$ n	10	11	12	13	14	15	16	17	18
1	0.909	0.901	0.893	0.885	0.877	0.870	0.862	0.855	0.847
2	0.826	0.812	0.797	0.783	0.769	0.756	0.743	0.731	0.718
3	0.751	0.731	0.712	0.693	0.675	0.658	0.641	0.624	0.609
4	0.683	0.659	0.636	0.613	0.592	0.572	0.552	0.534	0.516
5	0.621	0.593	0.567	0.543	0.519	0.497	0.476	0.456	0.437
6	0.564	0.535	0.507	0.480	0.456	0.432	0.410	0.390	0.370
7	0.513	0.482	0.452	0.425	0.400	0.376	0.354	0.333	0.314
8	0.467	0.434	0.404	0.376	0.351	0.327	0.305	0.285	0.266
9	0.424	0.391	0.361	0.333	0.300	0.284	0.263	0.243	0.225
10	0.386	0.352	0.322	0.295	0.270	0.247	0.227	0.208	0.191
11	0.350	0.317	0.287	0.261	0.237	0.215	0.195	0.178	0.162
12	0.319	0.286	0.257	0.231	0.208	0.187	0.168	0.152	0.137
13	0.290	0.258	0.229	0.204	0.182	0.163	0.145	0.130	0.116
14	0.263	0.232	0.205	0.181	0.160	0.141	0.125	0.111	0.099
15	0.239	0.209	0.183	0.160	0.140	0.123	0.108	0.095	0.084
16	0.218	0.188	0.163	0.141	0.123	0.107	0.093	0.081	0.071
17	0.198	0.170	0.146	0.125	0.108	0.093	0.080	0.069	0.060
18	0.180	0.153	0.130	0.111	0.095	0.081	0.069	0.059	0.051
19	0.164	0.138	0.116	0.098	0.083	0.070	0.060	0.051	0.043
20	0.149	0.124	0.104	0.087	0.073	0.061	0.051	0.043	0.037
25	0.092	0.074	0.059	0.047	0.038	0.030	0.024	0.020	0.016
30	0.057	0.044	0.033	0.026	0.020	0.015	0.012	0.009	0.007
40	0.022	0.015	0.011	0.008	0.005	0.004	0.003	0.002	0.001
50	0.009	0.005	0.003	0.002	0.001	0.001	0.001	0	0

续表

n \ $i(\%)$	19	20	25	30	35	40	50
1	0.840	0.833	0.800	0.769	0.741	0.714	0.667
2	0.706	0.694	0.640	0.592	0.549	0.510	0.444
3	0.593	0.579	0.512	0.455	0.406	0.364	0.296
4	0.499	0.482	0.410	0.350	0.301	0.260	0.198
5	0.419	0.402	0.320	0.269	0.223	0.186	0.132
6	0.352	0.335	0.262	0.207	0.165	0.133	0.0A
7	0.296	0.279	0.210	0.159	0.122	0.095	0.059
8	0.249	0.233	0.168	0.123	0.091	0.068	0.039
9	0.209	0.194	0.134	0.094	0.067	0.048	0.026
10	0.176	0.162	0.107	0.073	0.050	0.035	0.017
11	0.148	0.135	0.086	0.056	0.037	0.025	0.012
12	0.124	0.112	0.069	0.043	0.027	0.018	0.008
13	0.104	0.093	0.055	0.033	0.020	0.013	0.005
14	0.088	0.078	0.044	0.025	0.015	0.009	0.003
15	0.074	0.065	0.035	0.020	0.011	0.006	0.002
16	0.062	0.054	0.028	0.015	0.008	0.005	0.002
17	0.052	0.045	0.023	0.012	0.006	0.003	0.001
18	0.044	0.038	0.018	0.009	0.005	0.002	0.001
19	0.037	0.031	0.014	0.007	0.003	0.002	0
20	0.031	0.026	0.012	0.005	0.002	0.001	0
25	0.013	0.010	0.004	0.001	0.001	0	0
30	0.005	0.004	0.001	0	0	0	0
40	0.001	0.001	0	0	0	0	0
50	0	0	0	0	0	0	0

附录三　年金终值系数表 $(F/A,i,n) = \dfrac{(1+i)^n - 1}{i}$

n \ $i(\%)$	1	2	3	4	5	6	7
1	1.000	1.000	1.000	1.000	1.000	1.000	1.000
2	2.010	2.020	2.030	2.040	2.050	2.060	2.070
3	3.030	3.060	3.091	3.122	3.153	3.184	3.215
4	4.060	4.122	4.184	4.246	4.310	4.375	4.440
5	5.101	5.204	5.309	5.416	5.526	5.637	5.751
6	6.152	6.308	6.468	6.633	6.802	6.975	7.153
7	7.214	7.434	7.662	7.898	7.142	8.394	8.654
8	8.286	8.583	8.892	9.214	9.549	9.897	10.260
9	9.369	9.755	10.159	10.583	11.027	11.491	11.978
10	10.462	10.950	11.464	12.006	12.578	13.181	13.816
11	11.567	12.169	12.808	13.486	14.207	14.972	15.784
12	12.683	13.412	14.192	15.026	15.917	16.870	17.888
13	13.809	14.680	15.618	16.627	17.713	18.882	20.141
14	14.947	15.974	17.086	18.292	19.599	21.015	22.550
15	16.097	17.293	18.599	20.024	21.579	23.276	25.129
16	17.258	18.639	20.157	21.825	23.657	25.673	27.888
17	18.430	20.012	21.762	23.698	25.840	28.213	30.840
18	19.615	21.412	23.414	25.645	28.132	30.906	33.999
19	20.811	22.841	25.117	27.671	30.539	33.760	37.379
20	22.019	24.297	26.870	29.778	33.066	36.786	40.995
25	28.243	32.030	36.459	41.646	47.727	54.865	63.249
30	34.785	40.588	47.575	56.085	66.439	79.058	94.461
40	48.886	60.402	75.401	95.026	120.80	154.76	199.64
50	64.163	84.579	112.80	152.67	209.35	290.34	406.53

续表

n \ $i(\%)$	8	9	10	11	12	13	14	15
1	1.000	1.000	1.000	1.000	1.000	1.000	1.000	1.000
2	2.080	2.090	2.100	2.110	2.120	2.130	2.140	2.150
3	3.246	3.278	3.310	3.342	3.374	3.407	3.440	3.473
4	4.506	4.578	4.641	4.710	4.779	4.850	4.921	4.993
5	5.867	5.985	6.105	6.228	6.353	6.480	6.610	6.742
6	7.336	7.523	7.716	7.913	8.115	8.323	8.536	8.754
7	8.923	9.200	9.487	9.783	10.089	10.405	10.730	11.067
8	10.637	11.028	11.436	11.859	12.300	12.757	13.233	13.727
9	12.488	13.021	13.579	14.164	14.776	15.416	16.085	16.786
10	14.487	15.193	15.937	16.722	17.549	18.420	19.337	20.304
11	16.645	47.560	18.531	19.561	20.655	21.814	23.045	24.349
12	18.977	20.141	21.384	22.713	24.133	25.650	22.271	29.002
13	21.495	22.953	24.523	26.212	28.029	29.985	32.089	34.352
14	24.215	26.019	27.975	30.095	32.393	34.883	37.581	40.505
15	27.152	29.361	31.772	34.405	37.280	40.417	43.417	47.580
16	30.324	33.003	35.950	39.190	42.753	46.672	50.980	55.717
17	33.750	36.974	40.545	44.501	48.884	53.739	59.118	65.075
18	37.450	41.301	45.599	50.396	55.750	61.725	68.394	75.836
19	41.446	46.018	51.159	56.939	63.440	70.749	78.969	88.212
20	45.762	51.160	57.275	64.203	72.052	80.947	91.025	102.44
25	73.106	84.701	98.347	114.41	133.33	155.62	181.87	212.79
30	113.28	136.31	164.49	199.02	241.33	293.20	356.79	434.75
40	259.06	337.89	442.59	581.83	767.09	1 013.7	1 342.0	1 779.1
50	573.77	815.08	1 163.9	1 668.8	2 400.0	3 459.5	4 994.5	7 217.7

n \ i(%)	16	17	18	19	20	25	30
1	1.000	1.000	1.000	1.000	1.000	1.000	1.000
2	2.160	2.170	2.180	2.190	2.200	2.250	2.300
3	3.506	3.539	5.572	3.606	3.640	3.813	3.990
4	5.006	5.141	5.215	5.291	5.368	5.766	6.187
5	6.877	7.014	7.154	7.297	7.442	8.207	9.043
6	8.977	9.207	9.442	9.683	9.930	11.259	12.759
7	11.414	11.772	12.142	12.523	12.916	15.073	17.583
8	14.240	14.773	15.327	15.902	16.499	19.842	23.858
9	17.519	18.285	19.086	19.923	20.799	25.802	32.015
10	21.321	22.393	23.521	24.701	25.959	33.253	42.619
11	25.733	27.200	28.755	30.104	32.150	42.566	56.405
12	30.850	32.824	34.931	37.180	39.581	54.208	74.327
13	36.786	39.404	42.219	45.244	48.497	68.760	97.625
14	43.672	47.103	50.818	54.841	59.196	86.949	127.91
15	51.660	56.110	60.965	66.261	72.035	109.69	167.29
16	60.925	66.649	72.939	79.850	98.442	138.11	218.47
17	71.673	78.979	87.068	96.022	105.93	173.64	285.01
18	84.141	93.406	103.74	115.27	128.12	218.12	371.52
19	98.603	110.29	123.41	138.41	154.74	273.56	483.97
20	115.38	130.03	146.63	165.42	186.69	342.95	630.17
25	249.21	292.11	342.60	402.04	471.98	1 054.8	2 348.8
30	530.31	647.44	790.95	966.71	1 181.9	3 227.2	8 730.0
40	2 360.8	3 134.5	4 163.	5 519.8	7 343.9	30 089	120 393
50	10 436	15 090	21 813	31 515	45 497	280 256	165 976

附录四　年金现值系数表$(P/A,i,n)=\dfrac{1-(1+i)^{-n}}{i}$

n \ $i(\%)$	1	2	3	4	5	6	7	8	9
1	0.990	0.980	0.971	0.962	0.952	0.943	0.953	0.926	0.917
2	1.970	1.942	1.913	1.886	1.859	1.833	1.808	1.783	1.759
3	2.941	2.884	2.829	2.775	2.723	2.673	2.624	2.577	2.531
4	3.902	3.808	3.717	3.630	3.546	3.465	3.387	3.312	3.240
5	4.853	4.713	4.580	4.452	4.329	4.212	4.100	3.993	3.890
6	5.795	5.601	5.417	5.242	5.076	4.917	4.767	4.623	4.486
7	6.728	6.472	6.230	6.002	5.786	5.582	5.389	5.206	5.033
8	7.652	7.325	7.020	6.733	6.463	6.210	5.971	5.747	5.535
9	8.566	8.162	7.786	7.435	7.108	6.802	6.515	6.247	5.995
10	9.417	8.983	8.530	8.111	7.722	7.360	7.021	6.710	6.418
11	10.368	9.787	9.253	8.760	8.306	7.887	7.499	7.139	6.805
12	11.255	10.575	9.954	9.385	8.863	8.384	7.943	7.536	7.161
13	12.134	11.348	10.635	9.986	9.394	8.853	8.358	7.904	7.487
14	13.004	12.106	11.296	10.563	9.899	9.295	8.745	8.244	7.786
15	13.865	12.849	11.938	11.118	10.380	9.712	9.108	8.559	8.061
16	14.718	13.578	12.561	11.652	10.838	10.106	9.447	8.851	8.313
17	15.562	14.292	13.166	12.166	11.274	10.477	9.763	9.122	8.544
18	16.398	14.992	13.754	12.659	11.690	10.828	10.059	9.372	8.756
19	17.226	15.678	14.324	13.134	12.085	11.158	10.336	9.604	8.950
20	18.046	16.351	14.877	13.590	12.462	11.470	10.594	9.818	9.129
25	22.023	19.523	17.413	15.622	14.094	12.783	11.654	10.675	9.823
30	25.808	22.396	19.600	17.292	15.372	13.765	12.409	11.258	10.274
40	32.835	27.355	23.115	19.793	17.159	15.046	13.332	11.925	10.757
50	39.196	31.424	25.730	21.482	18.256	15.762	13.801	12.233	10.962

n \ i(%)	10	11	12	13	14	15	16	17	18
1	0.909	0.901	0.893	0.885	0.877	0.870	0.862	0.855	0.847
2	1.736	1.713	1.690	1.668	1.647	1.626	1.605	1.585	1.566
3	2.487	2.444	2.402	2.361	2.322	2.283	2.246	2.210	2.174
4	3.170	3.102	3.037	2.974	2.914	2.855	2.798	2.743	2.690
5	3.791	3.696	3.605	3.517	3.433	3.352	3.274	3.199	3.127
6	4.355	4.231	4.111	3.998	3.889	3.784	3.685	3.589	3.498
7	4.868	4.712	4.564	4.423	4.288	4.160	4.039	3.922	3.812
8	5.335	5.146	4.968	4.799	4.639	4.487	4.344	4.207	4.078
9	5.759	5.537	5.328	5.132	4.946	4.472	4.607	4.451	4.303
10	6.145	5.889	5.650	5.426	5.216	5.019	4.833	4.659	4.494
11	6.495	6.207	5.938	5.687	5.453	5.234	5.029	4.836	4.656
12	6.814	6.492	6.194	5.918	5.660	5.421	5.197	4.988	4.793
13	7.103	6.750	6.424	6.122	5.842	5.583	5.342	5.118	4.910
14	7.367	6.982	6.628	6.302	6.002	5.724	5.468	5.229	5.008
15	7.606	7.191	6.811	6.462	6.142	5.847	5.575	5.324	5.092
16	7.824	7.379	6.974	6.604	6.265	5.954	5.668	5.405	5.162
17	8.022	7.549	7.102	6.729	6.373	6.047	5.749	5.475	5.222
18	8.201	7.702	7.250	6.840	6.467	6.128	5.818	5.534	5.273
19	8.365	7.839	7.366	6.938	6.550	6.198	5.877	5.584	5.316
20	8.514	7.963	7.469	7.025	6.623	6.259	5.929	5.628	5.353
25	9.077	8.422	7.843	7.330	6.873	6.464	6.097	5.766	5.467
30	9.427	8.694	8.055	7.496	7.003	6.566	6.177	5.829	5.517
40	9.779	8.951	8.244	7.634	7.105	6.642	6.233	5.871	5.548
50	9.915	9.042	8.304	7.675	7.133	6.661	6.246	5.880	5.554

续表

n \ i(%)	19	20	25	30	35	40	50
1	0.810	0.833	0.800	0.760	0.741	0.714	0.667
2	1.547	1.528	1.440	1.361	1.289	1.224	1.111
3	2.140	2.106	1.952	1.816	1.696	1.589	1.407
4	2.639	2.589	2.362	2.166	1.997	1.849	1.605
5	3.058	2.991	2.689	2.436	2.220	2.035	1.737
6	3.410	3.326	2.951	2.643	2.385	2.168	1.824
7	3.706	3.605	3.161	2.802	2.508	2.263	1.883
8	3.954	3.837	3.329	2.925	2.598	2.331	1.922
9	4.163	4.031	3.463	3.019	3.665	2.379	1.948
10	4.339	4.192	3.571	3.092	2.715	2.414	1.965
11	4.486	4.327	3.656	3.147	2.752	2.438	1.977
12	4.611	4.439	3.725	3.190	2.779	2.456	1.985
13	4.715	4.533	3.780	3.223	2.799	2.469	1.990
14	4.802	4.611	3.824	3.249	2.814	2.478	1.993
15	4.876	4.675	3.859	3.268	2.825	2.484	1.995
16	4.938	4.730	3.887	3.283	2.834	2.489	1.997
17	4.988	4.775	3.910	3.295	2.840	2.492	1.998
18	5.033	4.812	3.928	3.304	2.844	2.494	1.999
19	5.070	4.843	3.942	3.311	2.848	2.496	1.999
20	5.101	4.870	3.954	3.316	2.850	2.497	1.999
25	5.195	4.948	3.958	3.329	2.856	2.499	2.000
30	5.235	4.979	3.995	3.332	2.857	2.500	2.000
40	5.258	4.997	3.999	3.333	2.857	2.500	2.000
50	5.262	4.999	4.000	3.333	2.857	2.500	2.000

附录五 财务管理教程期终试卷

财务管理教程期终试卷(1)

财务管理教程期终试卷(2)

图书在版编目(CIP)数据

财务管理教程 / 端木青,关宏超主编. —杭州：
浙江大学出版社,2019.12
ISBN 978-7-308-19872-1

Ⅰ.①财…　Ⅱ.①端…　②关…　Ⅲ.①财务管理—教
材　Ⅳ.①F275

中国版本图书馆 CIP 数据核字(2019)第 281215 号

财务管理教程

主　　编　端木青　关宏超
副主编　　侯和宏

责任编辑　董凌芳
责任校对　王元新
封面设计　春天书装
出版发行　浙江大学出版社
　　　　　（杭州市天目山路 148 号　邮政编码 310007）
　　　　　（网址：http://www.zjupress.com）
排　　版　浙江时代出版服务有限公司
印　　刷　杭州杭新印务有限公司
开　　本　787mm×1092mm　1/16
印　　张　16.75
字　　数　418 千
版 印 次　2019 年 12 月第 1 版　2019 年 12 月第 1 次印刷
书　　号　ISBN 978-7-308-19872-1
定　　价　49.00 元